手は知恵を育む

―乳幼児期の手の発達―

手は知恵を育む

――乳幼児期の手の発達――

まえがき

私は昭和三九年に障害児通所施設「赤松言語療育園」を開設し、以来五〇年余さまざまな障害児の療育に携わってきました。その間幾多の障害児と出会いましたが、共通している問題は手指の発達が遅れていることと、人や対象物を見つづけることが難しいということです。手指の発達についていえば、四～五歳になってもハサミで紙を切ったり、鉛筆で字を書いたり、箸を使ったりすることが上手にできなかったり、ボタンをはめることができなかったりします。また、見つめつづけることについていえば、手遊び歌を披露しても動く手指を見つづけることができなかったり、相手の目を見て話すことができなかったりします。

そこでどうしたら手指の発達を図ることができるか、また、どうしたら見つづける目を育てることができるかを問いつづけてきました。その間療育のプログラムにこれらの問題に関する課題をとり入れて指導をしてきました。手指の発達を図るための指導は、手指を使わせるとりくみをすることでそれなりの成果を見ることができました。

さて、指導をとおして手は単に器用な手、不器用な手という機能上の域をこえてさまざまな働きをする手があることがわかりました。そこでさまざまな働きの手についての考察に着手しました。さまざまな手がいつ頃からどのように発達するのかについて考察を深めていくなかで、乳幼児期はさまざまな働きをする手を育てる時期であることがわかりました。

さらに乳幼児期の手指の発達はさかのぼると、原始人の手の進化のプログラムと深く関わっていることがわかりました。また、そうした手の発達を後押ししているのが見つめる目であることがわかってきました。

どんな道具を扱うにしても手指の動きを見つづけなければ、道具を使いこなすことができません。このことは手指の発達を図るための療育をとおして、子供が自分の手指の動きを見つづけなければ指導が一歩も前に進まないことから、見つめつづける目が手指の動きを発動させていることを教えられました。

見つめつづける目といえば、さかのぼるとアイコンタクトにたどりつきます。すなわち、新生児期のじーっと見つめる目がその後の手の発達に関与するということです。

「手は外の頭」といわれますが、その手の発達を後押ししているのが目であるとしたら、目は手の育ての親といえます。

さらに、乳幼児期はさまざまな手の土台が育つ時期であること、また、さまざまな手は育つ過程で知恵を育むことがわかりました。ところが時代の変化は手の育ちを変えました。

また、手という視点からいじめや不登校について言及しました。この著書は手という視点から乳幼児の育ちを考察したものです。時代の流れに翻弄されないでさまざまな手を育てる子育てを提言します。

目次

第Ⅰ部　手を考える

第Ⅱ部　自閉症の療育

第Ⅰ部　手を考える

序章

手は外の頭

ご飯を食べようかなと思うと、手が箸を使ってご飯を食べています。顔を洗おうかなと思うと、手が水をすくいます。運転しようかなと思うと、手がカギをいれて、エンジンをかけます。リンゴを買おうかなと思うと、手が陳列部のリンゴに伸びます。

赤ちゃんを抱っこしようかと思うと、手が赤ちゃんを抱き寄せます。

「さようなら」といいながら、握手をしたり、バイバイと手をふります。

このように手がさまざまな働きをするのは「手は外の頭」だからです。

つまり、手が頭で思っていることや考えていることを、外に表わす出先器官というわけです。外の頭である手は、時には意思を伝える「つたえる手」となったり、時にはものごとを学ぶ「学ぶ手」となったり、時には物を作る「つくる手」となります。

こうした手のお陰で、人は他者と心を通わせることができたり、生活をスムーズに営むことができたり、文化的で便利な生活を営むことができているのです。

では外の頭である手はどのようにして「育つ」のでしょうか？

赤ちゃんは月日をかけて手を「外の頭」となる手へと成長させていきます。

手の発達過程をたどりながら赤ちゃんがどのようにして手を「外の頭」となる手へと成長させていくのか、考察いたします。

第一章

〇歳代の手

１〇ヵ月の手

「♪赤い赤いもみじの葉　もみじの葉っぱはきれいだな　ぱぁーと広げた赤ちゃんの　お手々のようにかわいいな」と歌われているように赤ちゃんの手はかわいいものです。

ふくよかで　小さな豆粒のような爪のついた手を見ると思わず触れてみたくなります。

でも新生児期は、パーッと広げないで手は半開きか軽く閉じた状態です。その軽く握った手のひらに指を入れると反射的にギュッと握りしめます。「ダーウィン反射」といわれる把握反射です。

また、大きな物音がしたり、急に頭が後方に下がったりすると、空をつかむような格好で両手をパーッと広げます。「モロー反射」といわれる反射運動です。

赤ちゃんは頻繁に手足をロボットのようにぎこちなく動かしますが、この動きは外からの刺激によって起こる無意識な不随意運動です。

２一ヵ月の手

軽く閉じた手を時々開くようになります。ガラガラを握らせると反射的に握りますが、一瞬にして手放します。また抱っこをしている時、抱き手の服をギュッとつかんだり、オッパイを飲んでいる時、乳房をつかんだりしますが、いずれも把握反射です。赤ちゃんが意識して握ったり、つかもうとする行動ではありません。全て不随意運動です。

また、抱っこをした時やご機嫌のよい時や人形のベッドメリーを見つめた時など、手足をバタバタ動かします。手足をバタバタする姿から抱っこされて嬉しいのかな？　ベッドメリーを見て楽しいのかなと思いますが、これらの動きも意識して出る動きではなく、反射的な動きで不随意運動です。この頃になると指しゃぶりをするようになり、にぎりこぶしの手をチュパチュパとしゃぶります。チュパチュパとしゃぶるのは吸啜反射です。

３ 二ヵ月の手

閉じていた手を頻繁に開くようになり、手を開いている時間がだんだんと長くなります。時には両手をパーッと開きます。手に触れた物（洋服やフトンやタオルなど）をつかみます。つかむだけではなく、つかんだタオルを振り動かしたりします。

また、抱き手の服をギュッと反射的に一回握るだけではなく、握った後に手をゆるめて、再び握るということをくり返すようになります。

ガラガラを握らせると初めはちょっと握るだけですが、くり返しているうちにしばらくの間、握っていられるようになります。赤ちゃんが服を握ったり、手をゆるめたり、握ったりする行動は把握反射ですが、把握反射をくりかえしているうちに、赤ちゃんは手が物を把握することを体験します。物を把握する体験は随意運動を育てます。

指しゃぶりではにぎりこぶしだけではなく、母指だけをしゃぶる行動も出ます。

４ 三ヵ月の手

赤ちゃんは自分の手指を目の前に出して指をからませたり、手指をコチョコチョと動かします。そしてその手をじーっと見つめます。これは「ハンドリーガード」と称されるものです。ハンドリーガードはその後も数ヵ月にわたって盛んに出ます。

ハンドリーガードで注目したいことは、見つめる目です。実は手指をコチョコチョと動かし続ける行動を発動させるのは、じーっと見つめる目なのです。

ガラガラをしっかりと握って上下にふったり、ガラガラが口唇にふれるとなめたりします。また、母親が支え持っている哺乳ビンに手をそえたり、手で顔をさわったり、タオルをふり動かしたりします。ハンドリーガードで手を動かすことやしばらくの間物を握っていることができるようになることから、把握反射が消えつつあることが推察できます。

把握反射が消えていって少しずつ手を意識的に使い始めるようになっていきます。

5 四カ月の手

手はおおかた半ば開いた状態です。把握反射が消えて、手の動きは不随意運動から随意運動に移行します。このことは目の前にさし出された玩具に自分から手を伸ばして、意識してさわるようになることからわかります。また、次のような行動が出ることからもわかります。母親がベッドに寝ている赤ちゃんの顔から、二五センチぐらいはなれた位置で「ほらガラガラよ、いい音がするね」と言ってガラガラをふると、赤ちゃんがじーっと見つめました。母親は赤ちゃんがよく見つめるのでガラガラをふり続けました。すると赤ちゃんがガラガラに自から手をのばしてきました。「ワーッ手を伸ばした」と母親はびっくり。それは赤ちゃんがガラガラに手を伸ばしてきたのは初めてだからです。さらに赤ちゃんの指先にガラガラをもっていくと、自らガラガラをつかみました。これにもビックリです。

このほかガラガラだけでなく赤ちゃんの隣に寝ていると、手を伸ばして顔や髪の毛をさわったり、そばにあるタオルに手を伸ばしてタオルをつかもうとします。うまくつかめるとタオルを口にもっていってなめます。

赤ちゃんが自らガラガラに手を伸ばしてさわろうとしたり、つかむという行動は赤ちゃんの意思から出る行動ですから随意運動です。

大人でも店先で商品を見つけると無意識に手が伸びて、手にとって見ます。大人も赤ちゃんと同じで、見た物に触れてみたいという衝動が起こるのです。

赤ちゃんはこの時期になるとはしゃぎ反応をします。たとえば、「イナイイナイバー」などをしてあやすと、赤ちゃんは手をバタバタさせて「キャッキャッアハハハハ」と大きな声を出して笑います。実はこの大きな笑い声を出すのに手の動きが関与しています。

それは左右の手をバタバタ動かすと胸郭が大きく動きます。その結果、息をたくさん吐いたり吸ったりして深い呼吸ができるようになります。深い呼吸が大きな笑い声を出させるのです。赤ちゃんの大きな笑い声は、深い呼吸ができるようになった証でもあります。

この時期にはしゃぎ反応が起こることは、呼吸と関連づけて考えると納得できます。

6 五ヵ月の手

①見た物に手をのばして把握するようになる

見た物に手をのばして把握する行動が盛んに出ます。どんな行動が出るかみてみます。

1、そばにガラガラをおいておくと、手を伸ばしてなんとかつかもうと頑張ります。つかめるとガラガラを握って大きくふったり、口にもっていってなめまわします。

2、哺乳ビンでミルクを飲んでいる時、哺乳ビンを支え持っている母親の手に自分の手を重ねます。飲み終わるまで手を放しません。

3、ジュースの入ったコップを口に近づけると、コップをもっている母親の手に、早く飲みたいといわんばかりに自分の手を重ねます。

4、オムツ交換の時、目の前の足に気がつくと手を伸ばして足をつかみます。つかんだ足を顔の方にひきよせたりします。

5、対面抱っこをしていると、抱き手の鼻をつまんだり、抱き手の口の中に手を入れたりします。鼻をつままれた時「イテテテ」と大げさに言ったり、口に手を入れられた時「モグモグ」と食べる真似をすると、ケタケタ笑って、くり返し同じことをします。

この時期、赤ちゃんが自ら手を伸ばしてつかむという行動は、赤ちゃんのつかもうとする意思から出るもので随意運動です。またガラガラを握らせると、赤ちゃんが握ろうとする意思をもって握る有意把握をします。その握り方はまだ指先を使うことができないので、手のひら全体で握るわしづかみです。母指以外の四指と手のひらの間にガラガラを入れて小指側に力を入れてつかみます。また、小さい物は四指でかきよせます。

②手指に力が入るようになる

1、クツシタをはいた足をつかんだ時、はいているクツシタを引っぱります。引っぱっているうちに、クツシタがぬげたりします。

2、新聞広告の紙を握らせると両手を動かしてもみくちゃにします。

3、片手でガラガラを握り、目の前にもっていってじーっと見つめたり、口に持っていってなめまわします。こうした行動から手指に力が入るようになることが推察できます。

7 六ヵ月の手

①「抱っこしてー」と手をさし出す

愛着が育って人見知りが出る時期です。愛着が育つと「ママ大好き」の気持ちが手に出ます。

たとえば、父親とお留守番をしている時のことです。機嫌がよくて父親と玩具などで楽しく遊んでいました。そこへ母親が帰ってきて「ただいま、玩具で遊んでいるの」と言って近づくと、赤ちゃんは玩具を放りだして母親の方へ両手をさし出しました。「ママだ、ママ抱っこしてー」と身をのりだして両手をさし出しました。母親が抱っこするとニコニコとなり、嬉しそうに身体をゆすったり、母親にしがみつきました。この時期になると赤ちゃんは、母親に強い思慕と信頼をよせるようになります。その気持ちが手に出ます。

すなわち、愛着の人への特別な思いがしがみつく手となります。

②気持ちをつたえる

この時期は愛着が育ち、大好きな母親に甘えたい気持ちが強くなります。そのために母親を見ると「抱っこして欲しい」と両手をさし出すようになります。

さし出す手には「ママ大好き、もっと甘えたい」の気持ちがこめられています。

また、見知らぬ人を見るとおどおどした表情となり、赤ちゃんは母親の胸に顔をうずめたり、服をギュッとつかみます。服をギュッとつかむ手から不安な気持ちが伝わってきます。さて、赤ちゃんは「抱っこしてー」と手をさし出した時、抱っこされると、手で気持ちを伝えることができることを学びます。そして手が気持ちを伝える手段として使えることを学びます。この学びはとても大切な学びです。大人でも久しぶりに友人に出会うと、抱き合ったり、握手をしたりして親愛の気持ちを伝え合います。こうした気持ちを伝える手は、赤ちゃんの時の学びが原点となっています。

③同じ行動をくり返す

1、玩具落としをくり返す

赤ちゃんを歩行器にいれて、台の上に玩具をいくつか置いておくと、しばらく玩具をいじりまわして遊びます。たまたま玩具が台の上からころげおちた時、母親が「玩具が落ちた！」と両手を広げておどけてみせると、その姿を見て赤ちゃんがケタケタ笑います。

玩具を拾ってあげると、赤ちゃんが故意に玩具を台の上から落とすようになります。落とした時、母親がおどけると再び玩具を故意に落とします。また、母親がおどけると赤ちゃんは「キャッキャッ」と笑いこけます。このように同じ行動をくり返し行います。

2、「イナイイナイバー」をくり返す

イナイイナイバーの遊びの楽しさを覚えると、赤ちゃんは自分の顔をハンカチで隠したり、ハンカチをはずしたりしてイナイイナイバーをくり返し行います。

人々が「上手だね」と拍手してほめると何回もくり返します。

赤ちゃんがくり返し玩具を落としたり、イナイイナイバーをするのは、母親や周りの人々が楽しそうに反応するからです。その反応が赤ちゃんにもう一回やってみようという意思をもたせます。その意思が同じ行動をくり返しやらせます。

④物を握りつづける

1、哺乳ビンを持ちつづける

一人でミルクを飲み終わるまで哺乳ビンを持ち続けます。哺乳ビンを持ち続けようとする意思が哺乳ビンを持ち続けさせます。

2、スプーンを握り続ける

スプーンを握って離乳食を口に運びます。たまに離乳食が口に入るようになります。

スプーンを持ち続けようとする意思がスプーンを握りつづけさせます。

⑤タンバリンを叩く

母親が手をとってタンバリンの叩き方を教えると、赤ちゃんはタンバリンを持ち続けて自ら叩きます。音が出るとニコニコします。持ち続けようとする意思がタンバリンを持ちつづけさせたり、叩こうとする意思がタンバリンを叩かせます。

⑥ボールを拾う

ボールを目の前に転がすと、赤ちゃんは手を伸ばして拾おうとします。

転がるボールを拾いたいという意思がボールに手を伸ばさせます。

⑦手掌握りをする

木製の立方体の積み木を持たせると、四本の指と母指とによって、手掌面におしつけて数秒間積み木を握り続けます。これまでは母指を使うことはありませんでしたが、この時期より母指を使い始めるようになります。母指を使うようになると、哺乳ビンの持ち方が変わり、母指と他の四指との対向で持つようになります。

⑧ひもを母指と示指でつまむ

1、玩具の自動車についているヒモを、母指と示指でつまんでひきよせます。

2、電話帳の頁を母指と示指でつまんで、数枚めくります。この時期は母指の台頭により母指と示指との対向動作が始まります。それにともない、これまでは小指側に力が入っていましたが、示指側に力が入るようになります。母指は示指のパートナーとなって示指の働きを援助します。こうして母指と示指との対向動作が確立します。

⑨両手の間で玩具を移し変える

右手に持っている玩具を左手に移し変えたり、左手に持っている玩具を右手に移し変えます。このように物を握り続けられるようになります。

両手を使ってタンバリンを叩く、ボールを拾う、イナイイナイバーをするなど、随意に動く手の活動がさまざまな場面で見られるようになります。最も顕著な動きは、母指の台頭によって母指と他の指との対向動作が始まることです。

８七ヵ月の手

六ヵ月で座位姿勢ができるようになるにともない、抱き手の膝にまたいで座って、抱き手の背中に手をまわしてしがみつくことができるようになります。七ヵ月になると脊椎を伸展した座位姿勢がしっかりとできるようになります。その結果、両手は自由自在に動くようになります。

①両手動作をする

両手にそれぞれ一個の積み木を持って、保持したり積み木を打ち合わせたりします。

②見たものをつかもうとする

1、持っている玩具を落とすと、なんとしてでも拾おうとして手を伸ばします。
2、お気に入りの玩具を見つけると、なんとしてでもつかもうとします。
3、動いている自動車を目で追いながらつかもうとします。

③手指を開いたり閉じたり、示指だけを立てる

手指をパーと開いたり、グーと握ったりするようになります。また、示指だけをピーンと立てる動きが出ます。

④手遊び歌の手の動きを見つめ続ける

1、動く手をじーっと見つめる

母親が「♪むすんでひらいて」の歌を歌いながら手をグーと握ったり、パーとひらいたり手をパチパチと打ち合わせたりすると、赤ちゃんはニコニコしながら母親の動く手をじーっと見つめます。母親はじーっと見つめてくるまなざしに魅了されて、何回も「♪むすんでひらいて」をしてあげます。赤ちゃんは手を動かしているわけではありませんが、ニコニコしながらじーっと見つめてくるので、一緒に「♪むすんでひらいて」をしている

ような錯覚におちいります。

２、見つめる目と動作模倣

「♪むすんでひらいて」をする母親の手の動きをニコニコしながら見つめることは、その後どのような成長をもたらすでしょうか。

母親は赤ちゃんが楽しそうに手の動きをじーっと見つめるので折にふれて「♪むすんでひらいて」をしてあげます。赤ちゃんの方が関心をもって見つめるのでしてあげずにはいられない気持ちになるのです。その結果、赤ちゃんは母親の「♪むすんでひらいて」の手の動きを何十回と見ることとなります。つまり、くり返し手の動きを学ぶわけです。

さて、赤ちゃんは手の動きを学んで手の動きを記憶します。

記憶ができるとその記憶がもととなって、ある日「あれ！真似をして手を動かしている！」とわかる手の動きが出るようになります。赤ちゃんが母親の「♪むすんでひらいて」の手の動きを模倣して手を開いたり握ったり、手を打ち合わせたりが本格的にできるのは九ヵ月頃です。つまり、七ヵ月頃に母親の手の動きをじーっと見つめることが、二〜三ヵ月後には成果となるのです。こう考えると、動作模倣はある日突然に出るのではなく、手の動きをじーっと見つめる目が育てることがわかります。

＊考察１＊　見つめる目が手を動かす

赤ちゃんがじーっと見つめることは、新生児期から出ます。アイコンタクトの目は、七ヵ月頃になると「♪むすんでひらいて」の手遊び歌で見られるように、人の動作や物を見つめる目へと成長します。その間の見つめる目と手の動きとの関連をみてみます。

・三ヵ月頃、目の前のモヨモヨ動く自分の手をじーっと見つめます。（ハンドリーガード）

・四ヵ月頃、そばにあるガラガラや小物を見つけると手を伸ばしてつかみます。
・五ヵ月頃、母親が哺乳ビンを支えてミルクを飲ませていると、母親の手に自分の手を重ねます。
・六ヵ月頃、抱っこをしている時、抱き手の顔をじーっと見つめた後、鼻や口や耳をさわります。オムツ交換をしている時、足が目の前にくると、足をつかんだり、靴下をひっぱったりします。ハンドリーガードにしてもガラガラをつかむにしても、哺乳ビンを持つ母親の手に手を重ねるにしても、鼻や口にさわるにしても足をつかむにしても、見つめた後に手を動かしています。また、見つめながら手を動かしています。
こうしたことから見つめる目が、手の動きを発動させることがわかります。

9 八ヵ月の手

八ヵ月になると母指の動きが活発になります。母指は示指との対向動作を盛んにすることで示指の発達を促します。母指は他の四指との対向動作も盛んにするようになり、物を握る手を育てます。また、グー（握る）、パー（開く）などの動きができるようになります。この頃より手は人の手としての働きを始めるようになります。機能的にも使える手に発達します。

①母指と四指との対向動作

四指とは示指と中指と薬指と小指のことです。母指と四指とを対向させて把握します。

1、ラッパを母指と四指で握り、口にもっていきます。

2、スプーンを母指と四指で握り、口にもっていきます。

3、コップの取っ手を母指と四指で握り、口に持っていきます。

②母指と示指・中指との対向動作

1、ビー玉やピンポン玉を母指と示指・中指でつまみます。

2、ストローを母指と示指・中指でつまみます。

③母指と示指との対向動作

1、ガラガラを母指と示指でつまんで、ゆり動かします。

2、タマゴボーロを母指と示指でつまんで、口にもっていきます。

3、ウェハースを手掌に触れずに、母指と示指だけでつまみます。

4、細長い積み木や丸い棒を母指と示指でつまみます。

5、ヒモを母指と示指でつまみます。（ヒモの引っぱりっこができる程に指先に力がはいります）

6、はってあるシールの端を母指と示指でつまんで、はがそうとします。

7、極小のゴミを見つけると、母指と示指でつまんで、拾い上げます。

8、スプーンやフォークを母指と示指でつまみます。ただし、スプーンを口にもっていく時は、母指と四指で握ります。

この時期は母指と示指、または母指と四指、または母指と示指と中指との対向動作ができるようになります。母指と他の指との対向動作は、手で物を握る時の基本的な動作です。

④左右の手を一緒に使う

1、右手と左手でパチパチと打ち合います。

2、両手で新聞紙をつかんで、もみくちゃにします。

3、化粧品などの小ビンを片方の手に持ち、もう一方の手でフタをいじくりまわします。

この時期は左右の手を一緒に使うようになります。

⑤持っている玩具を故意に落とす

1、手に持っている玩具をうっかり落とした時、母親が「あっ、玩具が落っこちた！」と言っておどけると、赤ちゃんは「キャッキャッ」と面白そうに笑います。その後玩具を持たせると、今度は故意に玩具を落とします。母親がおどけると、また玩具を落とします。

2、持っているボールが手からすべり落ちた時、母親が「あっ、ボールが落っこちた！」と言って、あわてて拾い上げ、そのボールを渡すと、その後わざと落として母親の反応をうかがいます。

こんな行動をするようになると、どちらが遊ばれているかわからない感じになります。

⑥示指のみを使う

示指だけを伸展することができるようになります。ちょっとした家具の隙間に示指を突っ込んだり、手ごろな広口のビンの口に示指のみをつっこみます。

⑦爪を立てて遊ぶ

指頭に力が入るようになります。四指を屈曲させて爪でふすまやタタミをガリガリとひっかきます。

⑧バイバイに応えて手を動かす

父親がお出かけの時、「バイバイ」と言って手をふると、それを見て赤ちゃんが手指をモヨモヨと動かします。モヨモヨと動かすようになるのは、数ヵ月前から母親が父親のお出かけの時に、赤ちゃんの手をとって「バイバイね」と言っては手をふらせてきたからです。父親がバイバイと手をふる動きを見つめる、母親の介助で手をふる、こうした体験のくり返しによって赤ちゃんは、バイバイと手をふる動作を記憶します。記憶ができると、父親のバイバイに応えて、手をモヨモヨと動かすことが起こります。

⑨手遊び歌の歌に反応する

これまでは母親が「♪むすんでひらいて」と歌いながら、手をグーと握ったり、パーッと開いたり、パチパチと手を打ち合わせると、赤ちゃんはニコニコしながら母親の動く手をじーっと見つめ続けました。母親は見つめるまなざしに魅了されて、「♪むすんでひらいて」を度々見せてきました。この時期になると赤ちゃんが一緒に歌うかのように「アーウー」と声を出して、身体をゆらします。

こうした反応は母親を喜ばせます。「♪むすんでひらいて」をしてあげてよかった、もっと歌を歌ってあげたいという思いをもたせます。

1、音声を出すことに拍車をかける

この時期は喃語が最も盛んに出る喃語期です。赤ちゃんは音声を出したくてたまらない時期です。赤ちゃんは一日中意味のない音声を発しては自分の音声を聞きとります。

だから赤ちゃんが母親の歌に誘発されて、一緒に歌っているかのように「アーウー」と声を出すのも自然のなりゆきです。赤ちゃんにとっては楽しい発声のトレーニングなのです。

2、肉声を聞く

ふだん赤ちゃんの周りには、生活音やテレビや洗濯機などの機械音があふれています。赤ちゃんの聴覚がキャッチしやすい音声は、人の話す肉声よりも機械音の方です。

〇歳代はまだ聞く力が弱い時期だけに、雑多な生活音や機械音にまじって聞こえてくる肉声を聞きとることが困難ですので、機械音の方を先に聞きとってしまいます。

その点、手遊び歌をする時は、静かな雰囲気ですから音声が聞きとりやすくなります。

母親の手遊び歌の音声を聞くことは、肉声を聞く力を育てます。このことは今後ことばを学んでいくうえで役立ちます。

３、見ることが聞くことを助ける

母親の歌に合わせて赤ちゃんが「アーウー」と声を出した時、母親は赤ちゃんと一緒に歌を歌っているかのような思いになりました。こうした思いをもたせたのは、赤ちゃんが母親をじーっと見つめながら声を出したからです。赤ちゃんがじーっと見つめている時は、母親に意識が集中しています。その結果、じーっと耳をすまして母親の歌声を聞くということが起こります。

つまり、見ることが聞くことを援助するのです。いいかえれば見つめる目は、聞く力を高めるということでもあります。大人でも人の話を聞きのがさないように聞こうとする時は、話し手を見つめて聞きます。手遊び歌は見ることと聞くことが同時に起こります。耳だけではなく、目でも聞いているということです。

したがって、この時期の手遊び歌は、赤ちゃんにとっては見て、聞いて学ぶことのスタートといえます。

＊考察２＊　母指と他の指との対向動作

①母指と他の指との対向動作

一口に手を使うといっても手を使う時、五本の指はどのように使われているのでしょうか。食事と洋服を着る場面からみてみます。

１、食事の場面

イ、箸は中指を介添えとして母指と示指との対向で持ちます。（三点持ち）箸で食べ物をつまんだり、食べ物をはさんだり、箸に食べ物をのせて口に運びます。

ロ、茶碗は中指、薬指、小指を介添えとして、母指と示指との対向で持ちます。

ハ、小さい皿は母指と示指・中指との対向で持ち、大きい皿は母指と四指との対向で持ちます。

ニ、スプーンは中指を介添えとして母指と示指との対向で持ちます。スプーンで食べ物をすくって食べ物を口に運びます。

ホ、コップは母指と四指との対向で持ちます。

以上は食事をする時のほんのひとこまの場面ですが、箸を持つにしても茶碗や小皿やコップを持つにしても、母指と他の指とを対向させて持ちます。つまり、母指と他の指との対向動作が頻繁に出ます。

2、洋服を着る場面（前開きの長袖の洋服でボタン付き）

イ、服を着るときには、母指と他の四指との対向で服を持ちます。

ロ、母指と他の四指との対向で洋服を持って肩にかけます。

ハ、左手の母指と他の四指との対向で右の前身頃をつまんで右手を袖に通します。

ニ、右手の母指と他の四指との対向で左の前身頃をつまんで左手を袖に通します。

ホ、左右の手の母指と他の四指との対向動作で服を持って形を整えます。

へ、母指と示指との対向で袖をひっぱります。

ト、母指と示指との対向でボタンをはめます。

このように洋服を着る時、母指と他の四指との対向動作が頻繁に出ます。

食事をする場面や洋服を着る場面での手指の動きを見ると、母指と他の指との対向動作が頻繁に出ることがわかります。頻繁に出るということから母指と他の指との対向動作は、さまざまな手の動きの核ということがわかります。すなわち、八ヵ月頃には核となる手の動きが出るレベルにまで手指が発達するということです。人は何か仕事をする時には必ず道具を使いますが、母指と他の指との対向で道具を握ります。道具を握る手は、八ヵ月頃より育ち始めるのです。

②示指は五本の指のリーダー

手を使う時にはそれぞれの指が役割を持って働きます。

では五本の指の中で最も大きな役割をもってい

る指はどの指でしょうか。

対向動作を見ると母指が四本の指と対向するので、母指が最も大きな役割をもっているようにみえますが、実は最も大きな役割をもっているのは示指です。示指には他の指にはない、示指特有の役割と働きがあります。

では示指はどんな役割と働きをもっているかみてみます。

1、対向動作

母指と他の四指との対向動作は次のとおりです。
イ、母指と示指との対向動作
ロ、母指と示指・中指との対向動作、
ハ、母指と示指・中指・薬指との対向動作
ニ、母指と示指・中指・薬指・小指との対向動作
いずれの対向動作においても必ず使われるのは示指です。また、いずれの対向動作でも母指と示指が主に働いて、他の指はどちらかというと介添えの役です。

2、示指が指さし行動をする

一歳前後になると指さし行動が出ます。指さし行動で使われる指は示指で、他の指が使われることはありません。「手は頭の出先器官」と言われますが、頭は意思を伝える指として示指を選びました。その結果、示指は指さし行動をする指となりました。

示指は他の指と違って七ヵ月頃より単独で立つようになり、示指のみを使う行動が出ます。たとえば、示指の指頭で物にふれたり、トントンしたりします。ハンドクリームの蓋があいていると、示指をつっこみます。このように七〜八ヵ月頃になると示指は、指さし行動ができる指となる準備をします。

3、示指が把握に必要な指を判断する

大きさの異なる球、すなわちビー玉とピンポン玉と野球のボールを並べて、三人に「取ってください」と指示を出しました。するとビー玉の人は母指と示指との対向でビー玉をつまみました。ピ

ンポン玉の人は母指と示指・中指との対向でつまみました。野球ボールの人は母指と他の四指との対向でつかみました。球の把握の仕方は三者三様で使った指が異なります。

ビー玉の人はビー玉をつかむ前にどの指を使って、つかもうかなと考えたわけではありません。野球ボールの人もビー玉の人と同様で、どの指を使おうかなと考えたわけでもなく、また意識して母指と他の指とを対向させてつかんだわけではありません。それでも三人は球の大きさに適した把握ができました。ではどうして適した把握ができたのでしょうか？　それは示指の働きにあります。

球をつかもうと手をさし出した時、最初に球に触れる指は示指です。でも示指だけで球をつかむことはできません。そこで示指はこの球をつかむにはどの指の応援を得てつかんだらよいかを球に触れた時、瞬時に判断します。すなわち、ビー玉に触れた時、示指は母指との対向でつまめると判断したのです。確かに母指と示指との対向でビー玉をつまむことができました。示指の判断が正しかったわけです。これと同様にピンポン玉も野球ボールも最初に球に触れた指は示指で、他の指の応援を得て把握しました。このように、把握しようとする物体に最初に触れる指の示指が、その物体の把握に適した把握の仕方を判断します。これが示指の持つ役割です。

スプーンを持つ、棒を握る、ボールを握る、ヒモをつまむ、ハンカチを持つなどの時もその持ち方を瞬時に決めるのは示指です。

このように示指は、瞬時に把握の仕方を判断して、介添えに使う指を決める役割を担っています。こうしたことから、示指は五本の指のリーダーであるといえます。

③手は知的好奇心の生みの親

八ヵ月頃になると這い這いで移動ができるようになります。すると見つけた物に近づいては手にとってじーっとながめたり、いじりまわしたり、ふり動かしたり、投げたりするようになります。

たとえば、ビスケットですが、赤ちゃんは食べ物であることは知りません。でもビスケットを手にとってながめた後に口にもっていってなめたりします。なめてみるとビスケットが口の中でとろけます。

そこでとろけたビスケットはゴックンされます。口の中の甘い味にニコッとします。

また、ラッパですが八ヵ月の赤ちゃんはラッパがどんなものであるかを知りません。ラッパを手にとるといじりまわした後に口にもっていってしゃぶり出します。あちこちしゃぶっている時突然「プー」という音が出ます。赤ちゃんはびっくりしてラッパを手から放します。赤ちゃんはおどろいて母親の方を見ます。母親が「プーって音がしたね」と声をかけます。

赤ちゃんは母親に声をかけられるとホッとした表情となります。また、新聞広告の紙ですが、赤ちゃんは束になっている新聞広告の紙をひっぱり出して遊びます。ヒラヒラさせたり両手で広告の紙をもみくちゃにします。このように赤ちゃんが目についた物を手にとって、いじりまわしているうちにさまざまな展開が起こります。すなわち、ビスケットは口に入れたら食べ物となり、ラッパは口にもっていったら「プー」と音が出る玩具でした。広告の紙は一枚の時はヒラヒラするだけなのに、もみくちゃにするとかたまりになりました。

こうした展開は赤ちゃんに、周りの物がどんな物であるかをもっと知りたいという思いを抱かせます。ところで赤ちゃんがビスケットを口にもっていったのも、ラッパを口にもっていったのも、広告の紙をしわしわにしたのも、全て手のなせる業です。

さまざまな展開は、赤ちゃんに周りにあるものが何であるかをもっと知りたいという思いを育みます。ここに知的好奇心が芽ばえます。つまり、知りたいという知的好奇心は、見た物を手にとるという行動から育まれるのです。いいかえれば手は知的好奇心の生みの親ということです。

一歳代の探索行動は知的好奇心から出る行動ですが、探索行動に向けての準備は、八ヵ月頃の手の活動によって着々とすすめられているのです。

10 九ヵ月の手

前月よりも母指と他の指との対向動作が著しく発達します。その結果、片手や両手で物や道具を扱うことがうまくできるようになります。また指に力が入るようになり、しっかりと把握ができるようになります。手遊び歌では手本を真似して手指を動かすようになり、まねっこ芸もするようになります。

①母指と他の指との対向動作

1、太めのロープを母指と四指との対向で握って、ふりまわします。
2、机の脚を母指と四指との対向で握って、つかまり立ちをします。
3、リング状のすずを、母指と四指との対向で握りしめてふります。音がでるとニコニコします。
4、かぶっている帽子を母指と四指との対向でつまんでとります。
5、ラッパを母指と四指との対向で握って、口にもっていって吹きます。

②母指と示指との対向動作

1、ビスケットを母指と示指でつまんで、口に運びます。
2、スプーンを母指と示指でつまんで、テーブルをトントン叩きます。

③左右の手を一緒に使う

1、コップの両側についている取っ手を両手でもって口に運び、汁物を飲みます。

2、哺乳ビンを両手でもって、口に運びます。
3、ヒモの両端を左手と右手で持って、ひっぱります。
4、柔らかい広告の紙や包装紙を両手で持って、ひっぱってやぶったり、もみくちゃにします。
5、直径一〇センチぐらいのボールを赤ちゃんの目の前に転がすと、両手でボールを押し返します。
6、直径一〇センチぐらいのボールを両手で持ちます。
7、両手でハンカチを持ってイナイイナイバーをします。

④意思を手で伝える

1、母親が食べさせようと思ってスプーンを口にもっていった時、赤ちゃんは食べたくない時は、スプーンを手で払いのけます。食べたい時はスプーンに手をかけて母親と一緒に口に運びます。
2、ミルクの入っている哺乳ビンをテーブルの上においた時、赤ちゃんは飲みたくない時は、手で哺乳ビンを遠くに押しやります。
3、ジュースの入っているコップをさし出した時、赤ちゃんは飲みたくない時は、手で払いのけます。飲みたいときはコップを持ちます。スプーンを払いのけたり、コップを払いのけたり、哺乳ビンを押しやったりすることで、食べたくない飲みたくないの意思を伝えます。このように手で意思を伝えるようになります。

⑤示指のみを使う

1、自動車の玩具についているリングに、示指をさしこんで手前にひきよせます。
2、粘土の塊に、示指をつっこんで穴を作ります。
3、物と物とのすき間に示指を入れてゴミをかき出します。
4、示指だけを立てて床をトントンしたり、障子の穴に示指をさし込みます。

こうした行動は示指が他の指と分離独立して機能するようになったことによって出るものです。

⑥動作の模倣が始まる

1、おつむテンテンをする

母親が「おつむてんてん」と言いながら、頭をポンポンと叩くと、それを見て赤ちゃんがケタケタ面白そうに笑いこけました。母親は赤ちゃんが楽しそうなので、時々赤ちゃんと遊ぶ時間に「おつむテンテン」をしてあげました。母親の願いは赤ちゃんが「おつむテンテン」をする姿を見ることです。

母親は「おつむテンテン」を見せた直後に、赤ちゃんの手をとって頭をポンポン叩く動作を教えました。鏡の前でも母親が「おつむテンテン」をやって、頭をポンポン叩く動作を赤ちゃんに見せました。さて、どれぐらい赤ちゃんと「おつむテンテン」の遊びをしたことでしょうか？　何回でしょうか？　いや何十回でしょうか？　ある日母親がいつものように「おつむテンテン」をすると、赤ちゃんが両手を頭にもっていきました。「ワーやった！」と母親は突然の行動にびっくりしました。

母親は「そう、おつむテンテンね、上手ね」と拍手をしてほめまくりました。母親がニコニコしているので、赤ちゃんもニコニコです。その後は母親が「おつむテンテン」をすると、赤ちゃんが頭に両手をもっていく回数が増え、さらにポンポンと叩けるようになりました。

母親は赤ちゃんの仕草のかわいらしさにみとれてしまいます。何回見ても飽きません。

母親は他の人にも見てもらいたくて「おつむテンテンができるようになったの」と声をかけました。

赤ちゃんの「おつむテンテン」を見た人々は、手をパチパチ叩いて「ワーッかわいいね！」とほめました。赤ちゃんも人々の楽しい雰囲気にうきたってニコニコしました。人々が度々リクエストするので、いつの間にか「おつむテンテン」が上達していきました。

まねっこ芸には「おつむテンテン」だけでなく「お手々パチパチ、イナイイナイバー、バイバイ、ヘイ（頭をさげる）等」があります。いずれのまねっこ芸も教えると習得します。

しかし、教えるといっても数回ではありません。何十回ものくり返しです。

母親の手の動きをよく見つめたり、その動きをくり返し体験することで手の動きを記憶した末に、まねっこ芸ができるようになります。

2、バイバイに応じて手を動かす

八ヵ月頃は大人が期待するような「バイバイ」はできません。

父親が「バイバイ」と左右にふる手を見て、赤ちゃんが反応して手指をモヨモヨと動かすにとどまります。それが九ヵ月になると、父親が「バイバイ」と言って手をふると、赤ちゃんも手を伸ばしてブラブラ動かすようになります。前月よりも一段と上達します。


バイバイを始めてから二ヵ月あまりが経過した末の行動です。この時期は何をしても可愛らしいですが「おつむテンテン、バイバイ、お手々パチパチ、ヘイ」などの芸をする姿は、可愛らしさ一杯で見る人を楽しませてくれます。

3、遊び方を真似する

まねっこ芸だけでなく遊びの場面でも、人の動作を真似するようになります。
イ、太鼓をバチで叩いて見せると、赤ちゃんは真似をしてバチを持って太鼓を叩きます。
ロ、ボール（直径二〇センチぐらい）を両手でコロコロ転がして見せると、赤ちゃんは真似をして両手でボールを前に押し出すようにして転がします。
ハ、自動車を左右に移動させて遊ぶことを教えると、自動車を左右に移動させて遊ぶようになります。これまでは自動車を持ってながめたり、なめたり、床にトントン叩きつけたりしていて、自動車を動かすという本来の遊びはしませんでした。

4、手遊び歌に反応して手指を動かす

母親が「♪むすんでひらいて」をすると、手遊び歌にのって赤ちゃんが身体をゆらしたり「ウーアー」と声を出しました。母親は赤ちゃんが手をグーと握ったり、パーと開くようになる日が待たれてなりません。それで母親は「♪むすんでひらいて」と歌いながら、くり返し赤ちゃんの手をとって手を握ること、開くこと、パチパチと叩くことなどの動作を教えました。ある日母親が「♪むすんでひらいて」と歌いながら手を握ったり、開いたりしている時、赤ちゃんが手を前にさし出して、手指をモヨモヨと動かしました。あっ、手を動かした！　これならグーやパーができるようになるのかもしれないと、赤ちゃんが手指を動かしたことに感動した母親は、手の動作を教えることに力を入れました。

数日後母親がゆっくりと歌いながらゆっくりと手を開いた時、赤ちゃんが母親の手をじーっと見ながら、ゆっくりと手指を伸展しました。赤ちゃんは母親がパーと開いた手の動きを真似して手指を伸展したのです。母親のようにしっかりと手指を伸展できませんが、パーと手を開いたことは確実です。

母親は「パーができたね、おりこうさん」とほめまくりました。母親は喜びをおさえきれません。母親は「グー」ができるかな？　と期待して「グー」と握った手をさし出しましたが、赤ちゃんは手指をモヨモヨ動かすだけで、握ることはしませんでした。でも母親にはグーと握る日が近い内にくることが確信できたので、赤ちゃんが手指をモヨモヨ動かしただけでも十分です。

手遊び歌とまねっ芸は動作の摸倣という点では同じですが、まねっこ芸は手指をあまり動かさなくてもよいのに比べて、手遊び歌はまねっこ芸より細かな手指の動きが求められます。

いずれにしてもパーの手でもグーの手でも、大切なことは母親の手の動きをじーっと見つめて、

真似をして手指を動かそうとすることです。

このように九ヵ月頃には「おつむテンテン」や「バイバイ」の芸をしたり、「♪むすんでひらいて」で手をグーにしたり、パーと開いたりするようになります。これは人の動作の真似をすることによって出る行動です。したがって、動作の模倣の始まりです。

＊考察3＊ 動作の模倣

母親の「おつむテンテン」を見た赤ちゃんが両手を頭にもっていってポンポンと叩く姿を見ると、赤ちゃんは時期がくれば真似をすると思いがちですが決してそうではありません。実は見ることと手を動かすことをくり返し体験することのつみ重ねによって動作の模倣が出ます。このことを「おつむテンテン」を例にして述べます。

①見て学んで記憶する

母親が「おつむテンテン」と言いながら、頭を軽くポンポンと叩くと、赤ちゃんはじーっと見つめた後に楽しそうにニコニコします。母親は赤ちゃんがニコニコするので度々「おつむテンテン」をしてあげます。案の定「おつむテンテン」をすると、赤ちゃんから期待通りの反応が返ってきます。赤ちゃんがニコニコする姿を見ると母親も楽しくなり、「おつむテンテン」をすることに、はずみがつきます。

その結果、赤ちゃんは母親が両手で頭をポンポン叩く動作を何十回と見ることになります。何十回とくり返し見るたびに手の動作は頭にくみこまれて記憶されるようになります。

②手の動きを体験して記憶する

赤ちゃんは母親の手の動きを見るだけではなく、母親に手をとって手の動かし方を教えられます。

母親は一日も早く「おつむテンテン」をする姿を見たくて、赤ちゃんの手をとって頭をポンポン叩く動作をくり返し教えます。赤ちゃんは教えられることで手の動かし方を手で学びます。すると手が手の動かし方を記憶します。

実は、赤ちゃんは母親の手の動きを記憶してしまうと、次に母親の手の動きを見た時、記憶した手の動きをよみがえらせて、自分の手を動かすようになります。

母親の手の動きは、記憶した動作を思い出す呼び水の役目なのです。

じーっと見つめて覚えた記憶と何十回と体験したことでの記憶がしっかりとできた時にまねっこ芸、すなわち動作の模倣が出ます。

つまり、まねっこ芸は記憶するという段階をふんでできるようになります。

まねっこ芸からわかることは、赤ちゃんに記憶が始まっているということです。

赤ちゃんの記憶力はいつ頃から育つのだろうかと思いますが、まねっこ芸に記憶の萌芽をみます。

こうしたことから、まねっこ芸は記憶力の育ちを知るバロメーターともなります。

③言葉かけが学びを援助する

「おつむテンテン」の芸をする時、母親は必ず「おつむテンテン」と言いながら手を動かします。こうしたことばかけは手指の動作の学びには直接関係するものではありませんが、雰囲気を和やかにしたり、赤ちゃんをひきつける効果があります。

たとえば、物を人に手渡す時、黙って手渡すよりも「どうぞ」とことばをそえた方が受けとる相手は気持ちがよいものです。赤ちゃんにとって母親の優しい肉声は心地よい刺激となります。

つまり、愛着の人からの歌や優しいことばかけは、芸を学ぶことを援助するということです。

手遊び歌やまねっこ芸で聞くことばは、肉声を聞く耳を育てます。また、これからことばを学んでいく時期にある赤ちゃんにとって、こうしたことばかけはことばへの関心をもたせる効果があります。

④動作模倣の術は生涯使う

赤ちゃんのまねっこは一歳になると、さまざまな場面で見られるようになります。たとえば、テレビ番組でお兄さんが体操でバンザイをすると、真似をしてバンザイをしたり、お姉さんがダンスで胸のところで腕をクロスすると、真似をして腕をクロスします。また、友達がソファの上でピョンピョンとびはねると、真似をして足をバタバタします。二歳前後になると人の動作を即座に真似をするようになります。友達の遊びもよく見ていて、積み木で塔やトンネルを作ると真似をして塔やトンネルをつくります。日常生活動作も動作模倣の術を使って身につけていきます。

赤ちゃんにとって動作模倣の術は単に摸倣ということでは終わりません。動作摸倣を新しいことを学ぶ時の術として用いるようになります。二歳頃の子供は摸倣魔という異名がつけられているほどで、ことばも行動も遊びも模倣によって学んでいきます。ところで動作模倣の術を用いるのは幼児ばかりではありません。

年齢に関係なくいくつになっても人は動作模倣の術を使います。たとえば、水泳ですが習い始めの頃は指導者のフォームを真似して泳ぎます。また、茶道などのおけいこでは、道具の扱い方や作法などを師匠の手つきや行動を真似することで習得します。

菓子作りや料理作りの職についても、修業中は「先輩の技を見て覚えろ」の方式で、先輩が料理を作る時の手つきを真似することで技術を習得します。

このように動作模倣の術はものごとを学ぶ時の有効な術であり、年齢に関係なく生涯にわたって使われるものです。九ヵ月頃より始まるまねっこ芸は、動作模倣の皮きりと言えます。

11　一〇ヵ月の手

一〇ヵ月になると指先が器用になり、母指と示指とを対向させて、両方の指先で小さな物をつまむようになります。まねっこ芸は上達していき、いろいろな芸ができるようになります。

這い這いで移動してあれやこれやと物をいじりまわしたりの、おいたが始まるので目がはなせなくなります。また、指さし行動が出始めて、指さしては自分の意思を伝えようとします。

①ピンセット握りをする

1、ビスケットのかけらを、母指の指先と示指の指先でつまんで、口にもっていきます。

2、床の上に落ちている小さなゴミや錠剤を見つけると、母指の指先と示指の指先でつまみあげて、ゴミや錠剤をしげしげとながめます。

3、こぼした食べ物を母指の指先と示指の指先でつまんで拾い上げます。時には口に運びます。

このつまみ方はピンセット握りと言われます。すなわち、母指と示指を対向させて、両方の指先でピンセットではさむようにしてつまむからです。手は「握る↓つかむ↓つまむ」と発達しますが、この時期に最終段階の「つまむ」に到達します。

②まねっこ芸が上達する

1、母親が「おつむテンテン」と言って頭を軽く叩くと、赤ちゃんが即座に真似をして、頭をポンポンと叩きます。

2、母親が両手で顔をかくして「イナイイナイバー」をすると、赤ちゃんが両手を顔にもっていきます。

3、母親が「パチパチ」と言いながら手を叩くと、赤ちゃんが笑いながら手を数回叩きます。

4、「バイバイ」と言いながら手を左右にふると、赤ちゃんがそれに応じて手を左右にふります。

5、母親が「へい」と言って頭を下げると、赤ちゃんが腰をかがめます。

先月よりもまねっこ芸が上手にできるようになります。周りの人々が「上手だね」と言ってほめると、赤ちゃんが自発的に芸をするようになります。赤ちゃんがまねっこ芸をすればするほど、まわりに笑いが起こります。赤ちゃんも笑いの雰囲気にのせられて気分が高揚していきます。

③手遊び歌に反応して手指を動かす

手遊び歌では手指を動かすことを積極的にするようになります。

母親が「♪むすんでひらいて」の手遊び歌をすると、即座に赤ちゃんが母親の動く手指に視線を向けました。母親は赤ちゃんが即座に反応したことから、手指の動きに関心を持っていることを察知して、歌のテンポをぐっとさげて歌いながら、グーと握ったりパーと開いたり、パチパチと叩くことを大げさにしました。すると母親がグーと握った時、赤ちゃんが手指を軽く屈曲しました。つづいて母親がパーと開いた時、赤ちゃんが屈曲した手指をゆっくりと伸展しました。

さらに母親が手をパチパチと叩いた時、母親の顔を嬉しそうに見つめながら叩くふりをしました。

まだしっかりと手を握ったり開いたり、パチパチと叩くことはしませんが、ついに三つの動作（グー、パー、パチパチ）ができるようになりました。加えてバンザイもできるようになりました。

母親の「♪むすんでひらいて」を一緒にやりたいの願いが叶ったのです。母親は嬉しくてたまりません。母親の嬉しい気持ちは赤ちゃんにも伝わり、いい触れ合いができました。赤ちゃんが少しでも模倣をして手指を動かすと、母親や周りの人々が拍手かっさいをして「やった！やった！」とはやしたてます。

赤ちゃんは周りの人々の反応にニコニコしながら、ますます発憤して手を動かします。

赤ちゃんの手がちょっと動くだけで、どうしてこんなに人々が魅了されてしまうのでしょう。

それは赤ちゃんの仕草のかわいらしさもさることながら、大人が一方的に遊んであげるのではなく、赤ちゃんと一緒にあそんでいるという実感を覚えるからです。

④音を出す遊びをする

1、赤ちゃんはピアノの鍵盤を叩いて音が出ることを知ると、ニコニコしながらくり返し叩きます。

2、親がスプーンで空き缶を叩いて見せると、赤ちゃんも真似をしてスプーンで空き缶を叩きます。音が出ると喜んでくり返し叩きます。

3、スズをふって音が出ると、くり返しスズをふります。

4、両手に積み木を持って叩き合わせます。音が出ると叩き続けます。

この時期はいろいろな音に関心をもって聞くようになります。くり返し音を出す遊びをするのは、音を聞くのが楽しいからです。赤ちゃんは音を聞きたくて手を動かします。

⑤指さしが始まる

この時期は示指をしっかりと伸展できませんが、示指で意思を伝えるという指さしが始まります。

1、絵本を見ている時、絵を指さして「これはなに?」と尋ねます。

2、家族がそろっている時「パパは?」と尋ねると、皆を見回した後にパパを指さします。

3、父親が外出した直後に「パパはどこにいったの?」と尋ねると、玄関の方を指さします。

4、食事の時、食べたい物を指さして、「これが食べたい」と伝えます。

5、外を散歩している時、犬やネコを見ると指さして「犬がきた」「ネコを見つけた」と伝えます。

九ヵ月頃は食べ物やジュースをさし出すと、いらない時は手で払いのけて、食べたくない飲みたくないの意思を手で伝えましたが、一〇ヵ月になると指さしで意思を伝えることの方が多くなります。

⑥おいたが始まる

赤ちゃんが一人で静かにすごしています。母親が何をしているのかなと思って様子を見に行くと、赤ちゃんの周りにティッシュペーパーが散乱しています。また、タンスの引き出しに収納しておいたハンカチやクツシタや手拭いなども散乱しています。母親は「ワーッしまった、おとなしいと思ったらこんなおいたをしていたのね」とため息をつきました。

そんな母親をよそに次は電卓をいじりまわしたり、テレビのリモコンや電話などをいじりまわします。

赤ちゃんは一〇ヵ月頃になると這い這いをしたり、伝い歩きをしたりと自力で移動ができるようになります。その結果、視界にとびこんでくる物がぐんと増えます。

赤ちゃんは見た物には何でも手をのばして、手にとってよくながめたり、いじりまわさなければ気がすまないようになります。こうした行動は八ヵ月頃に芽ばえた知的好奇心から出るものです。

一歳代になると知的好奇心による探索行動は本格的になりますが、一〇ヵ月頃より「これは何かな?」の探索が始まります。母親泣かせのおいたですが、赤ちゃんにとっては知的発達を図る上で大切な行動です。おいたが始まったら「おいたバンザイ!」と応援したいところです。

赤ちゃんにとっては日用品も台所用品もすべてが玩具のようなもので、好奇の対象となります。

見た物を手にとらずにいられないのが赤ちゃんで、車のキー、ハンガー、新聞、雑誌、化粧品、台所用品等何でも見つけしだい手にとっていじりまわします。

12　一一ヵ月の手

この時期になると左右の手を一緒に使うこと、示指のみを使うこと、母指と示指との対向で物をつまむことなどの手の動きが一段と上達します。新しい手の動きとしては、鉗子握りと、持っている玩具を手放すことができるようになります。特に示指は他の四指から分離独立してしっかりと伸展したり屈曲することができるようになり、示指のみを使う動きや指さし行動が盛んになります。

①左右の手を一緒に使う

左右の手が同時に同じ動作をします。

1、幼児用の自動車に乗せると両手でハンドルを握って、ハンドルを左右に動かします。
2、両側に取っ手のついているコップの取っ手を両手で持って、コップを口に運びます。
3、五〇センチぐらいの棒を持たせると、両手で棒を持って床をバンバンと叩きます。
4、直径一五センチぐらいのボールを両手で持ちます。
5、さしこんであるコードを、両手でつかんで引きぬきます。
6、入浴中に、両手で水面をバシャバシャと叩きます。
7、タンスの引き出しを両手で引き出したり、押し込んだりします。
8、椅子の背もたれや机の脚を両手でつかんで、つかまり立ちをします。
9、母親が「バンザイ」と言って両手を挙上すると、まねをして両手を挙上します。
10、母親が「お手々を横に」と言って、両手を横に伸ばすと、まねをして両手を横に伸ばします。
11、大人が全身を保持して、鉄棒を握らせると両手でしっかりと、数秒間鉄棒を握ります。
12、両手を交互に動かして、這い這いをします。

13、ラッパを持たせると、両手でラッパをにぎって、吹きます。

②示指のみを使う

1、扇風機のボタンやテレビのリモコンのスイッチや電話のダイヤルボタン等を示指で押します。

2、広口のビンの口に示指をさしこんだり、出したりをくり返します。

3、障子の小さい穴に示指をさしこんで、穴を大きくします。

電話のダイヤルボタン等を押すことから、示指が細かな動きができるようになることが推察できます。

③小さい物を母指の指先と示指の指先でつまむ

1、小石を母指の指先と示指の指先でつまみます。そして縁石の上に並べたり、池にポチャンと投げ落とします。母親が「ポチャーンしたね」と言うと、くり返し投げ落としては、水しぶきが上がる水面を興味を持って見つめます。

2、衣服のボタンを母指と示指の指先でつまんで、いじりまわします。

3、ボタン入れの容器から、母指と示指の指先でボタンを一個ずつつまんでとり出します。

4、容器に入っている大豆やどんぐりを、母指と示指の指先でつまんで、別の容器に移します。

④鉗子握りをする

屈曲した示指の指頭と対立位の母指の指頭とで極小の物をつまむ鉗子握りができます。

1、床の上の極小のごみをつまむ時、鉗子握りをします。

2、米粒や小豆などをつまむ時、鉗子握りをします。

鉗子握りは把握動作の発達の頂点に立つもので す。

⑤持っている物を手わたす

1、母親が「玩具ちょうだい」と言って両手を重ねると、赤ちゃんは持っている玩具を母親の手の上にのせます。

2、母親が「ビスケットちょうだい」と言って両手を重ねると、赤ちゃんは持っているビスケットを母親の手の上にのせます。

3、母親が「ぬいぐるみをちょうだい」と言って両手を重ねると、赤ちゃんは持っているぬいぐるみを母親にわたします。

これまではテーブルの上の玩具等を、手で払いのけて落とすことはしましたが、持っている物を手わたすことはできませんでした。この時期になると、持っている物を手わたすようになります。

⑥おいたが盛んになる

1、買ってきた物が入っているビニール袋をみつけると、袋の中の物をひとつずつとり出します。からっぽのビニール袋をもみくちゃにしたり、頭の上にのせたりします。

2、扇風機のボタンを押して、扇風機の風にむかって手を向けます。

3、ポットやアイロンやストーブなど危険な物にも手を出してさわります。

4、財布やカバンを見つけると、カバンに入っている物を残らずつまみ出します。

一ヵ月になると一段とおいたが盛んになり「あれは何かな？　これは何かな？」と次々と手を出してはおいたをします。おいたには危険がつきまとったり、大人にとっては困った行動ですが、赤ちゃんにとっては、ワクワクする遊びです。

⑦指さしを盛んにする

指さしが一段と盛んに出るようになり、見るものひとつひとつに指さしをして「これはなに？」と問いかけてきます。

1、絵本の絵を指さす

絵本を見ている時、絵を指さして「これはなに?」と問いかけてきます。コップの絵を指さした時、母親が「コップだよ、ゴクゴクってジュースを飲む時に使うものだよ」と答えると、すかさず次はスプーンを指さします。「これはスプーンよ、ご飯を食べる時に使うよ」と答えると、次は帽子を指さします。このように次から次へと絵を指さして母親の説明を求めます。母親の方がもう止めてと悲鳴をあげたくなるほど、指さしが続きます。

2、散歩時の指さし

散歩をしている時、犬が近づいてくると犬を指さして「アーアー」と言います。母親が「ワンワン犬が来たね」と応えると納得します。また、自動車が走り去るとその自動車を指さします。

散歩中にきれいな花が咲いているのを見つけると、花を指さします。母親が「それはチューリップよ、きれいね」と答えると満足します。

実は犬や自動車や花を指さした示指には「これはなに?」の問いかけと同時に、赤ちゃんが「犬を見た、自動車が走っていった、花をみた」という思いがこめられています。ことばを話すことができないので指さしで思いを伝えるのです。救急車のサイレンの音が聞こえると、外の方を指さして「ピーポー」の音がすることも伝えます。赤ちゃんが次から次へと指さしをするのは、何であるかを知りたい、自分の思いを伝えたいという欲求があるからです。この時期の指さし行動はコミュニケーション能力が育つ上で大切な行動です。

3、示指は特異な指

赤ちゃんの指さしに適切な対応をすると、赤ちゃんは指さしで自分の意思を伝えることができることを学びます。今までは意思を伝える主な手段は欲求の泣きでした。でも指さしの方がスムーズに意思が伝わるので、赤ちゃんにとってこんな嬉しいことはありません。

指さしに用いられるということで、示指は特異な指ということができます。

その他スイッチボタンを押したり、のりをつけたり、指絵を描いたりする時、示指を使います。他の指にくらべると単独で働くことが多いです。

このように示指は単独で働くという点でも、特異な指ということができます。

⑧自分で芸をする

母親が「おつむテンテンしてごらん」と言うと、赤ちゃんはみずから両手を頭にもっていってポンポン叩きます。「バイバイしてごらん」と言うと赤ちゃんはみずから手を左右にふります。また、「お手々パチパチしてごらん」と言うと、赤ちゃんはみずから左右の手をパチパチと打ち合わせます。

このようにこの時期になると言葉を聞いただけで、適切な芸ができるようになります。

⑨人の動作を模倣する

1、父親が日曜大工で金づちを持ち、釘をトントンと打っている姿を見ると、その直後にまねをして赤ちゃんも金づちで床をトントン打ちます。

2、母親がテーブル拭きでテーブルを拭いている姿を見ると、赤ちゃんも自分の手でテーブルをなでなでしたり、テーブル拭きを持って左右に動かします。

この時期まねっこ芸や手遊び歌で育まれた動作模倣の力は、さまざまな場面で発揮されます。しかも見た直後に真似をするようになります。

13　一二ヵ月の手

まだ上手に使えませんがスプーンを使ったり、コップを持って飲めるようになったりと道具を使い始めるようになります。おいたが一段と激しくなり、指さし行動も活発になります。

　また、手遊び歌では手指をしっかりと動かすようになり、盛んに手遊び歌をするようになります。

①道具を使い始める

1、スプーンを上から握りこむように持って、自分でたべようとします。
2、コップの両側についている取っ手を持って、自分でジュースを飲みます。

　この時期になると自分でスプーンを持って食べたがるようになります。でも上手に食べ物をすくうことや、こぼさないで口に入れることはできません。また、自分でコップを持ってジュースを飲みますが、ジュースをこぼしたりします。ここで注目すべきことは上手にスプーンが使えたり、ジュースをこぼさないで飲むことではなくて、赤ちゃんがスプーンやコップという道具を道具として使い始めるということです。つまり、赤ちゃんが道具を道具として認知するようになることです。

　したがって、道具の扱い方よりも「スプーンが使えてお利口さん」「コップでジュースが飲めたのね、よく頑張ったね」とほめることが大切です。人は生涯にわたって何をするにも道具を使います。道具を使うことが一二ヵ月頃から始まります。赤ちゃんは手を一年かけて道具が使える手へと発達させます。

②おいたがますます盛んになる

「まあ何をしたの」赤ちゃんの手はハンドクリームでベトベトです。ベトベトの手で洋服をさわったのでしょう。洋服もベトベトです。まわりにはくず入れのゴミが散乱しています。くず入れもひっくり返っています。このようにちょっと目を離している間に、おいたを次々とやらかしてくれます。

　昨日はかたづけ忘れていたジュース入りのペットボトルをさかさまにしてジュースをこぼしてくれました。本棚の本をひっぱり出して、ビリビリと破ったりもしました。今日は今日でハンドクリームのおいたです。大人泣かせのおいたは日に日に盛んになる一方です。それもそのはずです。

赤ちゃんの知的好奇心から出る探索行動に誰もブレーキをかけることができないからです。でも赤ちゃんにとっておいたは学びの場です。赤ちゃんはハンドクリームをいじることで手がベトベトになることを知りました。時には赤ちゃんがワクワクするような展開も起こります。たとえば、ペットボトルをさかさにしたらジュースがこぼれます。赤ちゃんはこぼれたジュースを手でピチャピチャと叩いたり、ジュースでぬれた手をなめます。

なめた瞬間「おいしい！」とわかった赤ちゃんは手をなめまくります。

こうした体験は玩具の遊びでは体験できないものです。大人には困ったおいたでも赤ちゃんにとっては、遊びのひとつで、ワクワクするような展開は、知的好奇心を十分に満足させます。そこでひとつのおいた、すなわちひとつの物の探索が終わると、次の物の探索に移ります。このように八ヵ月頃より芽ばえた知的好奇心は、一二ヵ月頃には探索行動を発動させます。さらにその先は一歳代の旺盛な探索行動へと発展します。

〇歳代に発達した手は、一歳代の旺盛な探索行動を支えます。すなわち、旺盛な探索行動を支えるまでに手が機能的に発達します。こう考えると、〇歳代は探索行動のできる手指を育てる一年間であるとみることもできます。

③手遊び歌を母親と一緒にする

母親がゆっくりと「♪むすんでひらいて」と歌いながら、グーと握ったりパーと開いたり手を打ち合わせたりバンザイをすると、赤ちゃんも後をついて手をグーにしたり、パーにしたり手を打ち合わせたりバンザイをしました。しっかりと手指を屈曲したグーができたり、しっかりと手指を伸展したパーもできるようになり、両手をパチパチとほどよく打ち合わせることもできるようになりました。「♪むすんでひらいて」だけではなく、他の手遊び歌も教えると真似をしてするようになります。

④母指と示指・中指との対向動作

1、ビスケットを示指のリードで母指と示指・中指との対向でつまみます。

2、積み木を示指のリードで母指と示指・中指との対向でつまみます。

3、ミニカーを示指のリードで母指と示指・中指との対向でつまみます。

ビスケットも積み木もミニカーも、これまでは母指と四指との対向でつまんでいましたが、この時期になると母指と示指・中指との対向でつまむようになります。母指と示指・中指との対向でつまむことができるようになると、ミニカーを動かしやすくなったり、積み木を扱いやすくなったりします。ビスケットも上手に口にいれられるようになります。

イ、母指と示指と中指の協調動作

物を把握しようとする時、示指は物に触れた瞬間にどの指を介添えに使って把握したらよいかを判断します。この時期ビスケットや積み木やミニカーの把握に見られるように、母指と示指と中指の三指の協調動作が頻繁に出るようになります。

実はこの三指の協調動作は、クレヨンや鉛筆や箸やハサミや包丁や洗濯バサミ等を使う時に必要な動きです。この時期の三指の協調動作は将来、道具を使える手に育つことの兆しです。このように○歳代のうちに手指は、示指がリーダーとなり、他の指との協調で道具を使うことができるレベルにまで発達します。

⑤指さしが軌道にのる

先月までの指さしとは格段の違いで、指さしをする示指に自分の意思や気持ちがしっかりとこめられてきます。そのために赤ちゃんが何を伝えようとしているかがわかるようになり、一段とコミュニケーションがとりやすくなります。どんな指さしをするか例をあげます。

1、テレビを見ている時、興味あるものを見ると「〜が出ている」といわんばかりに画面を指さします。

2、棚の上にある菓子袋を見つけると「お菓子ちょうだい」といわんばかりに指さします。

3、父親を見ると「これがパパの椅子」といわんばかりに父親がいつも座る椅子を指さします。

4、母親がお菓子を食べていると「僕も欲しい」といわんばかりに自分の口を指さします。

5、散歩に行きたくなると「散歩にいきたい」ことをドアを指さすことで伝えます。

6、食卓に配膳されたご飯や味噌汁やお惣菜を次々と指さして「これはなに?」と尋ねます。次の日もまた次の日も同じように配膳された食べ物を指さしては説明を求めます。

7、母親や自分の身体の部位(目、鼻、口、耳、手、足など)を次から次へと指さしては「これはなに?」と尋ねます。

8、部屋の中の物(タンス、テレビ、カレンダー、椅子、テーブル、座布団、時計、電話、扇風機、ストーブ、鏡、ポット、食器等)を次々と指さして「これはなに?」と尋ねます。

指さしては「これはなに?」と問いかけてきますので、「これは〜です」とまよわずに答えることができます。このことから赤ちゃんの知的好奇心がどんなに強いものかが推察できます。赤ちゃんは同じ物を何回でも指さして尋ねてきますが、これはことばを学びたい気持ちから出る行為です。

考察4 指さし行動

①示指に物言わす

1、絵本を見ている時、赤ちゃんが絵を指さしました。母親は「それはね、ネコよ、ニャーニャーってなくのよ」と答えました。もし赤ちゃんが話すことができたら「ママこれはなに?」と言うことでしょう。

2、家族がそろっている時「パパはどの人?」と尋ねると、赤ちゃんが家族を見回した後、パパを指さしました。もし話すことができたら「パパはこの人だよ」と言うことでしょう。

3、食事をしている時、母親がカボチャを赤ちゃんの口に入れようとすると、赤ちゃんがタマゴ焼きを指さしました。もし話すことができたら「タマゴ焼きが食べたいの」と言うことでしょう。

4、散歩中に遠くから犬がやってくるのを見つけると、赤ちゃんが犬を指さしました。もし話すことができたら「ママ犬が来たよ、犬を見つけたよ」と言うことでしょう。

5、棚の上にある菓子袋を見つけると、赤ちゃんが菓子袋を指さしました。もし話すことができたら「お菓子をちょうだい」と言うことでしょう。

6、父親が帰宅をすると、いつも父親がこしかける椅子を指さしました。もし話すことができたら「パパこの椅子に腰かけてね」と言うことでしょう。

こうした指さし行動が出始めるのは一〇ヵ月頃からです。また、始語が出始めるのもこの時期からです。赤ちゃんはまだ言葉を話すことはしませんが、指さしから赤ちゃんの気持ちや意思を理解することができます。

ところで「目に物言わす」という言いまわしがあります。これは目でものを言うということですが、この言いまわしを借りるならば、「示指に物言わす」です。つまり、示指には目と同様に赤ちゃんは示指でものを言っています。だから「示指に物言わす」と言うことができます。

②知的能力の発達をかいまみる

赤ちゃんは指さしひとつでタマゴ焼きを食べた

いと訴えたり、犬を見つけたと伝えたり、お菓子をちょうだいと欲求したり、パパの椅子はこれですと教えたりします。

実にさまざまなことを指さしで伝えますが、指さしの内容を吟味すると、赤ちゃんの知的発達のレベルが推察できます。赤ちゃんはことばこそ話しませんが、大人が思っている以上に知的能力が発達しているということです。したがって、一歳前後の指さし行動は、順調に知恵が発達しつつあることの証ととらえることができます。

③指さし行動の長所

絵本を見ている時赤ちゃんが絵を指させば「この絵はなに？　教えてちょうだい」と言っていることがわかります。散歩している時赤ちゃんが指さしをすれば、赤ちゃんが指さした方向へ行きたいのだとわかります。

のどがかわいた時冷蔵庫をあけて、牛乳とジュースを見せながら「牛乳とジュースのどちらが飲みたいの？」と尋ねた時、赤ちゃんがジュースを指させば、ジュースの方を飲みたいことがわかります。このように指さし行動には、赤ちゃんが指さした先を見れば、赤ちゃんの言いたいことや欲求や意思がはっきりと理解できるという長所があります。

④思いが伝わる喜びを体験する

指さし行動で赤ちゃんの意思や欲求がよくわかるので、即座に適切な対応ができます。

すなわち、赤ちゃんの意思に応じた対応や欲求を叶える対応ができます。

たとえば、食事の時コロッケを指さした場合、コロッケが食べたいのだなと判断ができます。コロッケを食べさせてもらえると、赤ちゃんは欲求が叶えられて満足します。また、ひと遊びした後に赤ちゃんが、玄関の方を指させば、外へ行きたくなったのだと察することができます。早々に家事をきりあげて赤ちゃんをベビーカーにのせて散歩に連れ出すと、赤ちゃんは外に出たい願いが叶えられて大喜びします。周りの景色や往来する自動車をニコニコしながらながめます。

こうした適切な対応をされることによって赤ちゃんは、人に自分の意思や気持ちが伝わる喜びを体験します。その喜びは赤ちゃんにもっと人に自分の意思や気持ちを伝えたいという意欲を持たせます。指さし行動は、人とコミュニケーションをとりたいという意欲をも育てるのです。

⑤指さし行動はことばを話す前兆行動

赤ちゃんが絵本を持ってきて、母親に説明をおねだりします。しかも毎日同じ絵本を持ってきて、指さしては「これは～です」の説明を聞きたがります。

赤ちゃんが毎日同じ説明を聞きたがるのは、ことばを学びたいからです。くり返し聞くことでことばの記憶ができます。しかも指さしをして説明を求める時は、赤ちゃんの関心が指さした絵に向けられていて、人から絵についてのことばを聞こうとしています。その結果、おのずとことばの学習がすすむようになります。くり返し同じことばを聞けば記憶もすすみます。

また、この時期は指さしをする時だけではなく、赤ちゃんは生活の中でたくさんのことばを聞いて学んで記憶します。こうして、ことばがどんどん蓄えられていきます。

一〇ヵ月頃には始語「ンマンマ、ブーブー、パパ等」が出始めますが、ことばを聞いて記憶することで、ことばの蓄えが始まります。蓄えられたことばは、一歳半頃よりことばとなって口から出ます。赤ちゃんが指さしをしてことばを学ぶ行動は、ことばを聞いて蓄えたいという欲求からでるものです。

指さし行動が出れば、早かれ遅かれ必ずことばを話すことができるようになります。

指さし行動はことばを話す前兆行動ととらえることができます。

14 這うことと手

「這えば立て、立てば歩めの親心」という言いまわしがあります。わが子の成長を心待ちする親の心情がうまく表現されています。ところで、手は這うこと、立つこと、歩くことにどのように関わっているのでしょうか。次に手と這うことの関わりを見てみます。

①アザラシ這い

1、アザラシ這いとは

八～九ヵ月頃になると這い這いが始まります。這い始めの頃は、這い方のスタイルは赤ちゃんによってさまざまです。その中のひとつにアザラシ這いがあります。

アザラシ這いでは、腹這いのポーズで、左右の肘関節を屈曲して前腕と手掌の助けを得て、アザラシのように身体をずり動かして前進します。赤ちゃんによっては前進するよりも後ずさりすることの方が得意です。アザラシ這いの時の足はたいていいやや伸展しています。足で床をけるようになっても両前腕と手掌で移動します。這い這いは手と足を使って移動するものですが、アザラシ這いは腕の力で移動するのが特徴です。

2、アザラシ這いを発動させるもの

赤ちゃんが腹這いで手足をバタバタさせていました。母親は赤ちゃんが手をのばせば届きそうな位置に座って「ここまでおいで」と手をさし出しました。赤ちゃんは母親の所へ行きたくてたまりません。手足の動きが激しくなりました。赤ちゃんの身体が前のめりになり、のめり出た時腕が前に出ました。同時に足の指で床をけりました。アザラシ這いです。

母親は赤ちゃんを抱きあげて「よく頑張ったね」とほめました。赤ちゃんは満面の笑顔になりました。赤ちゃんはアザラシ這いをしようとして手足を動かしたわけではありません。母親のそば

に行きたいという願望がアザラシ這いを起こしました。赤ちゃんの母親のそばにいきたいという気持ちが、アザラシ這いを発動させたのです。

②四つ這い

1、四つ足立ち

一〇ヵ月頃になると四つ這いが始まりますが、四つ這いの前に四つ足立ちをします。

四つ足立ちでは、身体は両手及び両膝で支持されます。四つ足立ちでは、身体は両手及び両膝で支持されます。四つ足立ちをしながら身体を前後にゆさぶったりします。赤ちゃんは四つ足立ちがしっかりできるようになると、四つ這いをするようになります。また、四つ足立ちから座位の姿勢にもっていくようになります。

2、四つ這い

イ、四つ這いとは

四つ這いでは四つ足立ちのポーズを保持して、手と足を交互に出して前進します。

四つ這いでは左手→右足→右手→左足（左右が逆もあります）の順に手と足が出ます。

這い始めは各部位の協調性がないので、モタモタした這い方ですが日増しに上達していき、安定した這い方ができるようになります。スピードも徐々についていき、大人が歩くくらいの速さで這うようになります。四つ這いでは手と足をそれぞれ左右交互に、しかも互い違いに前に出します。この動きは両手を交互にふって歩く時の動きと同じです。したがって四つ這いでの手と足の動きは、やがて立って歩く時に手を交互に振って歩くことの準備ととらえることができます。また、四つ這いでは手と足の比重は同じですが、手が足をリードします。このことは赤ちゃんの次のような行動からわかります。

ロ、四つ這いを発動させるもの

赤ちゃんが四つ足立ちをしている時、母親が赤ちゃんから少し離れた位置に好きな玩具をおきました。玩具に気がつくと、赤ちゃんの目が玩具から離れません。玩具をつかみたい、でも手が届かない、玩具が欲しい思いはつのる一方です。ついに赤ちゃんがゆさぶり運動を始めました。

とその時左手が玩具の方に伸びました。ついで左手につられるように右足が前に出て、身体が前のめりになりました。すると右手が前に出ました。右手につられて左足が前に出ました。

四つ這いです。赤ちゃんの様子を見守っていた母親が「這った！」と喜びの歓声をあげました。

母親は玩具を赤ちゃんに渡してあげてから、赤ちゃんを抱き寄せて「這い這いできたね」と赤ちゃんを頬ずりをしてほめました。赤ちゃんは欲しい玩具を手にすることができたのでニコニコでした。赤ちゃんの四つ這いからわかることは、四つ這いを発動させたのは玩具を手にしたいの思いです。玩具を手にしたいの気持ちが手を動かし、その手を玩具にのばしたことで四つ這いが起こりました。

ハ、這い這いは手や腕に力をつける

アザラシ這いでは腕を使うので、腕に力がつきます。四つ這いでは手と足とで身体を支えながら手に力を入れて這うので、手に力がつきます。赤ちゃんは手と腕に渾身の力をこめて這い這いをします。這い這いでは身体を支えたり、移動させたりするので物を握ったり、玩具で遊ぶ時とは比べものにならない程、腕や手に力が入ります。その結果、這い這いによって腕や手に力がつきますので、把握する時、手に力が入るようになります。

15 立つことと手

①つかまり立ち

一〇〜一一ヵ月頃につかまり立ちが始まります。立つことができるようになるには、両足底が全体重の負荷をうけとめられなければなりませんが、このことが九ヵ月頃にはできるようになります。

その結果、母親が赤ちゃんの両手を保持すると、しばらくの間なら立つことができるようになります。一〇ヵ月頃になると母親が赤ちゃんを立たせて家具やサークルの棚などにつかまらせると、しばらくの間一人で家具などにつかまって立つことができるようになります。また母親が両手をさし出すと、赤ちゃんはその手につかまって座位から、足をふんばって立ち上がるようになります。

さらに一一ヵ月頃になると赤ちゃんは座位や四つ足立ちから、家具につかまって一人で立ち上がるようになります。この時期になると腰がぐらつくことなく、しっかりとつかまり立ちができるようになります。立つことは下肢の運動ですが、つかまり立ちには手の応援が必要です。つまり、赤ちゃんが家具等につかまる手は、立ちつづける下肢を援助するということです。このように手の働きは、立つことの分野にまで及んでいます。また、立ち上がることも下肢の運動ですが、立ち上がり始めの時期は、手を使わなくては立ちあがることが難しいです。

②立つことに挑戦する

赤ちゃんがサークルの棚につかまり、ふんばって立ちあがると、その様子を見ていた母親は「ワーッ立てた!頑張ったね」とかけよって、拍手してほめます。

また、つかまり立ちをしていた赤ちゃんが、一瞬でも手を柵から放して立つと、人々は「一人で立った、立った、すごい!」と拍手喝采してほめます。

実は赤ちゃんにとって立つことはとても勇気のいることです。両足でふんばることも身体のバランスを保つことも難しいからです。それでも赤ちゃんは尻もちをついても何回も立ち上がろうと頑張ります。頑張れるのは周囲の人々がほめてくれたり喜ぶからです。

周囲の人々の対応が赤ちゃんにくり返し立つことに挑戦させるのです。

16 歩くことと手

①つたい歩き

一一ヵ月頃につたい歩きが出ます。つかまり立ちが自立すると、体重の移し変えによって側方への歩行運動が始まります。これがつたい歩きです。つたい歩きが上手にできるようになる時期には、足を交互に動かす足踏み運動がでます。つたい歩きはもう少しであんよが始まる前兆です。ではつたい歩きがどのようにでるかみてみます。

赤ちゃんがこたつに身体をもたれかけて、こたつに手をついて立っていました。母親は赤ちゃんから少し離れた位置に、おやつのビスケットの皿をおきました。つたい歩きを期待してのことです。

赤ちゃんはビスケットを見つけると、嬉しそうに手でコタツ板をポンポン叩き、そのビスケットに手を伸ばしました。でもビスケットに手が届きません。母親は「もうちょっと手を伸ばしてごらん」と胸の内で励ましていました。赤ちゃんの目はビスケットにくぎづけとなっています。

赤ちゃんはビスケットめざして思いっきり右手を伸ばしました。とその時身体が傾き、それに伴って右足が側方に移動しました。右足につられて左足も側方に移動しました。でもまだビスケットに手が届きません。赤ちゃんがまた、右手を伸ばしました。右足が側方に移動し、ついで左足も側方に移動しました。ついにビスケットに手が届きました。赤ちゃんはビスケットをつかむと、すかさず口にほおばり入れました。

初めの一歩が出た後は、つたい歩きが日に日に上達していきます。赤ちゃんがコタツの周りを伝い歩きするので、コタツの上に物をおいておくことができなくなります。

赤ちゃんのつたい歩きの始まりをみると、ビスケット欲しさに手を伸ばした時に、足が側方に出ました。すなわち、つたい歩きを発動させたのは、ビスケットをつかみたいの意思です。

赤ちゃんは目の前のビスケットが欲しくて、手を伸ばしたら身体が傾きました。身体が傾いたので足が側方に移動しました。つまり、つたい歩きも手が足を先導するのです。

②歩行と手

1、歩行のトレーニング

個人差はありますが、ほとんどの赤ちゃんは一歳前後には歩き始めます。

赤ちゃんが歩き始めると突然に歩き始めるようにみえますが、実は赤ちゃんはトレーニングをした末に歩けるようになります。そのトレーニングとはつたい歩きと足踏み運動と手を保持されて前方に歩行する練習です。一一ヵ月頃赤ちゃんは両手を保持されると、その場で交互の足踏み運動をします。また、両手を保持されると赤ちゃんは前方に歩行します。立つ時に身体がふらついても、両手を保持されているので足が本来の機能を発揮できるからです。

一二ヵ月頃にはつたい歩きが右方向へも左方向へもできるようになり、片方の手を保持されるだけで赤ちゃんは前方に歩行できるようになります。早い赤ちゃんはカタカタにつかまって歩行したり、一人で歩き始めるようになります。このように、歩行のためのトレーニングにおいては、手を保持されたり、手で物につかまるなど、手の応援が必要なのです。歩き始めるようになっても歩き始めの時期は、手で身体のバランスをとりながら歩きます。

2、ヨチヨチ歩き

歩き始めの頃はガニ股でヨチヨチ歩きです。今にも転びそうであぶなっかしい足どりです。

赤ちゃんは両手をななめ横に広げて上下に動かしながら足を進めます。手で身体のバランスをとっているので、転びそうでいて転びません。

手がヨチヨチ歩きを支えているからです。赤ちゃんは尻もちをついてもまた立ちあがって歩き始めます。そんな姿を見ると「アンヨじょうず、手のなる方へ」と誰しもが励ましたくなります。

赤ちゃんは周りの人々に励まされると気をよくしてアンヨの練習をくり返します。歩き始めてから三〜四ヵ月後には脚力がつくので、両手を下げてスタスタ歩けるようになります。

3、歩行を発動させるもの

つたい歩きが上手になり右にも左にも足が出るようになると、母親は初めの一歩が見たくなります。そこで母親は赤ちゃんがテーブルの脚につかまってつかまり立ちをしている時、離れた位置に座って「ここまでおいで」と両手をさし出しました。赤ちゃんは母親の所に行きたくてたまりません。赤ちゃんは片手を母親の方にさし出しましたが母親には届きません。母親はくり返し「ここまでおいで」と両手をさし出して呼びかけました。とその時赤ちゃんがテーブルの脚から手を放しました。その瞬間、身体が前のめりになり片足が前に出ました。つづいてもう片方の足も前に出ました。

ついに初めの一歩が出ました。母親は倒れないように赤ちゃんをしっかりと抱きとめました。

「あんよができた！」初めの一歩を見て母親は小躍りしたい思いでした。

さて、赤ちゃんに初めの一歩を出させたものは何でしょうか？　それは母親の所へ行きたいという気持ちです。その気持ちが手を前にさし出させ、さし出した手が足を前に出させました。

このように歩行においても手が足を先導します。

4、手を交互にふって歩く

競歩大会を見物すると、選手が大きく手をふって歩いていることに気がつきます。実は手を交互にふることと、歩くことはきってもきれない関係にあります。大股で歩く時には手が大きくふれています。また、歩幅を小さくすると手のふりは小さくなります。手を交互にふって歩行ができるようになった時が歩行の自立です。大体二歳前後になると、手を交互にふって歩くことができるようになります。

したがって、歩行の自立は二歳前後とみることができます。

三歳を過ぎると手のふり方にスピードが加わります。手のふりにスピードが加われば加わるほど、足が速く前方にでるようになります。つまり、走ることができるようになるということです。

手のふりにスピードが加わるようになった時が走りの自立です。

這うことや四つ這いやつかまり立ちや立つことや歩くことや走ることと手の関係を見てきましたが、いずれの時でも手が下肢の動きを先導していることがわかります。

17 〇歳代の手の発達のまとめ

〇歳代の手がどのように発達するのかみてきましたが、総括すると次のようになります。

①不随意運動から随意運動に移行する

1、四ヵ月頃に随意運動に移行する

把握は把握反射（ダーウィン反射）から始まり、物体を握ろうとして握る有意把握へと発達します。四ヵ月頃赤ちゃんの目の前にガラガラをさし出すと、ガラガラに手を伸ばしてつかもうとしたり、自らガラガラを握ったりします。この行動は不随意運動から随意運動への移行を証するものです。赤ちゃんが玩具で遊ぶことができるのも、抱っこしてーと手をさし出すことも、まねっこ芸ができるのも随意に動く手があってのことです。

2、見つめる目が随意運動を発動する

随意運動を発動させるものは何でしょうか？ その答えの手がかりとなるのは、赤ちゃんが初めて目の前にさし出されたガラガラに手をさし出す前場面です。赤ちゃんはガラガラに手をさし出す前に、何をするでしょうか？ それはガラガラをじーっと見つめることです。赤ちゃんはガラガラ

をじーっと見つめた後にガラガラに手をさし出します。

四ヵ月頃頭上に飾り物をつるしておくと、赤ちゃんは飾り物を見つけるとしばらく手足をバタバタさせながら、じーっと見つめます。見つめた後に飾り物に手をさし出します。

六ヵ月頃人見知りが出ると他の人に抱っこされている時、母親が接近すると母親の顔をじーっと見つめた後に「抱っこしてー」と手をさし出します。

一〇ヵ月頃バイバイやおつむテンテンなどのまねっこ芸をしますが、赤ちゃんは母親がバイバイやおつむテンテンをする姿をじーっと見つめた後に真似をして自分の手を動かします。

飾り物に手をさし出すこと、抱っこしてーと手をさし出すこと、まねっこ芸をすることなど、じーっと見つめた後に手が動きます。すなわち、共通していることは、手を動かす前に、見るという行動があるということです。「見つめる↓手を動かす」の流れからわかることは、見つめることが手を動かす行動を発動させるということです。すなわち、随意運動を発動させるものは、見つめる目であり、見る目が手の育ちを援助しているということです。「見る↓手を動かす」ということは、生涯にわたって起こります。

②把握は「握る↓つかむ↓つまむ」と進む

赤ちゃんの把握の仕方は「握る↓つかむ↓つまむ」と進みます。把握の仕方をみると五ヵ月頃までは母指以外の四指と手掌で物を握ります。それが六ヵ月頃より母指が台頭することにより母指と四指とを対向させて物をつかむようになります。七〜八ヵ月頃には母指と示指・中指とを対向させて物をつまんだり、母指と示指とを対向させて小さい物をつまむようになります。

③鉗子握りは把握動作の頂点

赤ちゃんは物を握る時、初めは手掌で物を握ります。それが手の発達にともなって、物を握る位置は、だんだんと手掌から指の方へと移動します。

把握動作において、物を握る位置が移動するのは、母指と他の指との対向動作ができるようになるからです。把握が発達した先に出る動作は、母指及び示指の指先でつまむことです。

さらに進むと母指の指頭と示指の指頭でつまむ鉗子握りができます。鉗子握りでは母指の指頭と示指の指頭に力を入れて物をつまむので、つまむ時の指は環状になります。

鉗子握りは把握動作の頂点に立つ動きです。

④把握する力は小指側から示指側に移る

物を把握する時は手指に力が入ります。○歳代の把握の仕方は発達にともなって変化します。把握の仕方が変化することで、力の入り方も変ります。どのように変わるかみてみます。

生まれて数ヵ月間の握り方は、小指側に力が入っています。

たとえば、三〜四ヵ月頃にガラガラを握らせると、小指側に力を入れて手掌で握ります。四〜五ヵ月頃母親が自分の母指を赤ちゃんの両手の手掌にさしこんで引き起こそうとすると、小指側に力をいれて母親の母指をギュッと握りしめます。たとえ他の四指が離れても小指だけは離しません。

それが六ヵ月頃になると示指側に力が入るようになります。たとえば、哺乳ビンの持ち方ですが、五ヵ月頃までは小指側に力を入れて小指・薬指・中指と手掌で持ちます。六ヵ月頃になると示指側に力を入れて母指と示指・中指・薬指との対向で持つようになり、小指は使わなくなります。

また、抱っこをすると、抱き手の服を示指側に力を入れて母指と示指・中指・薬指で握りしめるようになります。このように力が入る部位は、小指側から示指側へと移行します。

ではどうして移行が起こるのでしょうか？ それはこの時期、母指の台頭により母指と他の四指との対向動作ができるようになるからです。なかでも示指はリーダーですので示指側に力が入るようになります。

⑤意思を伝える手が育つ

一人でご機嫌よく遊んでいても母親の姿を見つけると「ウェーン」と泣きべそをかいて、母親の方に両手をさし出してきます。

「ママ抱っこしてー」と母親に甘えたい気持ちや抱っこして欲しい気持ちを手をさし出すことで伝えます。また、哺乳ビンでミルクを飲んでいる時、ミルクを飲みたくなくなると哺乳ビンに手をかけて口から放します。「もうミルクを飲みたくない」の思いを、哺乳ビンを口から出す手で伝えます。

指さし行動では示指で自分の意思を伝えるようになります。このように手は意思を伝えるために用いられるようになります。

⑥頭の出先器官となる手を育む

「手は外の頭」とも「手は頭の出先器官」とも言われます。手は頭の指令にしたがって働き、手は頭で考えていることや気持ちを外に表わす器官であるということです。

○歳代の手の発達を総括するなら、○歳代は手を頭の出先器官となる手に育てる時期です。すなわち、随意に動く手への成長「握る→つかむ→つまむ」という把握運動の発達、母指と他の四指の対向動作の出現、さらに示指のリーダーとしての役付けなど、いずれの手の育ちを見ても将来、手が頭の出先器官としての働きができるようになるための育ちです。

特に示指には意思や気持ちを伝える役割も課せられます。

第二章

探索行動とさまざまな手

1 探索行動

①探索行動とは

一歳代になると〇歳代に一年かけて頭の出先器官に育てた手の活動が始まります。その活動のひとつに探索行動があります。一〇ヵ月頃より芽ばえた知的好奇心は、日に日に旺盛になります。

一歳代になると旺盛な知的好奇心をみたすための探索行動が活発になります。まさに手が頭の出先器官として働くようになるわけです。

子供は見た物に関心をもつと、トコトコと歩いていって「なにかな?」と手にとってひとしきりながめます。ながめただけで満足できないと、いじりまわしたり、叩きつけたり、ふり動かしたり、あげくのはてはなめまわしたりします。こうした一連の行動が、これは何であるかを知ろうとする探索行動です。探索は知的好奇心から発動するものですから、とどまるところをしりません。あれもこれもと次々に手にとって探索します。そこで出るのが親泣かせの「おいた」です。

「おいた」は一〇ヵ月頃より始まりますが、一歳代になると歩行という移動手段をかくとくするので「おいた」が並みでなくなってきます。親の口からは「目がはなせなくてね」のことばが出ます。嬉しい悲鳴をあげながら、大人が子供のそばにつきっきりになります。

②プレゼントはなあに?

探索行動を何にたとえたらよいでしょうか?

子供はきれいな包装紙に包まれた箱を見つけると「これはなにかな?」の探索を始めます。まず包装紙を破ります。出てきたのは箱です。

箱の中身が見たくなります。そこで箱をあけます。箱には個包装されたクッキーが並んでいます。「なんだろう?」とひとつ手にとっていじりまわしているうちに、包みが破れてクッキーが出てきます。クッキーを口に含むと、クッキーが口の中でとろけます。ここでやっと包装紙に包まれた箱にはおいしい、甘いクッキーがつめられていることを知ります。

こうした包装紙を破る→菓子箱をあける→菓子を食べるという一連の行動は「これは何かな？」の探索行動です。子供にとって周りの物は包装紙に包まれた箱のようなものです。

そこで「これはなにかな？　あれはなにかな？」と次から次へと探索をつづけることが起こります。

③手で探索する

「あれはなにかな？」と子供の目に入ったのは懐中電灯です。子供はあちこちいじりまわしている内にスイッチボタンを見つけました。「これはなにかな？」とスイッチボタンをいじりまわしていると、パーッと電気がつきました。子供はびっくりして再びスイッチボタンにさわりました。すると電気が消えました。なんと不思議なことでしょう。子供はスイッチボタンをいじりまわしては電気をつけたり、消したりすることを数回くりかえしました。子供は懐中電灯を手にとって見るまでは、懐中電灯がどんなものかを知りませんでした。ましてや電気がつくとは思ってもいなかったことです。でも探索することで懐中電灯とはどんなものかを知りました。

ところで懐中電灯を探索する時、どのようにして探索したでしょうか。それは手を使ってです。手の活躍によって懐中電灯を持ったり、スイッチボタンを操作すると電気がついたり、消えたりすることを知りました。すなわち、手の活躍で懐中電灯がどんなものかを知りました。

懐中電灯の探索からわかることは、「これはなにかな？」と探索をするのは、「手」であるということです。知的好奇心を充たすために働いた手は、探索に用いられることでなんであるかを知る手となります。なんであるかを知ると手は、探索で得た情報（懐中電灯のスイッチボタンを押すと電気がついたり消えたりすること）を、脳に送りこみます。脳に送りこまれた情報は、知恵を育む糧となります。こう考えると、手は知恵を育む働きをすることがわかります。

知恵が発達すると、今度は知恵が手を使うようになります。するとますます知恵が育まれていきます。このように手と知恵は切っても切れないつながりがあります。

④「これなあに?」を連発する

一歳前半頃は指さし行動や探索行動が知的好奇心を満足させますが、一歳半を過ぎると「これなあに?　あれなあに?」を連発します。たとえば、食卓に配膳された食べ物に関心をよせるようになり、魚を指さして「これなあに?」と聞いてきます。「それは魚よ、おいしいよ」と答えると、すかさず次の食べ物を指さして「これなあに?」と聞いてきます。「それは卵焼きだよ、大好きでしょう」と答えると、次は汁腕を指さして「これなあに?」と聞いてきます。「それは味噌汁よ」と答えると納得します。

聞いて納得するのは知的好奇心が満足するからです。さらに味噌汁を飲む時、白い豆腐に気がつくと「これなあに?」と問いかけるようなまなざしを向けてきます。「それは豆腐よ」と答えると納得して飲み始めます。「これなあに?」を散歩中でも買い物中でも入浴中でも時と場所を選ばず連発します。何回も教えているのでわかっているはずの物まで「これはなあに?」と聞いてきます。

子供は同じような返事でも聞くと納得したような表情をします。車のキーなど知っているはずの物まで「これなあに?」と聞いてくることもあります。

「これなあに?」に応対する親の方が「ちょっと待って」と言いたくなります。このように子供が「これなあに?」を連発したり、探索行動を盛んにするのは、知恵を育みたいからです。

旺盛な知的好奇心の満足の積み重ねの先にあるのが、知恵の発達です。

2 さまざまな手

探索行動では手は探索する手として働きます。ところで、頭の出先器官に育った手は探索するだけではなく、さまざまな働きをするようになります。

どのような働きをするようになるのかA君（五歳）の手の働きからみてみます。

A君は幼稚園が大好きで元気な明るい男の子です。毎朝今日は何があるかな？　なにして遊ぼうかなとワクワクしながら登園します。A君の幼稚園での一日の生活をのぞいてみます。

先生が「今日は粘土遊びをします」と言いました。ヤッター粘土遊びだ！　博物館で恐竜を見た時から粘土で恐竜を作ってみたいと思っていたので嬉しくなりました。

A君は粘土のかたまりをいくつかにわけると、恐竜の頭から作り始めました。

隣の友達を見ると側に大小のまんじゅうが並んでいます。A君が「何を作るの？」とたずねると、友達が「アンパンマンを作るんだよ」と言いました。なるほど大小の粘土のかたまりのまんじゅうを作るわけがわかりました。（この場面に登場する手は、つくる手です）

粘土遊びの後は自由時間です。園庭で遊んでいる時、友達が「皆でかごめかごめをしようよ」と言いました。ほどなく一〇人の子供が集まりました。とり役の子供を中にして九人の子供が手をつないで円をつくりました。「♪うしろの正面だあれ」であてることができると、ドッと笑い声が起こりました。（この場面に登場する手は、つなぐ手です）

皆が遊びに夢中になっていると、教室の窓から先生が顔を出して「皆さん給食の時間ですから、教室に戻って下さい」と、おいでおいでと手招き

をしながら言いました。（この場合に登場する手は、つたえる手です）

　午後は生活発表会にむけてのダンスの練習です。先生のダンスを見ながら、子供達が踊ります。Ａ君はダンスが苦手で友達のように楽しく踊れません。それでも先生の動作を模倣して手や身体を動かしました。（この場面に登場する手は、学ぶ手です）

　帰りの会の時、先生が「明日は舞台を飾る壁面の絵を皆で描くので、何を描くか考えてきてください」と言いました。すると「僕ロケットを描こうかな」「私はチューリップの花を描くわ」「僕は新幹線を描きたい」「私はケーキを描く」と子供達はてんでに主張し始めました。（この場面に登場する手は、つなげる手です）こうして幼稚園での一日の生活が終わりました。

　一日の生活をふり返って見ると、「つくる手」「つなぐ手」「つたえる手」「学ぶ手」「つなげる手」が登場しました。このように手は働きによってさまざまな手となります。こうしたさまざまな手が幼稚園生活を支えています。これからさまざまな手について考察します。

第三章

つなぐ手

1　つなぐ手

つなぐ手とは手と手をつなぐ時の手のことです。つなぐ手が出るのは九〜一〇ヵ月頃のつかまり立ちからです。つなぐ手は成長に伴って変容していきます。つなぐ手がどのように変容していくのか、またつなぐ手は何をもたらすのかみてみます。

①つかまり立ちとつなぐ手（九〜一〇ヵ月頃）

大人が手をさし出すと赤ちゃんはその手につかまって立ちます。また、赤ちゃんが座っている時、大人が両手をさし出すと、その手につかまって赤ちゃんが立ちあがります。赤ちゃんは力を入れてギュッと大人の手を握りしめます。その手から必死に手をつないでいることがわかります。

この時期はまだ下肢だけで身体を支えることは難しく、つなぐ手が身体のバランスをととのえます。赤ちゃんは立つ時、物につかまったり、手をつないでもらわなければ立つことができません。そのために必死に手をつなぎます。ではつなぐ手は何をもたらすのでしょうか？

それは赤ちゃんが手をつないでくれた人に、信頼と思いを寄せるようになることです。

手をつないでくれた人は、立っちがしたいの思いを叶えてくれた人です。赤ちゃんはオッパイが欲しいと泣いた時、オッパイを飲ませてくれた人に信頼と思いを寄せるようになりますが、それと同じことが起こります。つまり、つなぐ手は立っちを援助するという実益だけではなく、人とのつながりも生み出します。

②歩行とつなぐ手（一一〜一二ヵ月）

一人で歩行ができるようになる前には、足を交互に出す歩行練習の期間があります。

この期間は赤ちゃんは両手を保持されなければ立つことができません。そこで赤ちゃんは必然的に手をつなぎます。赤ちゃんは大人の手にしがみつくようにして手をつないで歩行練習に励みます。

また、ヨチヨチ歩きの時期は身体のバランスをとることが難しかったり、脚力だけで歩くことは難しいです。そのためにつなぐ手を支えにして身体のバランスをとりながら、足を前方に出します。

ヨチヨチ歩きの時期は、手をつないで、歩く練習に挑戦します。

赤ちゃんは尻もちをついてもつなぐ手がさしのべられると、つなぐ手につかまって立ちあがり、足を前に出します。つなぐ手は赤ちゃんにとって千人力です。

③散歩とつなぐ手（一歳半頃）

家の外に出ると大人は子供と手をつなぎます。交通安全や危険から子供を守るために、また人混みの中では迷子にならないために手をつなぎます。子供も家の外に出ると不安を覚えるので手をつなぎたがります。子供は見知らぬ人に出会ったり、犬が近づいてきたり、大勢の人の中を歩く時は、手をつないできます。それは不安な気持ちを解消するためで、手をつなぐと安心を得ることができるからです。子供は手をつないでもらうことで、つないでくれた人に信頼と思慕をよせるようになります。ところで現代は親が子供と手をつないで歩いている姿をあまり見かけなくなりました。

ちょっと距離がある時はベビーカーを利用し、遠出の時は自動車を利用するからです。

手をつないでいる親子連れの姿はほほえましいもので、そうした姿が消えていくのは寂しいことです。便利な移動手段によって手をつなぐチャンスが失われていくことは、手をつなぐことで生じる親子の触れ合いの減少をもたらします。

④友だちと手をつなぐ（二歳前後）

大人が「お友達と仲よしこよしって、手をつないで歩こうね」と言って、同年齢の友達と手をつながせると、子供は友達と手をつないで歩きます。

友達と手をつなぐ時は、大人と手をつなぐ時と違って歩調を合わせることが大変で、手をはなしてしまうことができますが、あわてて手をつなぎ直します。再び手をつないで歩けると、ニッコリします。手をつなぐことで友達への親近感が育ちます。

⑤年下の子供と手をつなぐ（二歳七ヵ月頃）

公園で遊んでいる時、離れた所で遊んでいる年下の子供を連れてくるように頼むと、年下の子供の手をひいて連れてきます。自分よりも年下であることを意識して無理に手をひっぱることをしないで小さい子供の歩調に合わせてゆっくり歩きます。

この時期になると他者の歩調に合わせて歩けるようになります。このようにつなぐ手の対象者が大人から同年齢の友達へ、友達から年下の子供へと広がっていきます。

⑥幼稚園の散歩

幼稚園の園外保育に散歩があります。散歩の時は友達と手をつないで列をつくって歩きます。先生が「車が来たから道のすみに寄って下さい」と指示すると、つないだ手を放さないで道の端に移動します。また、先生が「前の人と離れないようにして下さい」と指示すると、手をつないだまま前に走り寄ります。友達が花や虫を見つけて立ちどまると、つないだ手をひっぱって「歩こうよ」と促します。つなぐ手は友達との一体感をもたせます。友達と手をつなぐことで友達を受け入れる心も育てます。幼稚園の子供達が手をつないで散歩している光景はほほえましいものです。

「♪お手々つないで野道をゆけば～」の童謡は、つなぐ手の素晴らしさを歌います。

⑦伝承遊びのつなぐ手

現代は伝承遊びがすたれてしまい伝承遊びをす

る子供達の光景をみることがほとんどありませんが、伝承遊びにはつなぐ手が登場します。たとえば「♪かごめかごめ」では、目かくしをして座っている子供を中心にして、七～八人の子供が手をつないで円を作り、歌を歌いながらぐるぐるまわります。「♪はないちもんめ」では五～六人の子供が手をつないで横に並んで、前進したり後退したりします。手をつなぎあうことで、自然と仲間意識が育ちます。

近年は伝承遊びが失われつつありますが、幼児期に体験させたい遊びのひとつです。

⑧ダンスのつなぐ手

幼稚園や小学校の運動会の種目にダンスがあります。ペアの場合は相手の片方の手または両方の手と手をつないでひとまわりしたり、座ったり、手を打ち合わせたりします。多人数の場合は隣の人と手をつないで大きな円を作り、右回りをしたり、左回りをしたり、円の中心に集まったり、中心から広がったりします。また町内会等の運動会ではフォークダンスで老若男女が手をつないでフォークダンスをします。このようにダンスという場面では、手をつなぐことが起こります。

しかも見知らぬ人とも自然に手がつなげます。手をつないでダンスをした後には、気持ちがうちとけて交流ができます。このようにつなぐ手には、人と人とに互いに気持ちをかよい合わせる働きがあります。

⑨競技のつなぐ手

運動会では手をつなぐ競技があります。親子で手をつないで走る、友達と肩をくんで二人三脚で走る、借り物競争で見知らぬ人と手をつないで走る、目隠しした人の手をひいて走るなどの競技です。競技に参加すれば初対面の人とも手をつなぎ、お互いに協力し合って走ります。

終わった後は顔を見合わせてニッコリし合います。ふだんならばありえないことなのにつなぐ手が他者との交流をつくります。

⑩握手

1、思いを分かち合う

握手はつなぐ手のひとつです。一口に握手と言ってもさまざまな握手があります。

たとえば、けんかをして仲直りをするための握手、別れぎわに「さようならごきげんよう」と言ってする握手、「頑張ってね」と励ます握手、再会を喜び合う握手…等です。国の主要な人物が外国を訪問した時、挨拶をする際に握手をします。スポーツでは選手同士が励ましたり、健闘をたたえる時に握手をします。いずれの握手も互いに手を握り合うという行為は同じですが、行為を起こさせる動機はさまざまです。握手をする手には、思いがこめられています。その結果、握手は思いのわかち合いをもたらします。

2、握手を学ぶ

子供は玩具を譲り合って使った方が仲良く遊べることや、借りる時は「貸してね」と言った方が気持ちよく遊べることを体験します。それでも時には互いに譲り合えなくて、けんかが始まることもあります。

たとえば、A君とB君が砂遊びをしていました。A君は赤いスコップでB君は青いスコップを使っていました。二人はスコップで穴を掘り始めました。A君は手つきが悪くてどうもうまく穴が掘れません。B君は手つきがよくて穴をどんどん掘っていきました。その様子を見てA君は穴がうまく掘れないのはスコップのせいだと思い、A君は青いスコップを使いたくなりました。B君がちょっと砂場から離れた時、A君は青いスコップを無断で拝借してしまいました。

戻ってきたB君は青いスコップをA君が使っていたので「僕のスコップ返して」と言いました。

でもA君はかかえこんで返そうとしませんでした。B君がA君から青いスコップを奪いとろうとするとA君は赤いスコップをさし出しました。B

君は思わずA君を叩いてしまいました。

非はA君にあるのですが、ついに返す返さないのけんかとなりました。二人はワーワーと泣き出しました。二人の様子を見ていたA君の母親は、黙って友達のスコップを使ったことはいけないことをさとしました。B君の母親は友達を叩くことはいけないことをさとしました。

二人は母親の忠告を聞いて落ち着きました。母親たちは「握手をして仲直りしようね」と言って二人に握手をさせました。握手をすると二人は機嫌をとり直してスコップを交換し、再び穴掘りを始めました。子供は初めは握手というものを知りません。大人に握手されたり、A君やB君のように促されて握手をすることで、握手という行為を学びます。

A君やB君は握手をしたらモヤモヤした気持ちがはれてスカッとしました。このように握手という行為は大人から教えられたり、人から握手をされる体験から学びます。

⑪手を握る

人は思わず人の手を握りたくなる時があります。どんな時に手を握るでしょうか？

1、ほめる時（嬉しい時）

スポーツ大会に出場して念願の一等賞がとれると、監督をはじめ応援者がかけよって、選手の手を握って「おめでとう、よくやったね」と賞賛します。また、展覧会で作品が入選すると、子供の手をとって「よく頑張った」とほめます。このように賞讃をする時に手を握ります。

2、悲しい時

親しい人と死別したり、不治の病にかかり悲嘆にくれている人には、その心情を思うとかける言葉がみつかりません。こうした時悲しい気持ちによりそってあげたいという思いが手を握らせます。手を握ることで悲しみを慰めます。

3、感動した時

サッカー大会を観戦している時、点が入るとサポーター達が手をとりあって感動を分かち合います。他のスポーツでも優勝した時は、応援した人達が手を握りあったり、選手達が手をしっかり握り合います。手を握ることで感動や喜びを分かち合うことができます。

4、励ます時

受験に出かける子供を見送ったり、スポーツ大会に出場する子供を見送る時は、ギュッと手を握り「頑張ってね」とエールを送ります。手を握ることで励ます気持ちを伝えます。

5、慰める時

闘病中の友達を見舞った時、手を握りしめて慰めたり、励まします。スポーツで負けた時、受験で失敗した時、努力したにもかかわらず、思うような結果が出せないで、悔しがっている時などにも手を握りしめて「よく頑張ったよ」と言います。慰めたい気持ちが手を握らせます。

6、不安な時

暗闇を歩く時や吊り橋を渡る時は不安な気持ちになります。思わずそばにいる人の手を握りしめます。これは手をつなぐと不安がやわらぐからです。

＊考察5＊　つなぐ手

①つなぐ手は絆をつくる

つなぐ手にはさまざまなつなぐ手がありますが、そこには共通するものがあります。それはいずれのつなぐ手も精神的なものを伝えたり、分かち合うということです。

すなわち、つかまり立ちやヨチヨチ歩きの時のつなぐ手は、赤ちゃんに安心感を与えます。

友達と手をつなぐと友達に親近感を持ちます。ダンスや競技で手をつなぐと仲間意識がわいてきたり、気持ちが通い合うように思います。握手をすると思いのわかち合いができます。喜びや悲しみや感動などの心情や思いを伝えたい時は、手を握ればその心情や思いを相手に伝えることができます。その結果、つなぐ手は両者に精神的なつながりをつくるようになります。

②つなぐ手が育たない子供

手をつなぐことは当たり前のことのように思いますが、この当たり前のことができない子供がいます。それは自閉症の子供です。自閉症の子供は、手をつなごうとしなかったり、手をつなごうとして手をさし出しても手をふり払ってしまいます。ダンスという場面で手をつなぐふりをとりいれて指導しても、手をつなぐことを嫌がります。

ではどうして手をつなぐことを嫌がるのでしょうか？　それは人の身体との接触をさけたいからです。本来であれば感覚のひとつである触覚が、人と触れることを心地よいものとして受けとめるのですが、自閉症の子供は人が自分の身体に触れることを心地よいものとしてうけとめることができません。つまり、接触嫌いなのです。自閉症の子供は接触嫌いのために密着した抱っこを嫌がります。順調に育つ赤ちゃんはだっこが大好きで、抱っこをすると抱き手に身体をそわせてきて、抱っこの心地よさにひたります。ところが自閉症の子供は抱っこをすると、抱き手と自分の身体の間に手をさしこんで接触をさけようとしたり、抱き手と距離をつくろうとして、身体を後方にそらしたりします。その結果、抱き手はしっくりした抱っこができないと感じます。

また、赤ちゃんの時も抱っこされても、抱っこの心地よさを体験できません。では接触嫌いを改善していく手だてはないのでしょうか。そこであみだしたのが呼吸援助抱っこという抱っこのとりくみです。呼吸援助抱っこは、縦抱き胸密着抱っこをすることで、深い腹式呼吸ができるように誘導する抱っこです。深い腹式呼吸がもたらす心地よいコンディションを体験させることで、接触嫌いを治すとりくみです。文字通り身体を密着させる抱っこですので、接触嫌いの自閉症の子供は密着する抱っこをすると抵抗します。そうした抵抗があっても抱っこを続けていると、深い腹式呼吸ができるようになります。深い腹式呼吸ができるようになると、不思議なことに抵抗したことが嘘のように別人になって、おだやかな表情となり抱き手にもたれかかってきます。それは深い腹式呼吸によって心地よいコンディションになるからです。これが呼吸援助抱っこがもたらす和解です。

　呼吸援助抱っこの和解の体験を積み重ねると、接触嫌いが徐々に解決していきます。また、呼吸援助抱っこの和解によって、赤ちゃん返りが起こり、〇歳代に戻ったふるまいをします。

　たとえば、抱っこの和解が出る前は抱っこに強い抵抗をしていたのに、和解によって赤ちゃん返りが起ると「ママ抱っこしてー」と母親に抱っこを求めるようになります。そこで抱っこをすると母親にしがみついてくるようになります。

　このような姿は順調に育つ赤ちゃんならば当たり前に出る行動です。呼吸援助抱っこで赤ちゃん返りが起って「抱っこしてー」がでるようになると、手をつなぐことを嫌がらなくなります。むしろ散歩の時は子供の方から「ママ手をつないでー」とおねだりするようになります。

第四章

つなげる手

1 つなげる手

つなげる手とは、人とのつながりをつくる手のことです。つなげる手は〇歳代より出ますが成長にともなってつなげる手は変容します。

つなぐ手は直接手と手をつないで人とのつながりをつくりますが、つなげる手は何かの行動を介して人とのつながりをつくります。人とのつながりをつくるということでは同じですが、つなぐ手は直接的であるのに対して、つなげる手は間接的です。どのようなつなげる手があるかみてみます。

①まねっこ芸のつなげる手（九〜一〇ヵ月）

九〜一〇ヵ月頃に「バイバイ、おつむてんてん、へイ（頭を下げる）、イナイイナイバー」等のまねっこ芸が出ます。母親が「おつむテンテン」と言いながら、頭を軽く手でポンポンと叩くと、それを真似して赤ちゃんが手を頭にもっていきます。その姿を見た人は「ワーッやった！」と言ってニコニコの笑顔になります。人々の和やかな雰囲気は、赤ちゃんの気分を浮きたたせます。

「まねっこ芸」をする手は、赤ちゃんと母親と見る人々をつなげる手です。

②手遊び歌のつなげる手（一歳前半）

一歳前後になると母親が「♪むすんでひらいて」の手遊び歌をすると、それを真似して赤ちゃんが手指を握ったり開いたりします。歌にも興味を示し、歌に合わせて身体をゆらしたり「アーアー」と言ったりします。ここに赤ちゃんと母親に手遊び歌を介しての触れ合いが生じます。母親の手の動きを真似して動く手は、赤ちゃんと母親をつなげる手です。

③指さしのつなげる手（一歳前半）

一歳代は指さし行動が盛んです。絵本の絵を指さして「これはなに?」と尋ねたり、食卓にたくさんの料理が並んでいると、食べたい物を指さします。こうした子供の指さしに大人は対応します。指さしをする手は、子供と他者をつなげる手です。

④「〜持ってきて」のつなげる手（一歳半頃）

ことばがわかるようになり、こまめに動きまわる子供に、大人は「新聞持ってきて」とか「カギを持ってきて」とご用を頼みます。子供は頼まれると喜んで持ってきます。

新聞やカギをもっていくと「おりこうさん、ありがとう」と頭をなでられます。

頼まれた物を持っていく手は、子供と大人をつなげる手です。

⑤赤ちゃんの頭をなでる（一歳後半）

泣いている赤ちゃんを見ると「いい子いい子」と頭をなでてなぐさめたり、赤ちゃんの小さな手をさわったりします。なでたりさわったりする手は、子供と赤ちゃんをつなげる手です。

⑥玩具をとりかえす（一歳後半）

自分の玩具を友達が使うと、とりかえして抱きかかえます。母親に「お友達にどうぞって玩具を貸してあげなさい」と言われると、しぶしぶ玩具を貸してあげます。玩具をとりかえしたり、貸す手は、子供と友達をつなげる手です。

⑦お手伝いをする（二歳代）

母親がいつもしている台所仕事や掃除などを一緒にやりたがるようになり、手を出します。

母親が配膳をしていると、子供も皿や箸やスプーンなどを運びます。母親に「お手伝いしてくれてありがとう」とほめられると、子供はニッコリします。

お手伝いをする手は、子供と母親をつなげる手です。

⑧年下の子供のお世話をする（二歳半頃）

自分がしてもらっていたお世話を、年下の子供にするようになります。たとえば鼻水が出ているとティッシュペーパーで拭いてあげたり、靴を足元においてあげたり、スプーンでごはんを食べさせてやったりします。

お世話をする手は、年下の子供とのつながりをつくるつなげる手です。

⑨玩具を貸す（二歳半頃）

友達と遊ぶ時「これは僕の、これは～ちゃんの」と言って玩具を貸すようになります。仲良く遊ぶには玩具を一人じめしてはいけないことがわかるようになるからです。

玩具を貸す手は、友達とのつながりをつくるつなげる手です。

⑩ボールのころがしっこをする（三歳頃）

友達と向き合って座り、友達とボールの転がしっこをします。ボールがそれると「ワー遠くへいっちゃった」「僕が拾ってきてあげる」とお互いに助け合ってころがしっこの遊びを続けます。ボールを転がしっこする手は、友達とのつながりをつくるつなげる手です。

⑪ブランコを押す（三歳頃）

友達がブランコに乗っている時、背後から押してあげたり、年下の子供が玩具の自動車に乗っている時、背後から自動車を押してあげたりします。押しながら友達と一緒に「イチ、ニイ、サン、ヨン…」と数え合ったり、「ゆっくり押してね」「わかったよ、ゆっくり押すね」と会話を交わしたりします。

ブランコや自動車を押す手は、友達とのつながりをつくるつなげる手です。

⑫友達と一緒に絵を描く（四歳頃）

大きな紙に友達と一緒に絵を描くようになります。幼稚園で先生が大きな紙を広げて「皆でこの紙に好きな絵を描きましょう」と指示すると、子供達はてんでに興味ある絵を描きます。ママの顔を描く子供、チューリップを描く子供、自動車を描く子供、ロボットやキャラクターものを描く子供、大きな紙がさまざまな絵で埋めつくされます。描きながら「何描いているの？」と尋ねたり、「僕アンパンマンを描いている」などとおしゃべりをします。描き終わると自分の絵を自慢したり、友達の絵を「かっこいいね、かわいいね、上手だね」とほめたりします。絵を描く手は、友達とのつながりをつくるつなげる手です。

⑬当番のつなげる手（四歳頃）

幼稚園では給食の当番や花壇の水やり当番や窓を開ける当番や金魚にエサを与える当番などさまざまな当番があります。子供は張りきって当番の仕事をします。「今日は給食当番だよ」と登園前に言うなどやる気満々です。集団の一員としての自覚をもって当番の仕事をする手は、仲間とのつながりをつくるつなげる手です。

⑭共同制作のつなげる手（五歳頃）

友達と一緒に一つの作品を共同で作ります。たとえば、四人の子供が大きな砂山作りをするのも共同制作です。その場面をみてみます。A君が「皆で大きな砂山を作ろうよ」と提案しました。三人が賛成して砂山作りが始まりました。四人は大きなスコップで砂をすくっては一ヵ所に盛り上げる作業をくり返しました。しばらくすると嫌気がさしてきたB君が「山ができたね」と言ってきりあげようとすると、C君が「もっと大きくしようよ」と提案しました。B君が気をとりなおし、D君も「頑張るぞ」と乗り気になりました。A君が「もうひとふんばりだね」と皆をはげましました。砂を盛る度に山がどんどん大きくなっていくのが目に見えるようになると、四人の作業に勢いがつきました。ついに大きな砂山ができあがりました。四人は「できたね」と顔を見合わせてやりとげた喜びを分かち合いました。この時期になると友達と共同で一つの作品を作るようになります。共同して作業をする手は、友達とのつながりをつくるつなげる手です。

⑮二人でなわをまわす（六歳頃）

なわとびあそびの時に、二人で長いなわをまわすことがあります。うまく長いなわをまわすためにはお互いに友達のペースにあわせてなわをまわさなければなりません。

協力しあってなわをまわす手は、友達とのつながりをつくるつなげる手です。

⑯クラス活動と生徒会活動のつなげる手

学校にはクラス活動や生徒会活動があります。それらの活動に参加することで仲間とのつながりが生まれます。たとえば、書記の係りになると、生徒会活動の度に活動内容を記録することが課せられます。もし記録しないでいると、次の生徒会活動に支障がでたり、クラスメイトに迷惑をかけることとなります。

書記の係りをする手は、仲間やクラスメイトとのつながりをつくるつなげる手です。

⑰スポーツのつなげる手

いずれのスポーツにおいてもプレーをする手は、仲間や観客とのつながりをつくる手です。たとえば、野球ですがピッチャーが投球する時には、どんな球を投げるかなと皆がかたずをのんで投球する手を見つめます。バッターが球を打とうとかまえた時には、バットを握る手を皆が注目します。特に試合となればピッチャーやバッターの手の動きに対する関心は高く、手の動きに一喜一憂します。

このようにプレーをする手は、仲間や観客とのつながりをつくるつなげる手です。

⑱演奏会のつなげる手

演奏会でのすばらしい演奏は、聞く人を感動させます。感動は楽器を演奏する手が生み出すものです。演奏する手は、演奏する人と聞く人とのつながりをつくるつなげる手です。

⑲職場のつなげる手

現代はいずれの仕事も分業化されています。製品をつくる工場では製造の全工程が分業化されていて、多数の人々が仕事を分担してひとつの製品を作り上げます。たとえば、弁当を作る工場では、弁当のメニューを決める部門、食材を購入する部門、調理をする部門、調理された料理をパックにつめる部門などと仕事が分業化されています。各部門の人が責任ある仕事をすることで、製品としての価値がある弁当が作りだされます。弁当を作るという目標のもとに各部門はつながっています。その結果各部門で働く人々は、与えられた仕事をすることで、他の部門の人々とつながっていることになります。与えられた仕事をする手は、同僚や他の部門の人々とのつながりをつくるつなげる手です。

2 その他のつなげる手

①愛着の育ちとつなげる手

赤ちゃんを育てる時はオッパイを飲ませたり、おむつを交換したり、服をとりかえたり、風呂にいれたり、抱っこをしたり、あやしたり…とお世話をします。

お世話をするというと、大人の方が一方的に面倒を見ていると思いますが、実は赤ちゃんはお世話を五感（視覚、聴覚、臭覚、触覚、味覚）でうけとめます。

赤ちゃんはお世話をする人を見たり、声を聞いたり、臭いを感じたり、抱っこのぬもりをうけとめたりします。さまざまなお世話を介して、大人と赤ちゃんとのつながりが生じます。すなわち、オッパイを飲ませる手、おむつを交換する手、服をとりかえる手、お風呂に入れる手、抱っこをする手、あやす手などは、大人と赤ちゃんとをつなげる手です。赤ちゃんのお世話は多忙をきわめます。つまり、つなげる手がフル稼働をするわけです。半年後には〇ヵ月よりお世話をたくさんしてくれた人に愛着をもつようになります。

つなげる手という視点から愛着を考えると、赤ちゃんにつなげる手を最もたくさんさし出した人に、赤ちゃんは特別な思慕をよせることになります。

赤ちゃんのお世話をする手がつなげる手となり、愛着の育ちに関わっているということです。

②躾はつなげる手

躾と手を関連づけて考えることは無理な話と思いますが、躾は躾をする人と躾される人とのつながりをつくるということで、躾はつなげる手ととらえることができます。

しかも躾がしっかりできている時は、つなげる手は強いものとなります。

たとえば、こんな話があります。小学二年の男の子です。

五人の子供がワイワイガヤガヤとじゃれあって歩いて下校していました。A君が「E君にランドセルを持ってもらおうよ」と言いました。E君は小柄でおとなしい性格です。するとB君、C君が「そうしよう」と話にのってきました。A君B君C君は自分のランドセルをE君に持たせました。E君は両手に三人分のランドセルを細い腕でかかえこみました。

D君はランドセルをさし出すことをためらい、

黙ってその様子を見つめていました。

B君が「なんで持たせないんだよ」とD君をなじりました。

A君B君C君の冷たい視線を感じましたが、D君は「僕は自分でランドセルを背負って帰る」ときっぱり言いました。D君はこんなことをしたら仲間はずれにされてしまう、でもE君にランドセルを持たせることは、かわいそうで持たせられない、そんな葛藤をしながらの決心でした。D君は以前から「弱い者いじめはしてはいけない」と母親に躾されていました。その躾を思い出し、葛藤しながらも断ったのです。

さて、この話は、躾はつなげる手であることを教えています。

D君が友達からの誘惑をきっぱりと断ることができたのは、母親より弱い者いじめをしてはいけないと躾されていたこともありますが、それ以上にD君に勇気ある行動をとらせたのは、躾をとおして育まれた母親との絆です。その絆がD君の背中を押したのです。

このように躾には躾をする人と躾をされる人との絆を育む働きがあります。

ところで現代は子供の自主性を尊重するというたてまえのもとに、していいこととしてはいけないことの躾をすることがうとんじられています。こうした傾向は憂うべきことです。なぜなら子供は善悪判断のものさしをもっていません。善悪判断のものさしは、大人が教えて育てるものです。この考え方がわかれば躾を肯定できます。

親子の絆づくりのためにも家庭での躾を、一考する必要があります。

③ことばはつなげる手

1、話はつなげる手

話といってもさまざまな話があり、話し相手によって話の内容は変わります。家族と話をすれば団らんとなり、商売上の話となれば商談となり、仕事の話となれば打ち合わせとなり、友達との話となれば楽しいおしゃべりとなり、悩みの話となればカウンセリングとなります。団らんも商談も打ち合わせもおしゃべりもカウンセリングも、いずれの話においても話し手と聞き手があります。話し手は自分の考えや気持ちや状況等を話します。

聞き手は話されることを受けとめます。ここに話し手と聞き手との間に話を介してのつながりが生じます。ところで話をする時はことばを用います。

すなわち、ことばが話を紡ぎ出します。話を介してのつながりということは、ことばを介してのつながりです。ここでことばはつなげる手となります。

ところで人はことばというつなげる手によって、人の優しさや思いやりにふれることもあれば、人の冷たさや憎しみを感じたり、いじめられることもあります。つなげる手としての役割を考えると、ことばを選んで話をすることが大切であることに気がつきます。

2、子供の話を聞く

子供は小学校高学年になると手がかからなくなります。それは子供自身がなにもかもするようになり、自分の足で歩み始めるからです。

でも手がかからなくなったといえども精神的自立はこれからですので、自立に向けての援助は必要です。援助手段のひとつとして子供と話しをすることがあります。

話をするといっても大人が自分の考えや気持ちを一方的に話すのではありません。

大人の役割は子供の話を聞くことで、聞き役に徹することです。

子供が求めているのは話を聞いてもらうことです。大人は返答を求められた時に答えればよいのです。親が忙しそうにしていると、子供は忙しそうだからと思って遠慮をします。

また、親はいいことを聞きたがる傾向があります。これでは子供は何を話せば喜んでもらえるかなと考え、話の内容しだいでは話さなくなります。

親は悪いことをとことん聞こうと耳を傾けて聞き上手になることです。子供は何を話しても聞いてもらえることが分かると、ポツンと本音を吐きだします。子供から本音が聞ける親でありたいものです。

子供の本音が聞ける話は、子供と親とをつなげる手です。

3、家族の会話

家族でテレビを見ている時、本の万引が急増したので、経営がなり立たなくなり、閉店においこまれている書店が出始めたというニュースが流れました。父親は「なんという時代になったんだろう。書店は隠しカメラやガードマンを雇って対策をとっていただろうに、それでも万引が防げないとは」と言いました。すると母親が「実はね、私この間書店に行った時万引をする現場を見たの。身なりから中学生と思うけど本棚から本をぬくと、さっと洋服の下にしのばせたの。そして何くわぬ顔をして書店を出て行ったの。実に見事な早業でびっくりしたわ。でも私に注意する勇気がなかったの」と言いました。子供が母親の話を聞くと「一週間前に部室でA君の新しいランニングがなくなったんだ。皆で捜したけれど見つけられなかったんだ。A君はがっかりしていたんだけど、皆に捜してくれてありがとうと言ったんだ。まだ見つからないので部室にあるランニングを借りて練習しているんだよ。こういう時どうしたらいいの？」と話しました。

これまで子供はランニングの紛失のことは、一言も話しませんでした。たまたま見ていたテレビのニュースの本の万引のことがきっかけで話したのです。

すると父親がこんな話をしました。「パパは田舎育ちだからどこの家の庭にも柿やミカンやスモモの木などが植えてあったんだ。学校に行く道沿いに、垣根の外にスモモの実がなっていたんだ。毎日学校の行き帰りにスモモをながめていたんだ。もちろん人の家の物だから黙ってとってはいけないよね。でも熟したスモモを見たらつい手がでちゃってね、スモモをもぎとってしまったんだ。気がつかなかったけれど、その家のおじさんがパパのすることを見ていたんだよ。そのおじさんは雷おやじというあだ名がついていて、とても怖いおじさんだったんだよ。どんなにどなりつけられるだろうとドキドキしていたらおじさんは、僕の目をじーっと見つめると、何もいわずに家の中に入っていったんだ。コラ！って叱られるよりもじーっと見つめられたことが心にひびいたね。

今でも何かの折におじさんの目を思いだすことがあるんだ。今はあの時のおじさんは偉い人だったと尊敬しているよ」と話しました。その話を聞くと母親が「パパに子供の頃そんなことがあったの、お灸のすえ方にもいろいろあるのね、ガミガミ怒るばかりが躾ではないのね、躾は目でするものだというけれど真実なのね」とうなずきながら言いました。話を聞いていた子供は、パパがスモモをとった話を聞いて父親を身近に感じました。

さて、こうした何げない会話は子供に善悪判断の基準を学ばせたり、両親に親近感を覚えさせます。万引のニュースが父親の思いで話や母親の体験談をひきだし、子供にランニングの紛失事件の話をさせました。団らんの雰囲気が子供の胸につかえていたものを吐きださせ、また、会話が三人のつながりをつくりました。このことからわかることは、親と子の会話は、親と子供をつなげる手であるということです。

④地域社会のつなげる手

1、つなげる手の消失

現代は「向こう三軒両隣」の言いまわしは死語になりつつあります。地域社会での人々のつながりが稀薄になり、以前のような両隣とのつき合いも親密でなくなりました。近年は「隣は何をする人ぞ」の感覚で生活することが許されています。地域によっては特別なイベントを企画して、イベントに参加することや伝統的な神社の祭典をとおして、地域社会のつながりを掘り起こそうとする動きが盛り上がりつつあります。しかし、近所づきあいの稀薄化の流れをとめることは難しいです。こうした現象は子供の社会でも起こっています。

近年は近所の空き地や公園などで、群れて遊ぶ子供の姿がみられなくなりました。年齢の差をこえて多数の子供が遊ぶことも、子供達だけで近くの野山をかけまわることも失われました。

子供達は学校や塾やスポーツクラブやゲームセンター等に出かけなければ、友達と会うことも遊ぶことも難しくなりました。大人も子供も以前のように近所の人と会話をしたり、隣の人とのつながりを体験するということが少なくなりました。生活スタイルの変化は地域社会のつながる手を変容させました。それに代わって新たなつながる手が誕生し始めました。

すなわち、つながる手が地域社会から職場や趣味のサークルや習い事やスポーツクラブなどの場に移りました。人は人とのつながりなくしては生きていくことが難しいので、世の中が変われば、新しいつながる手を生み出します。しかし、地域社会のつながる手が消失しつつあることは事実です。

こうした時代につながる手や絆を思い起こさせてくれたテレビ番組がありました。

それは二〇一三年四月から放送されたＮＨＫの朝の連続テレビ小説「あまちゃん」です。

「あまちゃん」の番組にみたつながる手をふりかえってみます。

２、連続テレビ小説「あまちゃん」のつながる手

イ、あまちゃんを育てたつながる手

「あまちゃん」は東日本大震災（二〇一一年三月一一日）の二年後（二〇一三年四月）にＮＨＫの朝の連続テレビ小説で放送されました。舞台は震災をうけた岩手県三陸海岸でした。主人公の「あまちゃん」の元気で明るいキャラクターが大いに受けて人気番組となりました。「じぇじぇ」の言葉のひびきは独得で忘れられません。ところ

で視聴率が右肩上がりとなり、高い視聴率を維持できた要因は何でしょうか？　それはこの物語が忘れかけていた家族の絆や失われつつある地域社会の人々とのつながりをテーマとしていたからです。「あまちゃん」は人々がふだん忘れかけていた大切なもの、すなわち家族の絆や地域社会の人々のつながりを呼び起こしました。

物語は順風満帆ではなく、挫折と試練の連続で視聴者はハラハラさせられました。しかし、どんな時でもあまちゃんが前に向かって進むことができたのは「あまちゃん」の性格や行動力もさることながら周囲の人々の支え、すなわちつなげる手があったからです。

あまちゃんは東京で父母と暮らしていた時は、地味でおとなしくて消極的な性格の少女でした。それが岩手の祖母のもとで暮らすようになってから、明るくて積極的な性格になり行動力のあるあまちゃんに変身しました。あまちゃんを変身させたのは、海女の祖母と地域の人々のつなげる手です。祖母の厳しい海女の修業をとおして、祖母のたくましく生きる力が、あまちゃんにさずけられました。また、修業に泣くあまちゃんを支えたのは海女クラブのメンバーでした。

祖母と海女クラブのメンバーのつなげる手が、あまちゃんを変身させたのです。

その後もあまちゃんは祖母の薫陶を受けながら成長していきました。

ロ、家族の絆

さらに家族の絆を印象づけた物語が展開しました。

あまちゃんの祖母が心臓病で倒れた時、母親が東京での生活を何もかも放り出して、祖母のもとにかけつけて看病した物語です。あまちゃんと母親はタレントをめざして奮闘している最中の出来事でした。

タレントになるチャンスがめぐってきたかと思った時期に、祖母が倒れたとの連絡が入り、母親は祖母のもとに行くか娘のそばにいるかの選択をせまられました。

その時、母親はためらうことなく祖母のもとに行くことを決心しました。

母親を祖母のもとへかけつけさせたのは祖母と母親との親子の絆です。

祖母と母親は二〇年間交流がなく岩手と東京で別々に暮らしていましたが、実家に帰ってあまちゃんと三人で暮らすなかで、祖母と母親の長い間のわだかまりがとれていき、二人は心が通い合う母娘となりました。

ところで二〇年間の歳月を埋めて心が通い合えるようになったのは、乳児期に親子の絆が育っていたからです。子供は成長すれば自我が育ち、反抗もします。一時期親にとって扱いにくい子供となり、子供にとっては親がうとましく感じられるようになります。ぶつかり合うことも起こってきます。でも乳幼児期に育まれた親子の絆は、一生涯消えるものではありません。

東京の暮らしにゆきづまった母親が帰るところは、絆のある祖母のもとでした。祖母のもとでの暮らしが母親を再起させました。すなわち、祖母のつなげる手が再起させたのです。

祖母の口癖は「来る者は拒まず去る者は追わず」でした。遠洋漁業で二〜三年も不在となる夫を帰った時には気持ちよく迎え、出かける時には快く送り出しました。

そこには夫婦の絆があったからです。

東京へ出ていく娘を送り出すことができたのも、二〇年ぶりに里帰りした娘を家に入れることができたのも、親子の絆があったからです。つなげる手で親子の絆を育むことの大切さを改めて教えられました。

ハ、地域の人々のつなげる手

「あまちゃん」の番組でもうひとつ考えさせられたのは、地域の人々のつなげる手です。

それは海女クラブの人々や鉄道会社の人々や地元の若者達の交流が密であったことです。

祖母が心臓病で倒れたのを発見したのは、近所の知人（鉄道の運転手）でした。

現代は孤立化や孤独死が社会問題となっています。その背景には家族制度の変化や急速な高齢化などがありますが、「あまちゃん」の番組にみるような、地域社会の人々とのつながりの中で生活することができたら、事情も変わるのではないかと考えます。

いつ頃から人々は地域社会からつなげる手を消失させてしまったのでしょうか？

「あまちゃん」の番組は、家族や地域社会のつなげる手を思い起こさせてくれました。

同時に、現代社会の問題点であるつなげる手の消失について考えさせられる番組でもありました。

⑤新しいつなげる手

つなげる手に新兵器が登場しました。それはスマートフォン（以下、スマホ）です。

スマホの登場は人々のつながりを変えました。

1、電車内のできごと

電車に乗った時、乗客はまばらでしたが、一〇代、二〇代、三〇代とおぼしき人々が、皆スマホに夢中になっていました。うつむいているので顔を見ることはできません。

そこへ高校生が五人乗ってきました。高校生だからさぞガヤガヤとにぎやかになるだろうと思ったのに彼らもスマホをとり出すと、スマホに夢中になり言葉をかわすことはありませんでした。降車する駅につくと彼らはスマホをカバンやポケットに入れて、無言で降りていきました。彼らがおりた後、さっきまで高校生がいたとは思えない不思議な空間ができました。

2、face to faceの会話を

高校生の行動にみるようにスマホは、隣にいる友達との会話もさせないほど、ひきつけてやまない道具です。画面から目を離せなくさせる魔力がひそんでいるとしか思えません。

ひとたびスマホの魔力にとりつかれると、画面

から目をはなすことが不安になったり、日常生活が正常に営なめなくなったりします。いわゆるネット依存症です。

スマホはいつでもどこにいても人と交信ができたり、さまざまな情報を入手できる便利な道具ですが、使い方しだいではネットいじめや出会い系サイトによる犯罪が起こります。こうした負の部分も合わせもっている道具です。

現代の中学生や高校生にとって今やスマホは、便利で必須の道具です。

子供は早かれ遅かれ時期がくると、スマホを使うようになります。

こうした状況に何か対策はとれないものでしょうか。

それにはスマホに出会う前に、face to faceの会話をたくさん体験させることです。

つまり、乳幼児期の内に直接人と触れ合うことの楽しみや喜びをたくさん体験させて、生身の人とのつながりを求める気持ちを育てておくことです。

現代の子育ての考え方で大切なことは、スマホの魔力にコントロールされないように、すなわち、スマホを自助努力でコントロールして使えるように育てておくことです。

スマホの登場によって、従前からの子育てでは、どうすることもできないほどの課題が、ひとつもふたつもつけ加わりました。

＊考察6＊ つなげる手

ふだんつなげる手のことを意識することなく生活していますが、つなげる手の列挙から、人はたくさんのつなげる手によって、支えられていることに気がつきます。

つなげる手は生活を豊かにして、日々の生活に変化をもたらし、暮らしを豊かなものにしてくれています。つまり、つなげる手の恵みをうけて生活しているということです。家庭ではつなげる手が、家族との触れ合いをもたらします。

学校ではつなげる手が、友情を育み、楽しい交友をもたらします。職場ではつなげる手が、仕事の喜びや同僚との交わりをもたらします。地域社会ではつなげる手が、隣人との触れ合いや行事を共にする楽しみをもたらします。スポーツをすればつなげる手が、スポーツ仲間と技をみがき合う喜びや共に汗する爽快感をもたらします。人は人とのつながりがあってこそ生きていくことができます。時代の変容によって従来のつなげる手が稀薄になれば、つなげる手の恵みを求めて、新しいつげる手をつくり出します。

では子供のつなげる手はどうでしょうか。乳幼児期からのつなげる手の出番を見ると、成長に伴ってつなげる手が広がっていきます。

すなわち、家族から周囲（地域）の人々へ、さらに保育園や幼稚園の先生や友達へと広がります。さらに小学校へ通うようになれば、クラス活動やスポーツの場でつなげる手が活動します。つなげる手という視点からみると、子供の成長とは、つなげる手の広がりととらえることができます。

第五章

いじめ

1 いじめ

①いじめが社会問題となる

二〇〇〇年に国立教育政策研究所がいじめの調査をしました。その調査によると小学四年生から中学三年生までの六年間にいじめられた体験のある子供は九〇・三%で、いじめの加害者になった体験のある子供は八八・九%でした。なんと一〇年余り前でも九割の子供が何らかの形でいじめにかかわったことになります。この高い数値からわかることは、子供達がいじめを介しながら遊んだり、いじめがゲーム感覚で行なわれていたりと、いじめが日常化しているという状況です。

こうした状況が放置できなくなり、二〇一三年に「いじめ防止対策推進法」が制定されました。

この法律が制定されたのは、いじめは単に子供の問題ではなく社会問題であると認識されるようになったからです。その背景にはいじめが原因で不登校になったり、精神的な病にかかったり、不幸にも自殺という道を選択する子供が後をたたないという悲しい現実があります。こうした子供達が増加している状況を社会が放置できなくなったからです。

では一昔前はいじめがなかったというと、いじめは歴然とありました。でも昔の子供のいじめは社会問題になることがありませんでした。

その違いはどこにあるのでしょうか？　昔よりもいじめ方が陰湿になり、いじめられた子供が逃げ場のない窮地においやられるからではないかと考えます。

いじめについては精神科医やスクールカウンセラーや教員などの方々が、それぞれの立場から見解を述べておられます。

その見解は見解として「つなげる手」の視点からいじめについて考察します。

②いじめは昔からあった

いじめは昔からありました。このことは大人になってから子供時代を思い出すと、いじめられたり、いじめたりしたことをひとつやふたつは思い出すものです。

でも当時はいじめが原因で不登校になったり、自殺にまでおいつめられる子供はありませんでした。当時はいじめると「そんなことをしたら可哀そうだ、あやまりなよ」といじめを止めに入る子供がいました。また、「お前なんかと遊ばないよ、あっちへ行け」と仲間はずれにされると「こっちにおいで、一緒に遊ぼうよ」と誘う子供がいました。このようにいじめを子供同士でいさめ合ったり、また、いじめられた子供を孤立させることはありませんでした。ところが現代のいじめは、悪口暴言や暴力や恐喝などで被害者をおいつめていく陰湿なものとなりました。すなわち、被害者を自分の力ではどうすることもできない窮地においこむいじめになりました。現代のいじめはケースバイケースの対応では被害者を救済することが困難であるとの考えから検討を重ねた結果、「いじめ防止対策推進法」が制定されました。この制定は制定としていじめをつなげる手から見つめてみます。

③つなげる手からの見解

1、いじめとつなげる手

いじめる子供は決して一人でいじめることはありません。仲間をつくって仲間とくんでいじめます。他方いじめられる子供は一人でいじめをうけます。

人数の上からでも被害者に勝ち目はありません。つまり、いじめる子供はいじめるという行動を共にすることで、友達とのつながりを保持しているのに対して、いじめられる子供は友達とのつながりが断たれます。たとえ友達の前でいじめられても、友達は助ける手をさしのべてくれません。もし助けたら次は自分がいじめの標的にされる心配があるからです。一方いじめる子供は、たとえ悪事をする仲間でも、同じ行動を共にすれば結束は強くなります。いじめられる子供は友達とのつながりを断たれるので孤立します。つなげる手という視点からみると、いじめる子供にはつなげる手が存在しますが、いじめられる子供は友達とのつながりを断たれて孤立するために、つなげる手を失います。

2、いじめはつなげる手の喪失

いじめられる子供はどうしてつなげる手を失うのでしょうか。

それはいじめが日常化しているという状況にあるからです。子供はいつ自分がいじめの標的にされるか不安なのです。もしいじめの現場にいあわせても、いじめられている友達を助けたら次は自分がいじめの標的にされて、友達とのつながりを断たれかねません。

そのために友達を助けたくても助ける手をさしのべられないのです。ではいじめられたら教師に相談したらよいのにと思いますが、もし相談したことがばれると、いじめがエスカレートするかもしれないという恐怖から相談を断念します。それでは親に相談したらと思いますが、親に心配をかけたくない、もし親に相談したことがわかれば、もっとひどいいじめをされるかもしれないという恐怖から相談を断念します。

こうしていじめられる子供は友達から孤立し、教師や親にも相談ができないということで、孤立無援の窮地に立たされます。いじめによって孤立した子供はつなげる手を喪失します。ここで子供は他者とのつなげる手を断念せざるを得なくなります。

つまり、いじめがもたらす深刻な問題は、つなげる手の喪失です。

いわれのないいじめによって、いじめられる子供は想像を絶する程の孤独に耐えなければならなくなります。学校生活が充実したものとなり、楽しく過ごせるのは共に語り合い、共に笑い合い、支え合う友達とのつながりがあるからです。いじめられる子供は学校での居場所を失います。いじめる子供には仲間がいるので、いじめられる子供の孤独や居場所を失った悲しみがわかるはずがありません。

3、好ましくないつなげる手

乳幼児期からのつなげる手をふりかえってみると、いずれの時でもつなげる手は、人との良好なつながりを生み出します。ではいじめる子供のつなげる手はどうでしょうか。

いじめる子供のつなげる手は、いじめを共にすることで友達とのつながりをつくる手です。つまり、いじめをやり続けなければつなげる手をもちつづけることができません。

いじめる子供達は「類は友を呼ぶ」でつながった仲間であるために、いじめる子供はひとりぼっちになるのが怖いので、つなげる手にしがみついています。

いじめは、ちょっとからかってやろうぐらいの出来心から始まります。ところがちょっとからかってみたら、なんとなくいらいらした気分がはれたり、ストレスが発散できてスカッとします。

このスカッとする快感が曲者なのです。

一度曲者を味わうと、また快感を味わいたい、いやもっと強い快感を味わいたいと思うようになります。いじめるにしてもいつも同じやり方ではものたりなくなります。

次はどんないじめ方をしてやろうかと考えます。そこで今まで以上に悪口暴言をあびせたり、暴力をふるったり、恐喝したりするようになります。

つまり、いじめのエスカレートが起こります。いじめる子供は、快感を求めていじめているので、いじめをしているという意識が乏しく、いじめがエスカレートしていることに気づきません。もし一人でいじめるとしたら、いじめをエスカレートさせることは難しいでしょう。ところが仲間がいると、一人ではできないいじめが仲間との連携でできます。

いじめでは仲間とのつなげる手が、好ましくない行動にむかわしめます。

本来つなげる手は、人との良好なつながりを生みだすためのものです。

ところがいじめにおけるつなげる手は、いじめをエスカレートさせたり、良好なつながりどころか変な仲間意識を育てます。つまり、好ましくないつなげる手といえます。

つなげる手はよりよく生きるために幼児期より育てられます。つなげる手が好ましくないつなげる手にならないように、つなげる手を育てることが大事です。

2 いい子を演じる

いじめが社会問題となり、さまざまな対応がされるようになりました。

これらの対応のとりくみを考えて見ると、大人の見識にもとづくものです。いわば大人の側から子供の問題を見つめたものです。

ここで子供の側にたって、いじめについて考えてみたいと思います。

①人に認められたいの願望

人は誰しもが人に認められたいという願望を持っています。

たとえば、学者ならば研究成果を認められたい、スポーツ選手ならば大会で優勝したい、画家ならば展覧会で入賞したい、営業マンならば良い営業成績を上げたい、音楽家ならばコンクールで一位になりたいと思います。すなわち、その道で人に認められたいと思っています。

人に認められたい気持ちは、子供も大人も同じように持っていますが、どちらかというと、子供の方が大人以上に認められたいという願望をもっています。

誰に認めてもらいたいかというと、おかれた立場によって認められたい対象者は異なりますが、子供が認めて欲しい対象者は誰でしょうか？　それは最も身近な存在の家族です。家族の中でも親です。子供の親に認められたいの願望は、祈りに近いものです。

その上で保育園や幼稚園に通うようになれば、保育園や幼稚園の先生に認めて欲しいとなり、学校にいくようになれば先生に認めて欲しいとなり、友達に認めて欲しいとなっていきます。こうして認めてほしい対象者が広がっていきます。

対人関係の育ちの土台が愛着の育ちであるように、親にしっかりと認められて育つと、人に認められたいの願望は順調に育ちます。

②いい子を演じる

子供は親に認められたいと思っています。そして親に認められるための努力をします。努力することは良いことですが、ここでとり上げたいのは、その努力のひとつに「いい子を演じる」という努力です。これから「いい子を演じる」の努力について考えてみます。

「いい子を演じる」とはどういうことでしょうか。その例を紹介します。

「ママお買いものに行ってくるからちょっとお留守番をしていてね」と母親が言いました。

子供は一緒にお買い物に行きたいと思いました。でもお留守番をするとほめられることがわかっているので「ウンいいよ、いってらっしゃい」と言って、バイバイと母親を送り出しました。子供はしばらくは本を読んだり、テレビを見たりゲームをしたりして過ごしました。でもひと通りやり終えると、母親の帰りを待ちわびるようになりました。

ひとりぼっちの寂しさがこみあげてきて、部屋が広く感じられました。

そこへやっと母親が帰ってきました。子供は先刻の寂しさを訴えずに「おかえりなさい」といつもの表情で迎えました。母親は「ただいま、お留守番してくれてありがとう」と言ってすぐに台所仕事にとりかかりました。

さて、この場面で子供は本当はお買い物に連れていって欲しかったのに、お留守番をすると母親にほめられるので、連れて行って欲しい気持ちを出さないでお留守番をしました。また、本当はひとりぼっちが寂しくてたまらなかったのに、弱音を吐かずに母親を「おかえりなさい」と言って、平常心をよそおって迎えました。

子供が本音をいわずに留守番をしたこと、平常心をよそって迎えたことのふたつの行動は、「いい子を演じた」行動です。

このように子供は本心を閉じこめてでも親が望む「いい子」であろうと努力します。

その根底にあるのは、親に認められたいという気持ちです。

さて、こうした「いい子を演じる」という行動が、いじめにおいて出ると事は重大です。

1、いじめられる子供の「いい子」

いじめはいじめられた子供が自死という最悪の事態になってから発覚することが多いです。どうして発覚が遅れるのでしょうか。それはいじめられてもいい子を演じつづけるからです。いじめられる子供はどちらかというと真面目でおとなしくて他言をせず我慢強い子供です。その結果、子供はいじめられても自分が我慢すればいいのだからと、いじめられる悲しみや孤独感を自分の中に封じこめます。

また、親を悲しませたり心配をかけることは、いい子ではないと思っているので、親にいじめられていることを話しません。しかもいじめられていても家庭では今まで通りと変わらない生活をします。学校にも普段と変わらず通うので、親はまさか家の子がいじめにあっているとは思ってもみません。要するに子供はどこまでもいい子を演じ続けるわけです。でもいい子を演じつづけることには限界がきます。

すなわち、自分の本当の気持ちを封じこめて生きることに力尽きるのです。

2、いじめる子供の「いい子」

いじめが発覚すると「まさかあの子が？　会えば挨拶もするし、ごく普通の子だよ。とてもいじめをするような子には思えない」と人々は言います。

そうです、ごく普通の子が突然いじめに走るのです。どんなに頑張っても良い成績がとれない、部活動で人一倍トレーニングしても選手に選ばれない、交友関係もうまくいかない、面白くないことばかりだ、気持ちがイライラする、でもこんなこと親にも友達にも話せない。だって僕はいい子なのだからと、むかつく気持ちを心の中に封じこめてしまいます。でもいい子を演じることに限界がきます。

そこでむかつく気持ちを吐き出したくなります。たまたま「類は友を呼ぶ」で仲間ができ、真面目で他言をしない友達を見つけると「ちょっとからかってやろう」の衝動が起こります。

そのちょっとがちょっとで終わらず、言動が激しくなっていき、いじめという行動に発展します。

いじめられる子供といじめる子供に共通していることは、「いい子」という呪縛にしばられていることです。

しかし、いじめる子供もいじめられる子供と同様に「いい子」を演じつづけることには無理があり、限界がきます。どちらもかけがえのない将来ある子供です。限界にまで追い込ませないで「いい子」の呪縛から解放させてあげたいものです。

③認められたいの願望に応える

いじめる子供やいじめられる子供だけではなく、子供は「いい子」の呪縛にしばられていることがあります。「いい子」の呪縛にしばられているという点では、いじめる子供もいじめられる子供も同じです。でもどちらも「いい子」を演じることに限界がきます。そのことが子供を苦しめます。

ではどうしたら「いい子」の呪縛から解放してあげることができるのでしょうか。

子供がいい子を演じるのは、親に認められたいという気持ちが根底にあるからです。ということは、子供を呪縛から解放してあげる道は、唯一「子供を認める」ということです。それでは子供を認めるということはどういうことでしょうか？それは子供がどんな状況にあっても、ありのままの子供を受け入れるということです。

子供といえどもいつも恵まれた状況の下で生活しているわけではありません。学校でトラブルがあったり、友達に裏切られたり、スポーツで人一倍トレーニングに励んでも上達しなかったり、どんなに努力しても成績が伸びなかったりします。

このようにうまくいかなくなった時に子供に必要なのは、うまくいかない状況や悩みを話せる人や寂しい気持ちをありのまま受けとめてくれる人です。

人とは教師や身近な人でもよいですが、本音を話したいのは何と言っても親です。

ところがありのままの子供を認めることができないのが親です。親にはこういう子供であって欲しいという願望があります。この願望が素の子供を認めることを邪魔します。

とかく親はわが子のこととなると悪い話よりもよい話を聞きたがるものです。子供の話を聞く時は、この壁をのりこえて聞くことが大事なのです。親が壁をのりこえると、子供はいいことも悪いことも安心して話すようになります。

日常化しているいじめは子供達からの「ありのままの自分を認めて欲しい」の叫びとうけとめたいものです。

④友達に認めて欲しい

「類は友を呼ぶ」で子供は仲間をつくって仲間で行動するようになります。仲間に加わると、認めて欲しい対象者は友達となります。友達に認められようと努力するようになります。さて、いじめの仲間に加わると、認めて欲しいの願望は、どのように働くのでしょうか？　たとえば、A君B君C君D君のいじめのグループがあるとします。

A君がいじめられる子供に罵言をあびせると、つづいてB君もC君もD君も罵言をあびせます。罵言の内容は違いますが、いじめられる子供にとっては、存在を否定されるようなことばであったり、身に覚えのないような内容であったりします。

また、B君が足をけると、ついでC君が頭を叩き、D君が腹をけり、A君が胸ぐらをつかまえます。こうなるといじめられる子供は、暴行から逃げる術を失います。

このように四人が同じように罵言をあびせたり、暴行を加えるのは「お前もよくやったぞ」と友達に認められるからです。いいかえればA君もB君もC君もD君も仲間に認めてもらえなくなることが不安なのです。そこで仲間同士の間で「お前もよくやった」と認め合うことで、認めて欲しい願望を充たすのです。

そしてもっと友達に認められたくて暴行をエスカレートさせたり、悪口を辛らつなものにします。このように本来人がもっている認めて欲しい気持ちが、いじめの場合は好ましくない方向に働いてしまいます。このことは危惧すべきことです。

いじめはしてはいけないことは、論をまたないことですが、いじめの根底には、人に認められたい気持ちがひそんでいることに目を向けることが大切です。

こう考えると、いじめは子供が認められたい願望を、誤った手段で伝えているととらえることができます。いじめる子供についてどんな些細なことでも誰かが認めていたら、事態は変わることでしょう。その誰かが親でありたいものです。

⑤子供の話を聞く

子供をありのままに認めるためには、どうしたらよいのでしょうか。その方便としてすすめたいのが、子供の話を聞くということです。

1、子供の目を見て話を聞く

とかく親は忙しいので子供の話を、テレビを見たり、台所仕事をしながら、かたてまに聞きがちです。話すタイミングもありますが、子供が話しかけてきたら、仕事の手を休めて、子供の目を見つめて話を聞くことが大切です。子供の目を見るということは、子供を受け入れようとする気持ちの表れです。目は人を受け入れる窓口だからです。

子供にもその気持ちは伝わります。見つめられていると子供は、自分の話をしっかりとうけとめてもらっていると感じとります。つまり、目を見て話を聞くという大人の態度は、子供を認めることの第一歩です。

2、子供の話をなんでも聞く

子供の話を何でも聞こうとする心構えで聞くことが大事です。

親はわが子のこととなると、よい話は聞きたがりますが、悪い話は聞きたがらない傾向にあります。この壁をのりこえて聞くことが大切です。むしろ悪い話でも子供が遠慮なく話せる親になることです。親が壁をのりこえると、子供は良いことも悪いことも安心して話すようになります。

子供は交友関係がうまくいかなかったり、成績がのびなかったり、スポーツが上達しなかったり、学校でトラブルが起こったりとうまくいかなかった時こそ、親に本音を聞いてもらいたいものです。とかく親は何か適切なアドバイスをしなければと意気込みがちになりますが、それよりも聞くことに徹することです。子供は話しながら気持ちの整理をしたり、話をすることで緊張をほぐしていきます。

3、六〇点のテスト

子供の話をなんでもよく聞くことの例をあげます。

子供は百点のとれたテスト用紙を意気揚々として持って帰ってきました。

それは百点をとると母親が喜んで「百点がとれ

たの、よく頑張ったね」とほめてくれるからです。期待通りに母親は百点のテストを見ると「百点がとれたの、よくやったね」とニコニコしながらほめました。子供はほめられると母親に認められたことを確信します。そこで子供はホッとした気持ちになりました。

さて、いつも百点がとれるわけではありません。時には六〇点の時もあります。その六〇点の時の対応が大事なのです。もし、母親が落胆した表情で「六〇点しかとれなかったの」と言ったらどうでしょう。子供は「ママは百点をとった時しか認めてくれないんだ」と一瞬にして気持ちがおちこみます。もし、六〇点のテストを見て母親が「六〇点の時もあっていいよ、いつも頑張って勉強していること、ママはわかっているからね」と励ましたらどうでしょう。悔しくておちこんでいる子供は、自分の努力を認めてくれていること、また、自分の気持ちがわかってくれていることを知って、自分は認めてもらっていると思います。

こうした親の対応から、親はいつの時でも自分を認めてくれていることを確信します。このことが大事なのです。子供が求めている親の対応は、百点ではなく六〇点の時の対応です。子供にとって親にテスト用紙を見せることは、会話に相当します。

したがって、百点も六〇点も区別することなく、その成績をそのまま受け入れることが大事です。これが子供をありのままに受け入れることなのです。

4、親子の会話を育てる好期

子供を認めることの第一歩は子供の話を聞くことです。子供の話を聞くことの大切さはわかっても小学校高学年になると「さあ何でも話してごらん」と言ったとしても話をするものではありません。ましてや中学生になると話させること事態が無理な話です。何でも話せる親子関係は、思いたった時につくれるものではありません。子供が小学校高学年や中学生になっても親に何でも話したり、相談することができるのは、幼児期から親が子供の話をしっかりとうけとめてきたからです。幼児期は子供の方が何でも話を聞いて欲しい時期ですので、子供の方から「あのね〜」と話しかけてきます。

でも親は忙しいと「ちょっと待ってね、このご用がすんでからね」を連発します。

用事が一段落したところで「何のお話なの？」と尋ねると、子供は「ウーン忘れちゃった」となります。幼児期の話はその場での思いつきからでるものですから「忘れちゃった」になって当然です。その場ですぐに対応しないと、せっかくの会話のチャンスをのがしてしまいます。また、子供は大きくなるにつれて幼児期のようになんでもかんでも話すということをしなくなります。その結果、いつの間にか親子の会話が少なくなります。

実は子供が盛んに「あのね〜」と話しかけてくる時期こそ、親子の会話を育む好機なのです。会話を育む幼児期に、親は子供の話に耳を傾ける努力をすることが大事なのです。

5、会話とつなげる手

ところで、いじめが発覚すると、大人はいじめた子供に対して「どうしていじめたの？」といじめにいたった動機や行動を尋ねようとします。また、いじめられた子供に対しては「どうして話してくれなかったの」と言います。しかし、いじめた子供もいじめられた子供もなかなか本心や本当の事実を話そうとしません。彼らにしてみれば今さら何を話せばいいのという思いなのです。いじめた子供はどうせ話したところで自分たちの気持ちはわかってもらえないと思っています。また、いじめられた子供は話したからといっていじめが解決するわけがない、この苦しみや寂しさは話してもわかってもらえないと思っています。

会話はつなげる手です。いじめる子供もいじめられる子供にとっても幼児期からの会話がつなげる手です。幼児期から会話によるつなげる手を育て、会話によるつなげる手を持ちつづける努力をしていないと、いざという時につなげる手が機能しません。
一日の終わりは親子の会話でしめくくるぐらいの努力が求められます。

⑥学校とはどんな場？

子供にとって学校はどんな場でしょうか？　いじめも学校生活の中で生まれます。中学校生活を例にして、どんな場であるか考えて見ます

「いってきます」と言って、いつものように中学生が登校します。登校中は今日の学校生活のことで頭がいっぱいです。今日は英語のテストがあるなあ、テスト勉強はしたつもりだけれど点がとれるかなあ。プールがあるなあ、クロールは百メートル泳げるようになったけれどバタフライは苦手だ、バタフライの練習がなければいいなあ。部活のバスケットでいいプレーができるといいなあ、先輩に注意されないように頑張らないといけないなあ。昨日は友達と清掃当番のことで言い争ってしまったけれど、自分の方から謝って仲直りをしようかななどと、いろいろなことを考えながら登校します。さて、学校にいくと学校では子供の思惑に関係なく、カリキュラムが流れていきます。

英語のテストは訳文がむずしかったけれどだいたい書けたような気がします。プールはバタフライの練習が集中的に行われて泣きたい思いでした。でも時間がくれば終了しました。

部活はなんとか先輩に注意されないですみました。勇気を出して友達にあやまりましたが、仲なおりができなかったので、もやもやした気持ちはひきずったままです。

さて、こうして一日の学校生活がともかく終わりました。登校中に心配した英語のテストもバタフライの練習も部活動もなんとかこなすことができました。友達と仲直りができなかったことが気になりますが、それは明日にもちこしです。

では子供にとって学校とはどんな場でしょうか。

中学生の一日の生活から学校とはどんな場であるかが見えてきます。英語のテストからは学習の場であること、プールからは体育を学ぶの場であること、部活動から先輩後輩との交友があったり、言い争いから友達との交友があったりと人とのつきあいがある場であること、清掃当番から集団の一員としての役割が課せられる場であることです。ではそれぞれの場はどんな場なのかくわしくみてみます。

1、学習の場

学校は教育を施す場です。教育の中でも軸となるのは知育です。知育は教科学習で行われます。教科学習は勉強をしなければついていくことができません。勉強して理解ができたと思っても次の新しい学習が待っているために、少しも気をゆるめることができません。また、同じように指導をうけても学力に差が出てきます。

すると学力による優劣の評価が起こります。

その中に身をおきながら子供は学力をつけるための努力をします。

努力のかいあって成績が上がればよいのですが、努力したことが成績に反映しないこともあります。その上友達同士で学力の競い合いが起こります。

また、得意な教科ばかりではありません。不得意な教科もあります。でも不得意な教科だからといって投げだすことが許されないのが学校です。

普段の学習に加えて高校受験という重圧が重くのしかかっています。受験のことを考えると不得意な教科にも挑戦せざるを得ません。

学生の本分は勉強することであると言いますが、本分といえども全ての教科学習に万遍なくとりくんだり、学力をつけることは大変なことなのです。大人になると教科学習が大変だったことを忘れて、学校時代は良かったと言いますが、仕事よりも勉強をする方がもっと大変なんだという思いで子供をみつめてあげたいものです。

2、体育を学ぶ場

体育も知育と同じように大変です。学校の体育の指導の場では、子供の運動能力や興味や得手不得手に関係なく、指導が一斉に行われます。

そのために水泳は得意だが球技は苦手という子供の場合は、バレーボールやバスケットボールの指導についていくことは、大変な忍耐と努力を要します。練習をして上達すれば努力が報われますが、苦手なものは上達することは難しいです。

また、子供によっては柔道や剣道や陸上競技のような個人プレーの競技では、頭角を現すことができても、チームプレーの競技では持っている運動能力を発揮できないことがあります。プレーを見れば上手下手が一目瞭然です。上手な子供はよいのですが、下手な子供にとっては体育の授業さえなければという思いになるほどに重荷です。

このように体育の場ではスポーツ万能であれば体育の授業は楽しいものですが、そうでない子供にとっては大変なものです。その重圧に押しつぶされそうになります。

体育の授業でも大変な思いをしながら授業を受けていることを察してあげたいものです。

3、交友の場

クラスでは同級生との交友があり、部活動や生徒会活動では先輩や後輩との交友があります。先に述べた中学生のように部活動では先輩に叱られないようにしなければとか、同級生とは仲良くしなければと気をつかって、友達とおつき合いをします。

いじめが日常化している時代ですから、ささいなことがきっかけで昨日の友は今日の敵になりかねません。子供は大人が思う以上によりよい交友関係をつくるために努力しています。交友関係でも大変な思いをしていることに心をよせたいものです。

4、集団生活の場

学校は集団生活の場です。そこには集団生活のルールがあります。幼稚園の頃はルールを忠実に守ります。小学校低学年でもまだルールを守ることは当たり前と考えますが、小学校高学年になるとルールに疑問をもったり、ルールを守ることに抵抗を覚える子供が出てきます。清掃当番をさぼる、さぼらないで言い争いが起こったりもします。それはルールでしばられることへのささやかな抵抗です。

すべてのルールを守って行動するには、大変な努力と忍耐が求められます。

学校という場は授業以外はほとんどが集団での行動となります。すなわち、学校は個人の場ではなく、集団の場です。集団の一員ですから自分勝手な行動は許されません。

お腹が空いたからといって授業中に食事をするわけにはいきません。眠たいからといって授業中に眠るわけにはいきません。

食事は昼食時間に食べること、また、いねむりは許されないことなど、ルールに定められていなくても自ら律しなければならないこともあります。また、クラス会の行事や運動会などでは、求められる行動をしなければなりません。学校はさまざまな制約の中で行動をしなければならないので大変な努力が必要なのです。こう考えると、子供は集団の一員としての行動をするために大変な思いをしながら努力をしていることを理解してあげたいものです。

5、学校は戦場です

学校を知育、体育、交友、集団生活の四つの場から見つめてきましたが、学校という場は大人が考えているよりも大変なところであることがわかります。

大人は仕事が大変で職場は戦場のようなところだといいますが、子供はそれ以上に大変な仕事をしていることを理解することが大切です。

職場が戦場なら学校は、子供にとってそれ以上に戦場です。

ところが、大人は学校時代は良かったと言います。でも学校時代はテストさえなければとか受験さえなければ、どんなに良いだろうと思った経験は誰にもあったはずです。

それはテスト勉強で泣かされるからです。それなのに卒業すると当時のことは良い思い出ばかりになってしまっているのです。子供にとって学校にいっている間は、テストはもちろんですが嫌な教科や苦手な体育から逃れることができません。職場は転職ができますが、子供は学校という場から逃れることができません。

大人は子供が学齢期になると学校に通わせるようになります。子供が学校へ通うことは当たり前と思いますが、学校は大人の職場以上の戦場であることを認めることが大切です。

子供が学校に通うことは当たり前とうけとめないことが大事です。大人は子供を学校に送り出す時には「今日も登校してくれてありがとう」という思いで見送り、帰宅した時は「今日も一日ご苦労さん、お疲れさまでした」という気持ちで迎えることです。共働きの場合でも同じです。親の方が先に職場に出かける場合には、出かける前に「今日も学校に行ってくれること嬉しいよ、先にでかけてごめんね」と言ってから出かけることです。帰宅した時には子供の所に走り寄って「お帰りなさい、今日も一日お疲れさまでした」とねぎらいのことばをかけることです。

子供が一日の学校生活を難なくこなすには、大変なエネルギーが必要なのです。

大人が職場で大変な思いでお仕事をするように、子供も学校で大変な思いでお仕事をしているのです。このことに思いをよせてあげたいものです。

また、いじめる子、いじめられる子、不登校寸前の子、学校生活に適応できない子供が、学校という戦場でどんな思いで過ごしているかなど、大人は子供の気持ちに思いをよせて対応してあげることが大事です。

⑦家庭とはどんな場？

家庭はくつろぎの場であることは万人が認めるところです。くつろぐとは疲れた身体を休めたり、外での精神的な緊張をほぐすことで身も心もホッとすることです。
ではどうしたらホッとするでしょうか。

1、おしゃべりでホッとする

大人は職場で子供は学校という戦場で一日大変な仕事をしています。そこで戦場での大変な仕事が終わると、大人も子供もホッとしたくなります。

ホッとしたくなった時どうするでしょうか？

大人ならば気の合う人とお茶を飲んだり、おしゃべりをしたり、カラオケなどをします。

また、パチンコに興じたり、飲み屋に立ち寄ったり、趣味を楽しんだりします。

こうして大人は自分でストレスを発散してホッとした気持ちになります。

では、子供はどうでしょうか？　子供は大人のようにストレスを発散する方法を持っていません。子供がストレスを発散できる唯一の手段は、家庭でのおしゃべりです。

子供によっては家についた途端にしゃべりまくる子供がいます。ひととおりしゃべりまくるといつも通りの家庭生活を始めます。

子供にとっておしゃべりをすることは、ストレスを発散できる何よりの方法なのです。

そのおしゃべりの相手はというと親（主に母親）です。親の役割は子供のおしゃべりをとことん聞くことです。親はどちらかというと、悪いことよりも良いことの方を聞きたがります。友達と言い争いをしたことや悪口を言われて辛かったことや、勉強が難しくてわからないことや、先生に注意されたことなど、あまり聞きたくないことです。でもこうしたことをしっかりと聞くことが大事です。

子供はおしゃべりをしてなんでも聞いてもらえると、一日の学校生活を認めてもらえた思いになり、学校生活のストレスから解放されます。

2、おしゃべりの効用

どうしておしゃべりをするとホッとした気持ちになるのでしょうか。このことを呼吸という視点から考えることができます。人が音声を発する時は、つまり話をする時は、ふつうに呼吸をしている時よりも息をたくさん吐きます。息をたくさん吐けば、自然と息を吸う量が増えます。息をたくさん吸えばそれだけ多くの酸素をとりいれることができます。

したがって、たくさんおしゃべりをすると、それだけ息をたくさん吸うので酸素のとりいれがたくさんできます。おしゃべりをした後ホッとした気分になるのは、頭に酸素をたくさんとり入れることで頭が快になるからです。このことを中学校生活から考えてみます。

中学校生活を考えると、教科学習をはじめとして、体育や交友や部活動や受験勉強などで、子供は一日中緊張してすごします。神経をはりつめて行動すると、息をつめるようになるために呼吸が浅くなります。じーっと目をこらして物を見つめる時は、息を止めていることは誰しもが体験することです。特に五、六時間にも及ぶ教科学習では、緊張しながら頭を使います。長時間にわたって頭を使うと、頭のエネルギーである酸素を大量に消費することとなります。緊張のあまりに浅い呼吸になっているところに、教科学習で大量の酸素を消費します。その結果、子供は一日の学校生活が終わると、心身共に疲れきってしまいます。その疲れをいやす有効な手段は、酸素を補給することとなります。その酸素の補給には深い呼吸（腹式呼吸）をすることですが、その最も効果的な方法がおしゃべりなのです。

おしゃべりをすればするほどたくさん息を吐くために、その分息を吸うこととなり酸素の補給が十分にできます。すると緊張がほぐれてホッとできるようになるわけです。

おしゃべりとは異なりますが「アハハハハ」と大きな声で笑うと、なんともいえない快い気分になります。実は大声で笑うとたくさん息を吐き出します。たくさん息を吐けばたくさん息を吸うようになります。つまり、笑うとたくさん酸素の補給ができるので「ああ楽しかった」の気分になるのです。このことはカラオケでも同じです。歌うとたくさん息を吐いて、たくさん息を吸うので「ああ楽しかった」の気分になるのです。

近年、落語や漫才などの寄席に行く人が増えたり、テレビでのお笑い番組がうけるのは、笑うと快のコンディションになるからです。

人はおしゃべりをしたり、笑ったり、歌を歌ったりすることでストレスを解消しているのです。先人はひと休み、休息、休憩と言って、仕事から離れて呼吸を整えることをしていました。また、仕事の合間に皆で民謡を歌ったり、仕事をしながら歌を歌って、呼吸をととのえることをしていました。先人はしらずしらずのうちに呼吸をととのえる生活をしていたわけです。先人の生活の知恵に驚かされます。

家庭はくつろぎの場であるということは、疲れた身体を休め、外での精神的な緊張をほぐすことで身も心もホッとする場であるということです。

子供は大人の仕事以上に戦場で仕事をしているのです。改めて家庭をくつろぎの場、すなわち十分に息が吐け、ホッとできる場にしてあげたいものです。

第六章

善悪判断の心の育ち

1 善悪判断

①善悪判断の心は育てるもの

いじめが発覚した時、いじめた子供にいじめはしてはいけないことであることをさとしますが、どんなにさとしてもいじめた子供の心になかなか届きません。

なぜ、してはいけないことが認識できないのでしょうか?

それはしていいことと、してはいけないことがわからないからです。つまり、善悪判断の心が育っていないからです。いいかえれば善悪判断の心が育てられていないからです。

ところで世間でも仕事が期待通りできない人がいると、「どうしてこれぐらいの仕事ができないの?　いい年をして」と言います。でもやったことのない仕事は、大人でも初めは上手にできないものです。ところが年齢という尺度でできないことを評価されてしまいます。

これと同じように子供は成長すればしていいことと、してはいけないことの判断ができるようになると世間では考えられています。しかし、善悪判断の基準が教えられていなかったら中学生になっても善悪判断はできないのです。つまり、善悪判断をする能力は、育てられなければ育たないのです。このことはいつの時代も同じです。

法律では二〇歳になれば善悪判断の心が成熟するという考えで、悪いことをすれば法律によって罰せられます。このことからわかることは、一般社会においても善悪判断の心が成熟するには、二〇年ぐらいかかると考えられているということです。では善悪判断の心はいつ頃からどのようにして育つのでしょうか、いや育てられて成熟するのでしょうか?

②善悪判断をする力が育つには歳月がかかる

子供は五〜六歳になると善悪判断の基準がわかるようになり始めます。

ということは、五〜六年の歳月をかけなければ善悪判断の基準は、わかるようにならないということです。その間子供はしてはいけないことをした時は、してはいけないことであることを躾されたり、していいことをした時はほめられます。

善悪判断の基準を、躾とほめによって学ぶということです。子供が素直に言うことを聞くのは幼児期ですから、わずかの期間です。むしろ言うことをきかなかったり、おいたをしたり、反抗したりと手におえない期間の方が長いです。それだけに幼児期にしてはいけないことをした時は、しっかりとしてはいけないことであることを躾することが大切なのです。善悪判断の心が芽ばえる五〜六歳頃までは、躾に手をぬくことは許されません。

③ルールがあることを学ぶ

躾は一歳前後のおいたから始まります。していいこととしてはいけないことを教えることはルールを教えることです。赤ちゃんがおいたをすると「ダメ、いけません」としつけをします。「ダメいけません」の躾は、ルールを教えることの始まりなのです。

人は皆社会の一員として生きています。どんな社会でもそこにはルールがあります。

赤ちゃんは家庭という社会の一員です。「ダメ、いけません」は、家庭のルールを教えることです。赤ちゃんがおいたをした時「ダメ、いけません」と行動を制止します。

たとえば、赤ちゃんがポットにさわると「アチチだからダメ！」と言って即座にポットを遠ざけます。この時大人はポットにさわることは家庭のルールに反することだから、やってはいけませんと説明しません。でも赤ちゃんはおいたをする度に「ダメ、いけません」と言われることでルールとはわかりませんが、何でもしていいわけではないことを悟っていきます。この悟りが善悪判断の心の育ちの始まりです。

子供は成長するにつれて家庭のルールだけではなく、保育園や幼稚園生活のルール、友達と遊ぶ時のルールなどを学んでいきます。さらに子供は成長と共にルールは守らなければならないことを学んでいきます。ルールもルールを守らなければいけないことを、大人から教えられることで学びます。赤ちゃんはもちろん幼児は世の中にどんなルールがあるのか知らないのです。幼児期は世の中にはルールがあり、ルールは守らなければならないことを学ぶ時期です。ではどのようにして子供はルールを学んでいくのでしょうか。

2 〇歳

①おいたを制止する

一〇ヵ月頃になると「これはなにかな？」と目についた物を手にとって、いじりまわしたり、ながめたりします。こうした行動は知的好奇心からでるもので、知的発達を図っていくうえで大切な行動ですが、一方ではおいたも出ます。たとえば、食事時には食卓に並んでいる食べ物をつかもうと手を伸ばすようになります。気づいた母親があわてて「ダメ、いけません」と言って皿を移動します。赤ちゃんは目の前の皿が手の届かないところへいってしまったのできょとんとします。こうした親にとってされたら困ることに対して「ダメ・いけません」のことばがでるようになります、こうして赤ちゃんにしてはいけないことの躾が始まります。それでもこの時期の赤ちゃんは、してはいけないことが何であるかわからないので気の向くままに行動をします。そこでおいたをする度に「ダメ・いけません」と制止されます。

②まねっこ芸をほめる

「ダメ・いけません」の躾の一方でほめることも始まります。それはまねっこ芸をしたときです。一〇ヵ月頃になると「まねっこ芸」をします。赤ちゃんが「おつむてんてん」を披露すると、周りの人々は「ワーッおつむてんてんをやった！　かわいいね」と言ってニコニコしながら拍手をします。周囲の人々のなごやかな雰囲気は赤ちゃんを心地よい気分にさせます。まだほめられていると いうことはわかりませんが、赤ちゃんは周囲の人々の対応を心地よく感じとります。

この時期の赤ちゃんは躾されていることやほめられていることの認識はありません。

しかし、一歳近くになると「ダメ・いけません」の躾をとおしてしてはいけないことと、ほめることをとおしてしていいことを教えることが始まります。躾とほめは、将来においても善悪判断を教える上で活用される方法です。

3　一歳

①探索行動の「ダメ・いけません」

一歳前後よりヨチヨチ歩きが始まります。一〇ヵ月頃より芽ばえ始めた知的好奇心は旺盛になり、周りの世界を探索するようになります。

何か物を見つけると手にとっていじりまわしたり、なめたりします。ゴミ箱をひっくり返したり、スイッチにさわったり、花瓶にさしてある花をひき抜いたり、ペットボトルの中身をこぼしたり、引き出しの中身をとり出したり、卓上の皿の食べ物をつまんだりのおいたは日常茶飯事です。時にはアイロンや扇風機やストーブなどにさわろうとしたりと危険なこともします。すると大人は大声で「ダメ・いけません」と言って、止めに入ります。

子供はどうして「ダメ・いけません」と言われたり、行動が制止させられたり、持っている物をとりあげられたりするかわかりません。

たとえば、いたずら描きです。誰かがマジックペンを片づけ忘れていたのでしょう。子供がマジックペンを見つけ、マジックペンをいじくりまわしている内に、キャップがはずれてしまいました。子供はマジックペンで床になぐり描きを始めました。おとなしくしているので様子を見にきた母親があわてて大声で「ダメ・いけません！」と叫びました。

子供は母親の大きな声にびっくりして、書くのを止めました。

母親は「マジックペンでゴシゴシ書くのはメンなの」と言って、マジックペンをとりあげました。子供はどうして「ダメ・いけません」なのかわかりませんが、いたずら描きは制止させられました。おいたをした時に「ダメ・いけません」の躾をくりかえしされると、一歳後半頃には「ダメ・いけません」の声かけだけで、している行動を中止するようになります。どうして「ダメ・いけません」と言われるかがわかるようになるのは、ずーっと先のことですが、この時期にしてはいけないことをしたら「ダメ・いけません」の躾をすることが大事なのです。それは躾がくり返されることで、子供はしてはいけないことがあることを学ぶからです。一歳代はおいたを盛んにしますが、そのおいたに対して「ダメ・いけません」の躾をしても素直に受け入れます。つまり、一歳代は躾の好期です。

その好期をのがさないことが大事です。躾をすることと並行してほめることで、善悪判断の心を育てることが始まります。

②ほめることが増える

一歳代は子供がいろいろなことができるように

なっていきます。そこでほめるチャンスが増えます。たとえば、テレビを見ながらまねをしてダンスや手遊び歌や体操などをすると「上手ねー」とほめられます。「～もってきて」と言われて、指示された物を持っていくと「お利口さん」と頭をなでられます。

また、母親が配膳をしている時、自らお皿やコップを運ぶお手伝いをしたり、人に会った時「こんにちは」と促されると、おじきをするようになります。その度に「お利口さん」とほめられます。遊びでも真似をして遊ぶと「あらよくできるわね」とほめられます。

食事でもスプーンを上手に使って食べたり、こぼしが減っていったり、残さないで食べると「スプーンで上手に食べられるようになったね、こぼさないで食べたね、全部たべたね、お利口さん」とほめられます。

初めはほめられるということがわかりませんが、ほめる人が嬉しそうにいつもと違った穏やかな雰囲気を醸し出して接するので、赤ちゃんはほめられるということがどういうことかを悟っていきます。そしてほめられることがわかるようになると、ほめられた時にニコニコするようになります。さらにどんな時に何をすればほめられるかがわかるようになります。たとえば「新聞もってきて」と頼まれて、新聞をもっていった時「ありがとう、お利口さん」とほめられると、子供は次のご用はなに？　と頼まれることを期待するまなざしを向けるようになります。このようにほめられる体験をつみ重ねると、しだいに子供はほめられることをすることは、していいことであると悟るようになります。

大人は何げなくほめていますが、ルールを知らない子供にとっては、していいことを学ぶチャンスなのです。

③躾とほめはセット

幼い子供に「ダメ・いけません」の躾をするの

は、何だかかわいそう、せっかくごきげんよく遊んでいるのに、制止するのは酷だと思ってつい躾をためらいます。

大人は子供の使っている物をとりあげた時、子供が泣いたら自分が何か悪いことをしたように思います。こうした思いを抱くのは無理からぬことですが、こうした思いを抱く要因は、躾のしっ放しによるところが大きいです。たとえば、子供がストーブにさわろうとしている時、遠くから大声で「ダメ・いけません」と言うと、ハッとして手をひっこめます。この後の対応が大切で、子供が手をひっこめればそれで良しとしないで、手をひっこめたことをほめることです。「お手々をひっこめてお利口だったね、これからはアチチチにさわらないようにしようね」と抱っこしてほめてさとすことです。すると子供はほめられたことで泣いていてもホッとします。このように躾をした後にほめてまとめると、躾をすることはかわいそうという思いはやわらぎます。また、子供は大人からほめられることで、大人の言うことを聞くことは良いことであることを学びます。

躾をした時はほめることでしめくくることが大事です。躾の後には何をほめようかと考える努力をすることが必要です。躾とほめはセットですから、躾をしたら必ずほめることを忘れないことです。子供は躾されてもほめられると、積極的にほめられることをしようとします。躾はしていいことを教える役割もするのです。

④善悪判断の基準は学ぶもの

一歳半頃になると子供は「これなあに?」を連発するようになります。

この時期は旺盛な知的好奇心から、これが何であるかを知りたいので聞いてくるのですが、「これなあに?」から、それほどまでにいろいろなことに興味があるのかと驚かされます。

子供から「これなあに?」と聞かれると、大人は「これは~よ」と説明します。

子供は説明を聞くと納得しては、次の物に移りまた「これなあに?」と聞いてきます。

ところで、一歳代の子供は何かをする時は「~をしてもいい?」と聞いてきません。

「~をしてもいい?」のと聞いてくれば「~してもいいよ」とか「~してはいけないよ」と教えることができますが、聞いてこないで行動します。

そこで大人の方が子供の行動を見て「ダメ・いけません」と躾したり、「お利口さん、よくできたね、すごいね」とほめることになります。すなわち、大人は子供がした行動を躾とほめで評価しているのです。　子供はやった後に躾されたり、ほめられることで自分のしたことが、していいことであるか、してはいけないことであるかを学びます。

もともと一歳代の子供にしていいことと、してはいけないことの分別はできませんので「これなあに?」と同様に、くり返し教えられることで善悪判断の基準を学びます。

世間では「年齢がくればわかるようになる」という風潮がありますが、善悪判断の基準は幼児のうちから、大人に教えられることで習得していくものです。

現代は子供の自主性を尊重して、「のびのび育てましょう」の子育てが主流ですが、していいこととしてはいけないことの分別ができない時期に、こうした子育て論をもってきてはいけません。幼児期からしていいことと、してはいけないことを教えられないことは、将来にわたって不幸なことであることを認識しなくてはなりません。

⑤父親の出番

ひと昔前は家長の権限が強くて、子供にとって父親は怖い存在でした。父親に躾されて子供が泣いていると、母親や家族がなだめて躾のフォローをしたものです。

すなわち、躾においては父親と母親の役割が決まっていました。子供は父親のひとことで言うことを聞いたものです。では躾をする父親を子供はきらいになるかというと、不思議なことにしっかりと躾をしてくれた父親を尊敬して慕うようになります。

それは躾をとおして父親の人となりをうけいれるからです。

一般に「ダメ・いけません」と躾ばかりしていては、子供に嫌われはしないかと心配しますが、躾をしたら、その後しっかりほめるようにすれば嫌われません。ひと昔前は躾をした父親に代わって家族がフォローすることでバランスが保たれていました。しかし、現代は核家族ですから家族のフォローは期待できません。その結果、現代は躾をする人はフォローもしなければならなくなりました。このフォローをしないで躾のしっ放しをするから子供に嫌われるのです。躾のあとには「パパのお話がきけてお利口だよ、お話がわかってくれて嬉しいよ」としっかりとフォローすることです。激しいおいたが始まる一歳代は父親の出番です。子供はしっかりと躾されることで父親の人となりを受け入れて、父親に愛着をもつようになります。母親が第一愛着対象者なら、父親は第二愛着対象者です。

4 二歳

①自我が芽ばえる

二歳代になると自我が芽ばえてきます。自我が芽ばえると一歳代のように親のいうことを素直に聞かなくなります。親のいうことに何かと「僕が～」と自我を主張するようになります。たとえば、保育園に迎えに行って、すぐに家に帰ろうとすると、子供が「電車みたい、チンチンふみきりに行きたい」と言って、母親の手を引っぱります。

母親が「早く帰ってご飯を食べたり、お風呂に入らないといけないでしょう」といくら言っても子供は「イヤお家に帰らない、電車見る」と言って自分の主張をまげません。

数日は子供につきあいましたが、ある日母親が抱っこして帰ろうとすると、子供は「ママなんか嫌い」と言って母親を叩いて抱っこから降りようとしました。保育園の玄関先でしばらく「お家に帰ろう」「いや電車見たい」のやりとりが続きました。みかねた保育園の先生が「～ちゃん電車を見たいのね、ではお休みの日にパパに電車を見につれていってもらいましょうね、今日はママと帰りましょうね」と口をはさみました。子供は先生に言われると気分が一変して「ママお家に帰る」と言いました。母親には電車を見たがる子供の気持ちは、甘えのサインとわかっていますが、先生の一声に救われました。

子供は母親と先生は違う存在として意識しています。先生の言うことは聞かなければならないとわかっているので、自分の主張をひっこめたのです。

お家に帰ると母親は「先生のお話が聞けてお利口だったね、休みの日にパパとママと三人で電車を見に行こうね」と言って抱きしめました。

このように二歳代の子供は親の思い通りにならなくなり、手こずらされることが度々起こります。親が「～しなさい」と指示すると「イヤ！やりたくない」と自我を主張します。

また、こんなことも起こります。玩具の片づけですが「ご飯だから玩具を片づけなさい」と指示しても、片づけないで玩具を散らかしたまま食卓につきます。母親が「玩具を片づけないならご飯をあげないよ」と言っても子供は平然としています。そこで母親が声をあらげて「片づけなさい」と言う破目になります。しぶしぶ子供は玩具をひとつ、ふたつと玩具箱に入れ始めます。子供がある程度片づけたところで母親は「片づけができてお利口ね、まだたくさん玩具があるからママもお手伝いするね」と言って片づけを手伝います。

片づけが終わったところで再度「お片づけできたねお部屋がきれいになったわ、よくやったね」

とほめてまとめます。子供は全部でなくても片づけをしたのですから、母親のいうことを聞いたことをほめて終わらせることが大事です。

このように子供の「イヤやりたくない」「言うことをききたくない」は日に日に強くなっていきます。こうした親の思い通りにならない行動は、自我の芽ばえの時期ですから当然出てしかるべき行動です。この時期の反発は成長の証ですから喜ぶべきことです。

大事なことは、ぶつかりあいがあっても躾すべきことは、毅然とした態度で躾をするという一貫とした態度です。そして親の言うことを聞いた時は、しっかりとほめることです。

躾とほめのくりかえしで善悪判断の心は育っていきます。

②友達と遊ぶ

二歳になると友達と遊ぶ機会が増えてきます。子供も友達と遊ぶことの楽しみがわかるようになり、友達を求めるようになります。でも友達と遊びたいのに仲良く遊ぶ術を知りません。そこで親が友達と遊ぶ時にしていいこととしてはいけないことを教えることになります。このことを遊びの場面でみてみます。

A君が消防車を「ウーウー」と言いながら走らせていました。B君はパトカーを「ピーポー」と言いながら走らせていました。二人は競い合っているかのように大きな声を出して走らせていました。しばらくするとA君がパトカーの方をチラチラと見るようになりました。とその時B君がパトカーを床の上において母親の所へいきました。するとA君は消防車を放り出して、床の上にあるパトカーをかかえこみました。

まもなくB君が戻ってきて、「あれ！パトカーがない」とさわぎはじめました。B君はA君がパトカーをかかえこんでいるのに気がつくと、「パトカーを返して」と言いました。

A君はパトカーの代わりに消防車をさし出しま

した。B君はA君の腕の中にあるパトカーに手を伸ばしました。その瞬間A君はB君を突きとばしました。B君は怒ってA君を叩きました。ここで遊びは中断です。

二歳になると友達が遊びに来ると嬉しいのに、いざ遊び出すと友達が使っている玩具が羨ましくなって、平気で友達の玩具に手を出します。この時期の子供はまだ友達の使っている玩具を横取りしてはいけないことがわかっていません。そこで母親はA君に友達の玩具を使いたい時は「貸してね」と言って借りなければならないこと、また横取りすることはしてはいけないことを教えます。また、友達をつきとばしたり、叩いたりすることはいけないことも教えます。してはいけないことをした時は「ごめんなさい」と謝らなければならないことも教えます。親はとかく子供は友達と遊んでいれば自然と玩具を横取りしてはいけないことや叩いたりすることはいけないことを学んでいくものと思っています。しかし、子供はしてはいけないことは教えられなければわかりません。

子供にはたとえ些細なことでも大人がしていいこととしてはいけないことの判断基準を教えなければならないのです。玩具の貸し借りだけではなく、集団生活に参加する前にしていいこととしてはいけないことをしっかりと教えることが必要です。

③順番待ち

二歳頃の子供は家庭では殿様のふるまいが許されています。少々のおいたもまあまあこのぐらいのことはと大目にみられます。ところが外に出ると自分の思い通りにいかないことが起こります。そのひとつが順番待ちです。

公園にいくと数名の友達がいます。自分がブランコに乗りたいと思った時、友達が使っていれば終わるのを待たなければなりません。ところが順番を待つことを知らない子供は、友達がブランコに乗っていると、ロープをつかんで友達をブランコから降ろそうとします。子供にしてみればブランコに乗りたいだけです。でも友達を降ろそうとすることは危険な行為です。友達が降りるまで待たなければいけないことを知らないからではすまされません。そこで大人が順番待ちを教えることとなります。

順番を待つにはブランコに乗りたい気持ちをコントロールしなければなりません。

初めはどうして待つの？　と子供に駄々をこねられますが、順番を待ってブランコに乗り合うと、友達と楽しく遊べることがわかるようになると、順番待ちをするようになります。子供は順番待ちにしても友達と遊ぶ時のルールにしても、片づけの躾にしてもその場その場の善悪判断の基準を大人に教えられることで学びます。

この時期の子供は自我が芽ばえるために、大人の言うことを素直に聞こうとしませんが、大人が子供の駄々に負けないで善悪判断の基準はしっかりと教えることが大切です。

④やったらほめる

この時期は自我が強くなるので何事も「僕がやる」と主張するようになります。

たとえば、ズボンをはかせようとすると「ぼくがはく」と言って自分ではこうとします。

ズボンを前後あべこべにはいたり、靴も左右まちがえてはいたりしますが、二歳代は自分でやりたい気持ちが育っている時期ですから、自分でやったら大げさなぐらいほめることが大事です。しっかりとほめて認めた後でまちがいを指摘すればよいのです。

また、お手伝いをしたがる時期ですので、配膳や食器の片づけなど自分でやりたがります。親にしてみれば後始末が大変ですが、子供のやりたい気持ちに応えてやらせることです。どんなやり方でもやったら「ありがとう、たすかるわ」とやったことをオーバーにほめます。親はとかく子供のすることをみていられなくて「こうしなさい」と指図ばかりしがちですが、これでは芽ばえた自我の芽をつむことになります。

ほめられると子供はお手伝いすることはいいことなんだ、躾されたことをすることはいいことなんだと思うようになります。こうしてほめられることによって、していいこととしてはいけないことの判断の基準を学びます。

5 三歳

①ルールを守る

三歳になると簡単なルールが理解できるようになります。たとえばかくれんぼや「♪かごめかごめ」などの遊びのルールがわかるようになったり、信号を見て赤はとまれ、黄色は注意、青は進めのルールがわかるようになります。信号のルールがわかるようになると車に乗っている時、信号の色を気にするようになり、「ママ赤だよ、とまれだよ」と言ったり、「ママ青だよ、進めだよ」と言って発進を促します。もし、黄色の信号で車を走らせると、「ママだめだよ」とお叱りをうけます。また、鬼ごっこの遊びでは内心は鬼役にはなりたくないと思っていても鬼役にあたると、嫌だといわずに鬼役になります。

この時期はルールを守ることはいいことであり、ルールを守らないことはしてはいけないことであるという認識をもつようになります。そのためルールを忠実に守るようになります。こうして子供にとってルールは善悪判断の基準のひとつとなります。したがって、子供がルールを守って行動した時には、ルールを守ったことをほめることが大人の仕事です。

子供はほめられることで、ルールを守ることはしていいことであることを再認識します。

②先生のいうことを聞く

幼稚園や保育園に通うようになると親から離れ

て、先生の指導を受けるようになります。

親のいうことはきかないのに、先生のいうことは素直に聞きます。

たとえば、親が口すっぱく「帽子をかぶりなさい」と言ってもかぶろうとしない子供でも、先生が「園庭に出る時は帽子をかぶりましょう」とひとことといっただけで帽子をかぶります。また、家庭では片づけをしない子供が幼稚園では先生の「遊んだ後はお片づけしましょう」のひとことで、率先してお片づけをします。

この時期の子供にとって先生のことばは、金科玉条ものなのです。だから子供は先生の指導を素直にうけいれます。そして先生のことばを善悪判断の基準とします。

もし先生が言ったことを守らないでいると、友達に指摘されます。

たとえば、帽子をかぶらない友達がいると、友達が「先生が帽子をかぶりなさいって言ったよ」とかぶらないことをとがめたり、お片づけをしない友達がいると「先生に言いつけてやる。ずるいよ」と言うようになります。

③ルールを守るわけ

子供はどうしてルールをまもったり、先生の言うことを聞くのでしょうか。その理由として三つのことが考えられます。

1、自我をコントロールする力が育つ

二歳代は自我が芽ばえる時期ですので、何かと「僕がやる」とか「〜は嫌だ」と自我を主張します。ところが三歳代になると、自我をコントロールする力が育ち始めます。

それは三歳になる以前から自我を押し通そうとした時、大人が自我の主張に対して躾をしたからです。このことによって自我をコントロールする力が育まれるのです。

子供がルールを守ったり、先生の言うことには絶対的に服従できるのは、自我をコントロールす

る力が育つからです。でも自我をコントロールするようになってきたといっても未熟なものです。そのために外では人の言うことを素直に聞く子供でも、家庭ではまだまだ素直に人の言うことに従うことができません。

たとえば、幼稚園から帰ると「A君はずるい、僕が使っている玩具を横取りしたんだよ、だけど僕、我慢したんだよ。だって先生が仲良く遊びなさいと言うからね」と自分の気持ちをぶちまけます。子供は不条理なことは許せない思いを母親に伝えます。

「そう、そんなことがあったの、ママもA君のしたことはいけないことだと思うよ、悔しかったわね」と母親が答えてあげると、子供のもやもやした気持ちが晴れてきます。

幼稚園では悔しい思いをこらえますが、家庭では悔しい思いを吐き出します。

このように自我をコントロールする力を育てるには、一方的な躾だけではなく、親が子供の話をよく聞いて、子供の気持ちをうけとめてあげることが大切です。こうした過程を経て善悪を判断する力が育まれていくのです。

2、ルールや先生の教えは善悪判断のよりどころ

この時期になるとしていいことと、してはいけないことがわかるようになります。子供は友達と遊ぶにしても、集団生活の場で遊ぶにしても、自分の判断で行動することが多くなります。自分の考えで行動する時は、自分でしていいことかどうかを判断しなければなりませんが、まだ判断に自信がもてないことが起こります。

こうした時によりどころとなるのが親から学んだルールであったり、先生の教えです。だから日頃の躾が大切なのです。

3、していいことと、してはいけないことを理解し始める

これまで大人に一方的に「～してはいけません」と注意されたり「お利口ね」とほめられることで、していいこととしてはいけないことを学ん

できました。

それが、三歳になるとどうしてしていいことなのか、どうしてしてはいけないことなのかが理解できるようになります。子供が理解できるようになるのは、知的発達によるところですが、理解できるようになることで自発的にルールを守ったり、先生の言うことを受け入れるようになります。たとえば、これまでは信号の赤は止まれだから、車を走らせてはいけないと単純に思っていました。しかし、三歳になると赤信号の時に車を走らせると、他の車と衝突したり、歩行者に危険だから走らせてはいけないことがわかるようになります。それだけにもし親が運転していて信号を守らなかったら、子供から強いお叱りを受けることになります。このようにどうしてしていいことなのか、してはいけないことなのかの理解ができるようになることで、善悪判断をする力は、さらに盤石なものへと育ちます。

④善悪判断の基準を学びたい

この時期子供は知的発達によってルールが理解できるようになるだけではなく、知的発達から善悪判断の基準についてもっと学びたいという欲求をもつようになります。

そこで大人に教えられるだけでは満足できなくて、子供がしていいこととしてはいけないことを学ぼうとする行動が出ます。このことは二歳代では見られないことです。三歳になると行動をする前に「～してもいい？」と尋ねたり、やった行動を注意されると「どうしていけないの？」と質問するようになります。

たとえば、道端に咲いているお花を見つけると「ママお花をつんでもいい？」と尋ねます。また、砂遊びの最中に友達に砂をかけられたので、砂をかけ返した時、母親に「砂をかけてはいけません」と注意されると、「どうしていけないの？砂をかけられたから、僕は砂をかけたんだよ」と言います。「～してもいい？」や「どうしていけないの？」の質問から、子供が善悪判断の基準をもっと学びたいという欲求をもっていることがわかります。

6 四歳

①大人になりきってふるまう

四歳代は大人になりきったふるまいが出ますが、そのことは善悪判断の場面においても出ます。たとえば、父親が食事でおかずを残すと、子供は「パパなんでも食べなければだめでしょう。好き嫌いをしてはいけないの」とたしなめます。その口調も母親そっくりで苦笑させられます。このように子供はこれまで自分が大人に躾されたことを、大人になりきって他者に躾するようになります。

パパの部屋が散らかっていればパパに「お片づけしなければいけないでしょう」とたしなめたり、母親が水道の水を出しっ放しにしていると、母親に「水道の水を出しっ放しにしてはいけないでしょう」と注意します。子供が大人になりきってふるまう姿からわかることは、これまでにしていいことと、してはいけないことを教えられたことは、確実に習得しているということです。

子供がたしなめた時「そうね、好き嫌いはいけないことだね」とか「水道の水は止めないといけないね」と大人が同調してあげると、子供は自分の判断に自信をもちます。この時期は子供の善悪判断に大人の方がつき合うことが大事です。子供のふるまいに答えて大人が同調してあげると、子供は自分の善悪判断が正しいことを確信します。

②躾と自我がぶつかる

子供が大人になりきってふるまう姿を見ると、子供は大人から教えられたことを習得していることがわかります。でもいざ親に何か言われると反発してなかなか言うことを聞きません。幼稚園の先生や他人の言うことは素直に聞きますが、親の言うことにはいちいち反発して素直に聞こうとしません。それは他人に対しては自我をコントロールしておつきあいをしますが、親に対しては自我をぶつけて対等に関わろうとするからです。

たとえば、玩具の片づけですが親が何回お片づけをするように言っても片づけようとしません。最後は「お片づけをしないなら玩具をごみ箱に放りこむからね、それでもいいの」と怒る事態となります。親が玩具をごみ箱に放りこもうとすると「やめて、片づけする」と泣き叫んでやっとお片づけを始めます。実は子供は親がお片づけを何回言っても嫌々を連発してやらないのは、親がどんな出方をしてくるかをうかがっているのです。

この時期は親に言われたことに対して、一度は自我を主張したいのです。

すなわち、親の方があきらめるかどうかを伺った上で、もし親があきらめないで「お片づけをしなさい」と言いつづけると、子供はぶつぶつ文句を言いながらも折れて、親の言うことに従います。この時期は言うことをきかないからと躾をしないでいると、善悪判断の基準があいまいなものになってしまいます。

大事なことは、毅然とした態度で躾をつらぬくことです。今まで素直だった子供が、どうしてこんなに反発するのかとなげきたくなりますが、大人になりきってふるまう一方で、自我と躾とのぶつかりは、成長する上で起こってしかるべきものです。

子供は自我と躾とのぶつかりを通して、さらに本当にしていいことか、してはいけないことの認識を深めます。また、自我としつけのぶつかりは、自我をコントロールする力を育みます。四歳代に入ると生意気な口をきくようになり、癪にさわることが多くなりますが、子供と根気よくおつき合いをすることが求められます。

また、四歳代はまだ友達に対して自我のコントロールができないことがあります。その結果、友達とのぶつかりあいが起こります。でも友達とぶつかりあいながらも、仲直りをして友達と遊びます。こうした友達とのぶつかりによっても自我をコントロールする力が育まれます。

それはこれまでに大人から学んだ躾が土台としてあるからです。したがって善悪判断の基準は大人が教えつづけることが大事です。

7 五～六歳

①どうして?で確認する

1、問答

五～六歳になると、子供はいろいろなことを「どうして?」と質問するようになります。たとえば、「どうして象の鼻はながいの?」「どうして夜は暗いの?」「どうして犬にはしっぽがあるのに人にはしっぽがないの?」「どうして赤の信号は止まれなの?」など「どうして」を連発します。この時期はさまざまなことを質問する質問期です。

このことは善悪判断の学びにおいても出ます。「どうして青の信号は進めなの?」「どうして食べ物の好き嫌いをしてはいけないの?」「どうして人を叩いたらいけないの?」「どうして歯をみがくの?」「どうしてお片づけをしなくてはならないの?」などと、これまで躾されたことについて「どうして?」と質問してきます。そこでこんな問答が起こります。

子供は歯みがきが好きではありません。母親に促されないとなかなか歯みがきをしようとしません。いつも促されてしぶしぶとりかかります。できればしないですましたいところです。そこで子供は「歯をみがきなさい」と言われた時「どうして歯をみがかないといけないの?」と質問します。母親は「どろんこ遊びで手が汚れた時はどうするの?」と聞き返します。子供は「手が汚れたら石鹸で洗うよ、そんなこと決まっているよ」と答えます。そこで母親は「食べ物を食べると歯に食べ物がついたり、歯ぐきが汚れるから歯をみがかないといけないのよ、虫歯にならないためにもね」と説明します。子供は歯をみがくことは、どろんこ遊びで汚れた手を洗うことと同じであることを教えられると納得します。

こうした問答は子供がしていいことと、してはいけないことを子供なりに理解したり、改めてしていいことと、してはいけないことを確認するためのものです。

母親から歯みがきをしなければいけないことの理由を聞いて理解できると、子供は歯みがきはしなければならないことを自覚して、いやいやながらも自分から歯をみがくようになります。

だから、この時期の「どうして？」の質問に対しては、面倒がらずにわかりやすく説明することが大事です。質問期ですから躾についての質問は出てしかるべきです。

この問答は、今まで大人から躾されて身につけてきた善悪判断の基準を確かなものにするためのものです。質問して理解することで、善悪判断をする力がしっかりと育まれます。

2、躾を理解する

躾について「どうして？」の質問が出るようになるのは、子供が乳幼児期からしていいことと、してはいけないことの善悪判断の基準を教えられてきたからです。

もし教えられていなければ五〜六歳になって、していいこととしてはいけないことについての「どうして？」の質問は出ません。

つまり、この時期の「どうして？」の質問は、躾を受け入れない時期があっても、毅然とした態度で一貫した躾をしてきたから出る質問です。

乳幼児期からの一貫した躾は、大人が一方的に押しつけているかのように思いがちですが、子供は成長にともない子供自らが躾の中身を理解しようとするようになります。

この時期の「どうして？」の質問は、知恵が育まれたことによって躾の中身を理解しようとするものです。すなわち、子供が善悪判断の基準を能動的に学ぼうとする姿です。

②超自我の心が育つ

五歳になるとこれまで子供の自我とぶつかって躾が大変だったことが、嘘のようにものわかりがよくなってきます。たとえば、外出前に「玩具が散らかっているわね」と言うと、子供はさっさと玩具を片づけて「ママきれいになったよ」と言います。

このように物わかりがよくなるのは、知的発達もさることながら超自我の心が育つからです。超自我の心とは自我をコントロールする心です。

玩具を片づけることは面倒で嫌だな、でも嫌でも片づけなければいけないんだと思うのが超自我の心です。自我が芽ばえるのは二歳代ですが、その後は自我が強くなり自己主張も強くなります。「～してはいけません、～しなさい」と躾されることは、子供にとって試練以外の何物でもありません。それは自我との葛藤に苦しむこととなるからです。でも数年間の試練の末には超自我の心が育ち、五～六歳になると葛藤から脱して、自我をコントロールできるようになります。母親に一言いわれただけで、玩具の片づけをすみやかにするようになるのは、超自我の心の働きによるものです。また、超自我の心が育つと他人を思いやる気持ちも育ちます。

たとえば、幼稚園の先生が心配ごとがあって、いつもよりも元気のない声で話すと「先生風邪をひいたの？」と聞いてきます。また、友達と意見が違う場合でも友達の立場にたって物事を処理しようとするようになります。このように自我をコントロールする力がつくと、常に気持ちが安定するようになります。また、周りの人々に自分を合わせていくことができるようになります。さらに、弱者への思いやりの気持ちも育ちます。

超自我の心とは別の言い方をすれば、善悪判断ができる心です。その結果、自我をコントロールして善悪判断の基準にそった行動ができるようになります。

超自我の心が育つには四〜五年の歳月がかかりますが、超自我の心を育てるために大人がすべきことは、おいたの時期から毅然とした態度でしていいことと、してはいけないことを一貫として教え続けることです。

③体験が判断を盤石にする

五〜六歳になると善悪判断の基準をわきまえて行動するようになりますが、まだ不確かなものです。そのために次のようなことが起こります。

子供（五歳）が寝ついた後、母親は玩具箱に見慣れない玩具がまじっていることに気がつきました。翌朝母親はその玩具を見せながら「この玩具どうしたの？」と尋ねました。子供は「B君の玩具だよ、僕欲しかったから持ってきたの」とケロリとした顔で答えました。母親が「B君がくれるって言ったの？」と聞くと子供は「ウウン黙ってもってきた」と平然と言いました。母親は一喝したい気持ちを抑えながら「友達の玩具を黙って持ってきてもいいの？」と聞きました。子供は「だって欲しかったんだもの」と答えました。子供には母親のどなりつけたい気持ちがわかりません。

母親は子供の目をじーっと見つめながら人の物を黙って持ってくることは、決してしてはいけないことであることを諄々とさとしました。話し終わる頃には母親の目には涙があふれていました。子供はそんな母親の姿にびっくりして「ママごめんなさい」と泣きながら言いました。母親は「幼稚園から帰ったら玩具をB君の所へ返しにいこうね」と言って、話を終わりにしました。さて、落ち着かないのは子供です。幼稚園に行っても母親の話や涙を思い出しました。玩具を返しに行った時、なんと言おうか「ごめんなさい」と言えばいいのかな、B君は許してくれるかなとあれやこれやと思いめぐらしました。

帰宅して子供は母親と一緒にB君の家に行きました。母親が話をきり出してくれましたが、子供は胸がドキドキして「ごめんなさい」を言うのがやっとでした。

さて、子供は五歳ですが友達の玩具を黙って持ち帰るとは、してはいけないことであるという認識が乏しかったのです。母親が涙を出してさとしたり、母親が友達にお詫びしている姿を見て、自分がしたことは本当にしてはいけないことであったことがやっとわかりました。

子供は今まで人の物はとってはいけない、黙って持ち帰ってはいけないことを母親に教えられていました。でもB君の玩具に目がくらんでしまった時には、正しい判断ができませんでした。このようにこの時期には善悪判断の心が育つといっても未熟なものです。

時と場合によって判断ができないことが起こります。判断を誤ったり、してはいけないことをした時にはそのつど躾をすることが大事です。

子供は今回の体験から人の物を持ち帰ることはしてはいけないことであることをしっかりと学びました。子供はこれからは人の物が欲しくても、決して黙って持ち帰ることはしないと決心したにちがいありません。このように善悪判断をする力は体験を重ねることで盤石なものへと成長します。つまり、躾に終わりはないのです。

子供はこれから小学校や中学校へと進みます。集団生活や友達とのつき合いにおいて、自力で善悪判断をしなければならない場面に直面します。そのつど自分で判断をして行動することとなりますが、誤った判断をした時にさとすのが大人の役目です。

④自我をコントロールする力が育つ

自我をコントロールするとは、人が見ていない時でも親の目が届かない所でもしてはいけないことをしたくなった時、自分でブレーキをかけることができることです。

しかし、幼児期は自我の形成途上ですから、いざというとき自我をコントロールできないことが起こります。そのことを近所の駄菓子屋さんで万引をすることを例に述べます。

子供は五歳です。今日もお小づかいをもらうと、駄菓子屋さんに出かけました。今日は何を買おうかなと考えながら店にたどりつきました。キャンディにしようと決めてキャンディを手にとった時、大好物のチョコレートが目に入りました。でもお小づかいで買える品物ではありません。チョコレートが食べたい！でもお小づかいでは買えない、子供の視線はチョコレートに釘づけです。周りを見まわすと誰もいません。

と、その時子供の手がチョコレートにのびました。チョコレートをつかむと、すばやくポケットに入れました。子供は何くわぬ顔をしてキャンディのお金を払うと、店から走って帰りました。万引をしたのです。子供は万引はしてはいけないことであるとわかっていてもチョコレートが欲しい欲望に負けて万引という行動に走ってしまいました。

この子供は自我をコントロールする力が弱いために、万引をしてしまいました。

現代の子供は我慢がたりない、きれやすいと評されますが、自我をコントロールする力が弱かったり、自我をコントロールする力が育てられていないとこのようなことが起こります。自我をコントロールする力は、年齢がくればつくものではありません。自我と躾のぶつかり合いの中で育つものです。人は生涯自我をコントロールしなければならない場面に遭遇します。こう考えると幼児期の自我と躾のぶつかり合いがどんなに大切であるか、また、子供がいうことを聞かなくても一貫した躾をしつづけなければいけないことを大人は自覚することが大事です。子供を注意すると泣いてかわいそうだからとか、幼なくてききわけができないからといって躾を怠ったら、かわいそうな思いをするのは子供です。

幼児期より一貫して善悪判断の基準を大人から学ぶことで、五～六歳頃になると自我をコントロールする力が育まれます。自我をコントロールする力は育てるものなのです。

＊考察7＊ 善悪判断の心の育ち

乳幼児期の善悪判断の心の育ちをみてきましたが、育ちの経過から次のことが言えます。

①善悪判断の基準は学ぶもの

子供においたをするつもりはありませんが、大人がおいたとみなすと「ダメ・いけません」と躾されます。躾はおいたから始まり、ついで友達と遊ぶ時のルールや家庭生活のルールを学びます。さらに幼稚園では集団生活のルールをお約束という形で学びます。

さて、ルールですがルールは年齢がきたら自然にわかるようになるものではありません。

子供はルールを大人から教えられることによって学びます。その時期の知恵がルールを理解することを助けますが、教えられてはじめてわかるようになります。

たとえば、友達が使っている玩具をとってはいけないということですが、子供が友達の使っている玩具を横取りした時、親に横取りすることはしてはいけないことをさとされることで、横取りしてはいけないことを学びます。

しかし、なぜ横取りしてはいけないかが理解できるようになるには年月がかかります。それは知恵の発達を待たなければならないからです。しかし、大切なことは知恵の発達を待つのではなく横取りした時に、してはいけないことであることを教えることです。

つまり、ルールや善悪判断の基準は年齢に関係なく学ぶものであるということです。善悪判断の基準は学ぶものであるということは、大人がルールや善悪の基準を教えることにちゅうちょする必要はないということです。

②大人がいじめから学ぶべきこと

近年いじめ防止法が制定されました。法律を制定しなければならないほど、いじめが悪質となり蔓延しているという現実があるからです。いじめが発覚するといじめについての調査が行われます。調査にもとづいてカウンセリングなどの指導が行われます。

こうしたいじめについての調査や対応が行われていることを子供達は知っています。

でもいじめに走る子供はなくなりません。法律が制定されてもいじめをくいとめることができないのです。こうした現実から目をそむけることは許されません。

今こそ大人が考えなければならないことは、どうしてこんなにいじめが日常的に行われるようになり、悪質となっているかということです。

いじめる子供にいじめているという意識が乏しく、いじめてもいじめはしてはいけないことであるという認識が稀薄です。いじめられた子供の苦しみや寂しい心情に思いが及ばないということです。そこで考えたいのが幼児期の善悪判断の心の育ちです。

子供は五～六歳になると善悪判断の基準がわかるようになります。その間にしていいこととしてはいけないことを学ぶわけです。ところが幼児期は自我の芽ばえがあり、その成長も著しい時期であるために、していいこととしてはいけないことを教えられた時、自我との葛藤が起こります。親の口からは「生意気でききわけがなくてね」というため息が出ます。しかし、していいこととしてはいけないことの躾を一貫してやり続けていると、躾と自我との葛藤の中で、自我をコントロールする超自我の心が育まれます。

すると超自我の心がこれまで躾によって学んできた、善悪判断の基準に従った行動をとらせるようになります。親は子供が五～六歳になると、これまで生意気な口ばかりきいて少しも言うことをきかなかったのに、物わかりがよくなってきたように感じます。

つまり、親のいうことを聞くようになるのは、超自我の心が育まれるからです。

いじめが発覚するといじめた子供に批判の矛先を向けますが、実は反省しなければならないのは大人の方です。いじめが起こった時は、子供に矛先を向ける前に、大人の方が子供に対してどれだけ善悪判断の基準を教えてきたかを考えることです。つまり、乳幼児期から子供と向き合ってしていいことと、してはいけないことを教えてきたか、子供の反発にあっても毅然とした態度で躾をしてきたかということを顧みることです。いまさら過去のことを反省したところでどうすることもできないのではと思いますが、反省の気持ちで子供に接しないと、大人の説法は子供の心には届きません。

いつ頃から大人は躾をすることに弱腰になったのでしょうか。現代は子供の気持ちを尊重しましょう、躾はほどほどにという風潮ですが、この風潮は善悪判断の心を育てる上では落とし穴です。近年いじめが蔓延している現実は、大人が善悪判断の心を育てることを怠ったことへの警鐘ととらえるべきです。

③罪悪感と「ごめんなさい」

いじめが発覚すると関係者が調査に入ります。その調査報告書を読んで驚くことは、いじめた子供にしてはいけないことをしたという罪悪感がないということです。

いじめられた子供が不登校になったり、不幸な結末に至っても悪いことをしたという意識が乏しいことです。近年は万引の現場をおさえられて、いさめられると「どうして取ってはいけないの？」と開き直る子供がいます。いじめや万引はしてはいけない行為であることがわかっていません。大人にさとされても自分のした行為の反省ができないのです。悪いことをしたと反省できないのは、罪悪感が育っていないからです。

大人は今の子供は説教しても平然とした顔をしている、あれでわかったのかなあとこぼします。大人は子供の心に罪悪感が育っていないことを憂うるのですが、そのことを心配するよりも、大人は子供の心に罪悪感を育てなかったことを反省しなければなりません。

ひと昔前はうそをつくと、うそをついた行為を厳しくさとされた末に、「うそをつくとエンマ様に舌を抜かれる」と言われました。子供は舌を抜かれるのはいやだ、どうしよう、二度とうそなんかつくものかと思ったものです。

また、「そんなことをしたらバチがあたる」と言われて、自分のした行為の報いは自分に返ってくることをさとされました。こうしたいいまわしは、大人がしてはいけないことの躾をしやすくするための方便ですが、自我をコントロールする力を育てる上で役立ちました。

現代は子供の自主性を尊重することが重視され、毅然とした態度で躾をすることはタブー視されるようになりました。

それよりも躾をしたら嫌われはしないかと、大人の方がビクビクしています。これでは子供に足下を見られ、たとえ躾をしても子供の心に響くものとなりません。大人が毅然とした態度で躾をし、それを子供が受け入れた時は、しっかりほめることによって罪悪感は育くまれます。大人は子供にいじめや万引やうそをつく等の悪いことをした時、「ごめんなさい」とあやまることを教えますが、反省の上にたった「ごめんなさい」を言える子供に育てることが大切です。「ごめんなさい」の言葉が罪悪感から出た時、本当の「ごめんなさい」すなわち、謝罪のことばとなるのです。

④一生の宝

身体が弱いとスポーツなどすれば丈夫になる

かなと思って水泳教室や体操教室に通わせます。「芸は身を助く」という言いまわしがあったり、趣味があることは楽しいことだからと思って芸事（ピアノやバレー、バイオリンなど）を習わせます。また、学業の成績が上がるようにと学習塾に通わせます。子供の方からサッカーをやりたいと言えば、子供の願いを叶えてあげたくてサッカーチームに入れます。

親にこうした行動を起こさせるのは、子供が幸せになって欲しいという願いがあるからです。子供が幸せになるためには苦労を惜しみません。

たとえば、水泳を習うことですが、水泳教室に通わせてみると、水をおそれていた子供が指導によって顔つけができるようになり、数ヵ月後には五メートルぐらい泳げるようになります。

その後も上達していって水泳が好きになり、ますますトレーニングに励むようになると、今まで風邪ばかり引いて度々病院通いをしていたのに、病院行きの回数も減ります。

まさに親の願いが叶えられるわけです。このように水泳教室に通うことで、泳げるようになったり、水泳が好きになったり、風邪をひきにくくなるなどという成果が出ます。

この成果は目に見えるものです。他の芸事を習うにしても学習塾に通うにしてもサッカーチームに入るにしても、やればやっただけ目にみえる成果が出ます。

つまり、親は目に見える成果にやってよかったと目をほそめます。

ところで善悪判断の心の育ちはどうでしょうか。残念なことに善悪判断の心の育ちは、目にみえるものではありません。たまたまいじめや万引などの行為が発覚した時に、善悪判断の心の育ちが未熟であることを悟らされるぐらいです。

家を一歩外に出れば子供が何をしているかは親がうかがい知るところではありません。

たとえ、してはいけないことをしてもそのことが発覚するまでわかりません。

すなわち、親は発覚してはじめて知って親はまさか家の子にかぎってと思います。

考えてみると人は目に見えることの成果を求める傾向があります。ところが子供にしていいこととしてはいけないことの判断をする力が育ったかどうかということは、判断する手がかりがないだけに判断が難しいです。

その結果、成果が目にみえるおけいこ事やスポーツや塾通いほどに、目にみえない善悪判断の能力を育てることに力が入りません。また、力が入らないことのもうひとつの理由は、子供は善悪判断の基準を教えられなければ、わかるようにならないということが一般に理解されていないことがあります。子供は善悪判断の基準を知らないのですから、人から教えられることを求めています。近年はいじめや万引きなどの事件を起こす子供があとをたちません。善悪判断の心を育てることに心を砕いて欲しいものです。

乳幼児期から一貫した躾をされることで、善悪判断ができる心が育てられることは、子供にとって一生の宝です。

第七章

つたえる手

1 つたえる手

つたえる手とは意思や気持ちをつたえる手のことです。

つたえる手でポピュラーなものは別れる時に

「バイバイ」といってふる手です。

「バイバイ」をする手は、さようならの別れを寂しく思う気持ちを伝えます。

また、姿が見えなくなるまでふりつづける手は、名残を惜しむ気持ちを伝えます。

このように人は意思や気持ちを伝えるために手を使います。

これからどのようなつたえる手があるかみてみます。

①つたえる手の出現（六〜七ヵ月）

いつ頃からつたえる手の活動がはじまるのでしょうか、それは〇歳代からです。

誰からも教えられていないのに六〜七ヵ月頃になると、手の動きに赤ちゃんの気持ちがこめられるようになります。六〜七ヵ月頃になると愛着が育まれます。すると愛着の気持ちが手の動きに表れます。この時期赤ちゃんは他の人に抱っこされていても母親を見ると、母親の方へ身をのり出してきて、両手をさし出します。

「ママ大好き、ママ抱っこして欲しい」の気持ちをさし出す手が伝えます。

②服をギュッと握りしめる（八ヵ月頃）

赤ちゃんを抱っこから降ろそうとすると抱き手の服をギュッと握りしめて、手を放しません。「もっと抱っこして欲しい」の気持ちを握りしめる手が伝えます。

③スプーンを払いのける（九ヵ月頃）

離乳食を食べている時、食べたくなくなると口元に近づけたスプーンを手で払いのけます。「これ以上食べたくない」の気持ちを払いのける手が伝えます。

④頬ずりを払いのける（一〇ヵ月頃）

「かわいいね」と言ってしつこく頬ずりをすると、手で払いのけます。「そんなにしつこく頬ずりされるのは嫌だ」の気持ちを払いのける手が伝えます。

⑤指さし行動（一歳前後）

1、犬を指さす

散歩をしている時、犬を見つけると犬を指さします。指さしする手で「犬がいる」ことを伝えます。

2、絵本の絵を指さす

絵本を見ている時、次々と絵を指さします。示指は「この絵は何かな？」と問いかける指です。

3、菓子袋を指さす

菓子袋を見つけると、菓子袋を指さします。示指は「お菓子を見つけた、お菓子ちょうだい」のおねだりの気持ちを伝えます。

4、パパを指さす

「パパはどこ？」と尋ねると、家族を見まわしてパパを指さします。示指は「この人がパパだ」ということを伝えます。

5、行きたい方向を指さす

抱っこされている時、自分が行きたい方向（ブランコやすべり台など）を指さします。示指は自分の行きたいところを伝えます。

6、コミュニケーション能力を育てる

指さしで意思や気持ちをつたえる利点は、指さした先を見ると赤ちゃんが何をつたえようとしているかが容易にわかるということです。たとえば、絵本の絵を指さした時には、これは何かを教えて欲しいと言っていることがわかります。何をつたえようとしているかがわかるので、適切な対応をすることができます。

赤ちゃんは適切に対応される体験をくりかえす

ことで、自分の意思や気持ちを人に伝えることができることを学びます。この学びは人に自分の意思や気持ちをもっと伝えたいという意欲を育てます。

ところで、指さし行動は赤ちゃんに限らず、大人になっても活用します。たとえば、ちょっと離れた所にある物を指さして「あれをとって下さい」と言ったり、買い物ではたくさん陳列してある商品の中のひとつを指さして「これを下さい」と言ったりします。

⑥幼児のつたえる手

指さし行動に加えて、子供は手で自分の意思や気持ちを伝えます。どのような伝える手があるか見てみます。

1、チョーダイをする

人がお菓子を食べている姿を見た時、子供は両手を重ねます。重ねた手は「お菓子ちょうだい」の気持ちを伝えます。

2、バイバイをする

人が「さようならバイバイ」と言うと、子供はバイバイと手をふります。バイバイする手は「さようなら、またね」の気持ちを伝えます。

3、イヤイヤと手を左右にふる

子供が玩具で遊んでいる時、父親が「時間だから玩具の片づけをしようね」と言った時、子供が後ずさりをして、手を左右にふります。左右にふる手は「まだ遊びたい」の気持ちを伝えます。

4、悔しくて遊びを乱す

友達がブロック遊びをしている時、仲間に加わりたくてブロックに手を出した時、「さわってはダメ」と言われると、友達の作品をメチャメチャにこわします。こわす手から仲間に入れてもらえない悔しい気持ちが伝わってきます。

5、友達を叩く

自分が使っている玩具を友達に横取りされると、友達を叩きます。叩く手から横取りされたことを怒っている気持ちが伝わってきます。

6、年下の子供の頭をなでる

年下の子供を見ると「いい子、かわいいね」と言って頭を優しくなでます。なでる手から年下の子供をいつくしむ気持ちが伝わってきます。

7、背後から軽く叩く

母親がテレビを見ている時、子供が背後からポンポンと叩きます。ポンポンと叩く手には「ママ、僕のことをかまってよ」と呼びかける気持ちがこめられています。

8、手をギュッと握る

人ごみの中で不安になると、つないでいる手をギュッとにぎりしめます。ギュッとにぎりしめる手から「不安だから助けて」の気持ちを伝えます。

9、「抱っこしてー」と手をさし出す

散歩をしている時、ある程度歩くと両手をさし出します。さし出す手は「もう疲れた、抱っこしてちょうだい」の気持ちを伝えます。

10、「ハーイ」と片手をあげる

幼稚園の先生が「～したい子は手をあげて下さい」と言うと、「ハーイ」と片手をあげます。手をあげることで「僕やりたい」「僕にやらせて」の意思を伝えます。

⑦つたえる手いろいろ

以上、幼児期のつたえる手を列挙しましたが、これ以外にもいろいろなつたえる手があります。どのようなつたえる手があるかみてみます。

1、握手をする

人と出会った時、握手をします。握手は親愛の情と会えて嬉しいの気持ちを伝えます。

2、拍手をする

人を賞賛したり、感動した時には拍手をします。たとえば、コンサートで演奏が終わると、聴衆が一斉に拍手をします。拍手する手は「すばらしかった、よくやった」との賞讃と感動の気持ちを伝えます。

3、頭上で大きな丸をつくる

子供をほめる時、「丸だね」といって両腕で大きな丸をつくります。子供は丸を見るとほめられたことを理解します。丸の手は賞讃していることを伝えます。

4、「ブーね」と言って腕をクロスする

子供がしてはいけないことをしたり、しそうになった時「ブー！」と言って腕をクロスします。クロスする手はしてはいけないことであることを伝えます。

5、バンザイをする

嬉しい時「バンザイ！」と言いながら、両手を挙上します。祝いの席では全員でバンザイをします。挙上する手は喜びや祝い事を祝福する気持ちを伝えます。

6、手を打ち合う

バレーボールの試合で良いプレーをすると、他の選手が良いプレーをした選手の手をパーンと打ちます。手を打つことで「よくやった！」と健闘をたたえる思いを伝えます。

7、手をにぎりしめる

強い怒りを覚えた時には、手をにぎりしめたり、手がふるえます。握りしめた手やふるえる手から、どんなに怒っているかが伝わってきます。

8、「ウーン」と言って腕ぐみをする

人は何か困っていることが起こったり、考えごとをする時「ウーン」と言って腕ぐみをします。腕ぐみをする姿は、心配ごとがあることを伝えます。

9、にぎりこぶしを挙上する

デモ行進ではにぎりこぶしをふりあげて「～反対」と叫びます。こぶしは反対する意思の強いことを伝えます。

10、合掌をする

神仏を拝む時合掌をします。合掌をする手には神・仏を崇拝し、信じる気持ちがこめられています。また、頼みごとをする時「このとおりお願い」と言って合掌します。合掌する手は「どうしてもお願いをしたい」の気持ちを伝えます。

このようにことばに代わって思いをつたえる手があります。思いしだいで手は、さまざまな表情をみせます。

＊考察８＊つたえる手

人の顔はさまざまな表情を見せます。嬉しい顔、悲しい顔、寂しい顔、楽しい顔、怒った顔、まじめな顔、ふざけた顔など、その時の感情によって表情が変わります。

百面相ということばがあるほどに表情は千変万化します。では人の手はどうでしょうか。さまざまなつたえる手から、手も顔と同じようにさまざまな表情を見せることがわかります。つたえる手は気持ちや意思を伝える手です。すなわち、意思や気持ちによって手の動きが定まります。さまざまな手の動きは、顔の表情と同じように意思や気持ちを表す表情ということができます。

顔の表情から何も言わなくてもその人の心情をよみとることができるように、手の表情からもその人の意思や気持ちをよみとることができます。こうしたことからつたえる手は、コミュニケーションをとる手段のひとつであるとみなすことができます。

第八章

学ぶ手

1　学ぶ手

　人は物事を学ぶのに、見て学んだり、聞いて学んだりしますが、手も学ぶことに関与します。手で学んだり手が学んだりするということです。

　この手のことを学ぶ手と称します。学ぶ手の活動範囲は広く、学ぶ手の恩恵は計りしれません。ではどのような学ぶ手があるかみてみます。

①学ぶ手の出現

　学ぶ手は〇歳代より出現します。五ヵ月頃になると哺乳ビンでミルクを飲ませていると、赤ちゃんが哺乳ビンをもっている母親の手に自分の手を重ねてくるようになり、飲み終わるまで手を放しません。ミルクを飲む度に手を重ねるので、一日に何回も手を重ねる体験をすることになります。

　六ヵ月になると赤ちゃんは自分で哺乳ビンを両手で支え持って飲むようになり、しかもミルクを飲みきるまで持ち続けます。どうして一ヵ月で自分で哺乳ビンを支えもって飲むことができるようになるのでしょうか？　それは一ヵ月の間に哺乳ビンを持つ母親の手に赤ちゃんが自分の手を重ねた体験をとおして、手が哺乳ビンを持つことを学んだからです。

　この時期の赤ちゃんに母親がこうして哺乳ビンをもつのよと、哺乳ビンの持ち方を説明するということはありません。すなわち、哺乳ビンを支え持つという度々の体験によって、手が哺乳ビンを持つことを学んだのです。ここに学ぶ手の活動の始まりをみます。

②コップを持つ手

　哺乳ビンと同様のことがコップを持つことにおいても起こります。五ヵ月頃になると赤ちゃんは母親がジュースの入ったコップを口に近づけると、コップを持っている母親の手に自分の手を重ねるようになります。こうした行動をコップで汁物を飲む度にします。

八ヵ月頃には赤ちゃんにコップの取っ手を持たせて、母親が手を重ねます。

赤ちゃんは汁物を飲む度にコップの取っ手を持つことを体験します。こうした体験のくり返しによって、赤ちゃんの手がコップの取っ手を持って、コップを口にもっていくことを学びます。その結果、一二ヵ月頃には赤ちゃんは自分でコップの取っ手を持ってコップを口にもっていくことができるようになります。

③バイバイの学ぶ手

九ヵ月頃になると人が「バイバイ」と言って手をふると、それを見て自分で手をふるようになります。この場面だけを見ると赤ちゃんが手をふるのは、人が手をふるのを見て真似をして手をふっているかのように思いますが、実は動作の真似ではありません。

バイバイができるようになる以前に、赤ちゃんはバイバイと手をふる体験をします。たとえば、毎朝パパが「バイバイ」と言って手をふります。すると母親は抱っこをしている赤ちゃんの手をとって「バイバイね」と言いながら手をふらせます。この時期の赤ちゃんに「バイバイ＝手をふる」ことの意味はわかりません。母親にも「バイバイ＝手をふる」ことを教えこもうという意図はありません。不思議なことですがこの時期になるとこのような光景が出るのです。赤ちゃんは「バイバイ＝手をふる」の体験から手が手をふる動作を学びます。数ヵ月にわたる「バイバイと手をふる」の体験によって、九ヵ月頃になると人が「バイバイ」と言って手をふると、それに応じて赤ちゃんが手をふるようになります。バイバイだけではなく、おつむてんてんやシャンシャン（手を打ち合う動作）も同様にして学ぶ手で学びます。

④探索行動の学ぶ手

一歳前後より周りの物に知的好奇心を持つよう

になり、チョコマカ動いて探索するようになります。探索する時活躍するのが手です。手で何であるかを探索します。

たとえば、本箱の分厚い百科辞典に興味をもつと「これは何かな?」と本箱から百科辞典を引き出します。引き出して手で持ちあげようとしますが、重くて持てません。そこでその場で頁をペラペラとめくり出します。何枚めくっても終わりがありません。頁めくりの後は紙をわしづかみします。すると紙がビリビリと破れます。破れると興味が出て再び紙破りをします。そこで母親に気がつかれて「本は破ってはダメです」と言って本をとりあげられます。こんなてんまつで百科辞典の探索は止めとなります。こうした探索行動から子供は百科辞典は重いことや紙がスベスベしていることや紙は破れるものであることを学びます。学びをもたらしたのは百科辞典をいじった手です。探索する手が何であるかを学んだのです。この時期は探索で学んだことを言葉で説明することはしませんが、二～三歳になり言葉が話せるようになると、手が学んだことを言葉で表現するようになります。

⑤手遊び歌の学ぶ手

1、諸動作を手が学ぶ

一歳半になると母親が「♪むすんでひらいて」の歌を歌うと、子供がその歌に合わせて手を握ったり、手を開いたり、手を打ち合わせたり、バンザイをするようになります。

また、「♪手をたたきましょう」の歌に合わせて拍手したり、パーの手を顔の横にもっていったりします。このように一歳半頃には歌に合わせて簡単な手遊び歌が自力でできるようになります。できるようになるのは手が諸動作を学ぶからです。

子供ははじめから手を握ったり、手を開いたり、バンザイができるわけではありません。

母親は「♪むすんでひらいて」の歌を歌いながらグーと握ったり、パーと開いたり、バンザイと手を挙上する動作をした直後に、子供の手をとって諸動作を教えます。

母親は「グーと握ってごらん」と言いながら、子供の手指に手をそえて手指を屈曲させます。また、「パーって開いてごらん」と言って屈曲している手指に手をそえて手指を伸展させます。「バンザイしてごらん」と言って、両腕を持って上に持ちあげてバンザイをさせます。こうして介助でグーやパーやバンザイをすることをくり返し教えます。

介助であっても実際に手を動かす体験をとおして子供の手が、グーやパーやバンザイをする手の動きを学びます。

手は諸動作を学びながら、学んだことを頭にくみこんでいきます。

さて、頭にくみ入れられて記憶された諸動作は、母親が「♪むすんでひらいて」の歌を歌いながら手を握ったり、開いたり、バンザイをすると、子供が母親と一緒に手を握ったり、開いたり、バンザイをするという行動となって表出します。

子供が母親と一緒に手を動かす姿を見ると、まるで動作の模倣をしているかのように見えますが、実は学ぶ手が学んで学んだ末に出る動作ですから、学ぶ手のたまものなのです。一般に動作の模倣というと、とかく見て真似をすることのように思いますが、くり返しの体験をとおして学ぶという学ぶ手の活躍があってのことです。

2、動作模倣の術の誕生

イ、初期の動作模倣

一歳四ヵ月頃になると母親がゆっくり「♪むすんでひらいて」と歌いながらグーと握ったり、パーと開いたり、バンザイをすると、子供は母親の手の動きを見ながら、グーと握ったり、パーと開いたり、バンザイをします。

手の動きはぎこちないですが、母親の手の動きと同じような手の動きです。

いいかえればこれが動作模倣の出現です。

では動作模倣はある日突然に出るかというと、

そうではありません。この段階に達する以前に母親が子供の手をとって手の動かし方をくり返し教えたからです。

子供はくり返し教えられたことで手が手の動かし方を学びました。加えて、母親が「♪むすんでひらいて」と歌いながらグーと握ったり、パーと開いたり、バンザイをする諸動作を子供は何十回と見て学びました。こうしてくり返し見ることで諸動作が頭にくみこまれて記憶されました。また、手の動かした方をくり返し体験することで頭に手の動かし方が記憶されました。つまり、手が手の動かし方をくり返し体験したことと、手の動きを何十回と見たことが相まって、動作模倣の術というすばらしいものの誕生が起こったのです。

ロ、本格的な動作模倣

本格的な動作模倣とは、手にとって教えられなくても見て真似ができるようになることです。一歳前半に誕生した動作模倣の術は、その後いろいろな場面で活用されて本格的な動作模倣へと成長します。たとえば、二歳代になると友達と砂遊びをしている時、友達が砂をシャベルですくって器に入れる姿を見ると、子供は瞬時に真似をして砂をシャベルですくってコップに入れます。また、大人が咳ばらいをすると、即座に子供は真似をしてゴホン・ゴホンと咳をします。その真似の仕草に思わず苦笑させられますが、これが本格的な動作模倣です。初期の動作模倣との違いは、手にとって教えられなくても見ただけで、瞬時に動作の模倣をするということです。二歳頃になると本格的な動作模倣が出ます。

これが二歳児の動作模倣で、二歳児は摸倣魔と称されています。

⑥お手伝い遊びの学ぶ手

一歳半を過ぎると子供は人のやることに興味をもつようになります。一歳の探索行動は「これはなにかな?」の興味でしたが、この時期になると「この人はなにをしているのかな?」と人の行動に興味をもつようになります。人が何をしているのかを知りたくなって、子供は人がやっていることをよく見つめて、人のやっていることと同じことをするようになります。同じことをすることで、人がなにをやっているかを知ろうとするのです。

　この時期同じことをするのに活躍するのが動作模倣の術です。

　たとえば、母親が靴にブラシをかけていると、子供は真似をして自分の小さな靴にブラシをあてます。また、父親が庭をほうきで掃いていると、子供もほうきを持ってきて、一緒にほうきを使います。掃くといっても集めた葉っぱやごみをまき散らしたりするだけで掃除にはなりません。子供は父親と同じことをすることで、父親がなにをしているかを知って満足します。子供が靴にブラシをかけたり、ほうきを使って掃いたりしたのは手です。こうして手がブラシをかけること、掃くことを学びます。子供は父親や母親のやることを一緒にやることで、台所仕事や洗濯や掃除などの家事を手で学びます。

　こうした行動をお手伝い遊びと称します。でも子供にはお手伝いをしているつもりはありません。大人がなにをしているかを学びたいだけです。

⑦身辺動作の学ぶ手

1、身辺動作を手が学ぶ

　一歳半頃になると人のやることに興味を持つようになりますが、その興味は自分の身のまわりの世話をしてくれる母親のやることにも向けられます。折しも自立しようとする気持ちが育とうとしている時期ですから、子供は身辺動作のことを自分でやろうとするようになります。子供が身辺動作のことをやろうとする時、手本とするのが母親のお世話をする時の手の動きです。子供は母親のひとつひとつの手の動きをよく見つめては、動作模倣の術を駆使して身辺動作に挑戦します。ところが、いざとりくんで見ると思うようにクツシタを脱ぐこともズボンをはくこともシャツを着ることもうまくできません。そこで母親が手をとって教えることになります。

たとえば、クツシタを脱ぐことですが、子供はクツシタを脱ぐ時、クツシタのつま先をギュッとつかんで引っぱります。でもこのやり方ではクツシタをスムーズにぬぐことは無理で、力いっぱい引っぱっても容易にぬげません。みかねた母親が「クツシタの上のゴムのところを持ってヨイショするのよ」と言いながら、実際にゴムのところを持ってクツシタをぬいでみせます。それから「ゴムのところを持ってごらん」と言って子供の手をとってゴムのところを持たせ、クツシタをつま先に移動させることを教えます。ここでクツシタのぬぎ方を手が学びます。子供は母親に教えられたように手を動かすとクツシタがスムーズにぬげることを体験します。クツシタをぬぐことだけでなく、ズボンをはくこと、Tシャツをぬぐことなども実際に手をとって教えられることで手が学びます。

さらに、ボタンはめやボタンはずしやズボンの着脱や上着の着脱やスプーンや箸の扱い方なども、手が学んでいきます。身辺動作は言葉でどんなに説明されても子供にはわかりません。ところでこうしたことは大人にもあります。

たとえば、着付け教室で着付けを学ぶ時は、何十回と自分で着物を着ることで、着付けの仕方を手が学びます。このように大人でさえも手が学ぶことは大変なことなのですから、子供にとってはなおさらのことです。幼児期は身辺動作を自分の力でやりたいという意欲があることと、手がさまざまなことを学びたがっていることが、身辺自立の学びを助けます。

2、身辺動作を学ぶ手の特徴

身辺動作を学ぶ手には特徴があります。それは次の二点です。
イ、くり返すことで上達すること。
ロ、学んだことを手が終生忘れないこと。
特徴の二点を「ボタンはめ」を例に見てみます。

イ、くり返すことで上達する

はじめはボタンをはめる手つきはぎこちなく、しかもはめるのに時間がかかります。

ボタンをはめることは、片方の手の母指と示指でボタンをつまんでボタンをボタン穴にさしこんで、もう片方の手の母指と示指でボタンをつまんでボタン穴からひき出すことから始まります。はめる時も引き出す時もあいている手で服を固定するという動作もあります。はじめのうちはボタン穴にさしこもうとすると、つまんでいるボタンを手から放してしまったり、ボタン穴からひき出そうとすると、ボタンが逃げてしまったりします。初めはひとつひとつの作業に時間がかかります。それでもボタンはめをくり返し続けていると、やがて手が手順通りに動くようになり、時間も短縮していきます。さらにくり返していると究極的には無意識にボタンをはめることができるようになります。

このようにくり返し手が学ぶことで上達するのが学ぶ手の特徴です。

ロ、学んだことを手が終生忘れない

いったんボタンのはめ方を習得して無意識にボタンをはめることができるようになると、終生ボタンのはめ方を忘れることはありません。しばらくボタンはめをしないでいても必要があるとスムーズにボタンをはめることができます。

このように手が学んだことは手が終生忘れないということが学ぶ手の特徴です。

日頃の身辺動作がスムーズにこなせているのは、身辺動作を学ぶ手の特徴のおかげです。

⑧遊びの学ぶ手

遊びの学ぶ手ってどんな手のことか、例で見てみます。

父親が立方体の積み木セットを買ってきました。母親が「きれいな積み木ね」と言って積み木をとり出すと、子供（一歳）も目を輝かせて積み木を手にとりました。でも子供は積み木の遊び方を知

りません。両手に積み木を持つとトントントンと打ち合わせたり、なめたりしました。そこで母親が「高い高いしようね」と言って、積み木を七個積み上げました。子供は母親が積み木を積み上げる手の動きをじーっと見つめていました。子供が積み木のタワーに手を伸ばすと、ガチャンとタワーが崩れました。

子供はタワーが崩れるのを見て笑いこけました。母親が再び積み木のタワーを作ると子供がまた手を伸ばしてガチャンと崩しました。母親がタワーを作る、子供がタワーを崩すの遊びが数日間展開しました。数日後母親が積み木のタワー崩しをさせようと思って積み木をとり出すと、子供が青い積み木を赤い積み木の上にのせようとしました。積み木はのったかのように見えましたが、子供が手を放すと青い積み木がコロリところげおちました。

母親はやっと積み木をつむことに興味をもったことが嬉しくて「ガンバレ！」と励ましました。子供はころげおちた青い積み木を再び赤い積み木の上にのせました。

ヤッター！　今度は手を放してもころげおちません。さらに子供はもうひとつ黄色い積み木を青い積み木の上にのせようとしました。母親がハラハラしながら見守る中、うまくつめました。母親が「上手に積み木がつめたね、よく頑張ったね」と拍手してほめました。

子供は自分がつんだ積み木のタワーをガチャンと崩すと、再び積み木のタワーを作ることに挑戦しました。

さて、この積み木をつむ遊びの展開から分かることは、子供は玩具を与えられても初めは遊び方がわかりません。友達や大人が玩具で遊んでいる姿を見て、遊び方を学ぶということです。遊び方を学ぶ時に活躍するのが学ぶ手です。実際に玩具を扱う手が遊び方を学びます。もちろんその手本となるのは友達や大人の玩具を扱う手です。

子供は一歳半を過ぎると友達が遊んでいる姿を

じーっとながめ続けるようになります。

じーっと眺めた後には友達の遊び方を真似するようになります。ここでも動作模倣の術が活用されます。こうして友達から遊び方を学んで遊びを広げていきます。

ボール遊び、粘土遊び、ブロック遊びや積み木遊びやままごとやごっこ遊びなどにおいても、学ぶ手で遊び方を学びます。

⑨文字を読むことと学ぶ手

絵本の読み聞かせを楽しんでいた子供が、いつしか文字を読むことに興味をもつようになります。文字の読み始めの時期は子供は文字をひと文字ずつ指さして拾い読みをします。また、わからない文字があると指さして「これはなんて読むの？」と尋ねてきます。

ある程度読める文字ができると、指さしする示指の運びがスピードアップしていきます。

こうしたことから文字を指さす示指で、文字の読み方を学んでいることがわかります。

⑩文字を書くことと学ぶ手

子供は四歳ぐらいになると文字を書くことに興味をもつようになります。

文字を書くことは文字のなぞり書きから始まります。なぞり書きは自由に絵を描くこととは違って、所定の線をなぞらなければならないので大変です。それでもくり返しなぞっていると、なんとかなぞり書きができるようになります。

なぞり書きができるようになると、手本を見ながら書くことに移ります。

初めはバランスよく書くことが大変ですが、くり返し練習している内に字の形が整うようになります。書き順も覚えたり、はねる等もできるようになります。

そして「し」や「つ」のように易しい文字が手本なしでも書けるようになります。

このように文字を書くことの練習を重ねること

で五〇音が自力で書けるようになります。

文字を書くことを練習する経過からわかることは、なぞり書きにしても手本を見ながら書くにしても文字を書く手が、文字を書く時の適切な手の動きを習得していくということです。手がいったん手の動きを習得すると、文字を書こうかなと思うと手が自然に動いて、書きたい文字を書くようになります。それは学ぶ手が文字の書き方を学んだからです。

たとえば、「あ」という文字を書こうかなと思うと、どんな文字だったかな？　どのようにして書くのかなと考えなくても、鉛筆をもつとスラスラと「あ」の文字が書けます。

こうした妙技ができるようになるのも、学ぶ手はいったん習得できた動きは、終生その手の動きを忘れないからです。

⑪数を学ぶことと学ぶ手

小さい子供に出会うと、ほとんどの人は「年はいくつ？」と尋ねます。

子供は「年はいくつ？」と尋ねられると二歳であれば、示指と中指を立てて「ふたつ」と言い、三歳の子供であれば示指と中指と薬指を立てて「みっつ、三歳」と言います。

このように幼なくて数の何たるかを知らない時期から、子供は数詞を指を使って学びます。たとえば、お風呂に入ってい時、指を順次折りながら「イチ、ニ、サン、ヨン、ゴ」と言います。その他にも指で数を学ぶという体験をします。その例をみてみます。

1、おやつで子供が分け前のクッキーを食べ終わって「もっとクッキーをちょうだい」とおねだりすると、母親が示指を立て「ひとつだけね」と言ってクッキーをひとつ手渡します。

2、たし算の習い始めの時期は「4＋3」の式の場合、右手の指を四本、左手の指を三本たてて「イチ、ニ、サン…」と首をふりふり、立てた指を数えて答えを出します。

3、「指はいくつあるかな?」と尋ねると、左手をパーと広げて、右手の示指を左手の指にあてて順に移動させて「イチ、ニ、サン、ヨン、ゴ」といいながら数えます。

4、手をパーと開いて親指から順次指を折りまげながら「イチ、ニ、サン、ヨン、ゴ」と言います。こうした例にみるように数詞の学び始めの時期は手で数詞を学びます。

このように数を学びはじめるのに、左右の五本の指が用いられます。ではどうして子供は数を学ぶのに指を用いるのでしょうか。そのことは十進法から推察できます。十進法は人の指が一〇本であることを基として作られた位どりの方法です。十進法が作られた大昔の経緯を知ると、幼い子供が指で数詞を学ぶというのもうなずける話です。

⑫道具を使うことと学ぶ手

1、道具の要求

人間と他の動物との違いに、道具を使うことがあります。確かに人間は他の動物と違ってたくさんのさまざまな道具を使って生活しています。それらの道具は改良に改良を重ねて作られたすぐれた道具です。それらの道具を使うのは人の手です。人はその道具を使うことで生活をより便利なものへと発展させてきました。

たとえば、ご飯を食べる時には茶わんや箸やスプーンなどの食器を使い、洗面する時には洗面器や手拭いなどの洗面道具を使い、物を切る時にはハサミやナイフや包丁などの切る道具を使います。

ところで人はこれらの道具をはじめから使いこなすことができるのでしょうか? いいえ、道具を使いこなすことができるようになるには月日がかかります。それはいずれの道具にも正しい持ち方と適切な使い方があり、道具がその正しい持ち方と適切な使い方を要求しているからです。たとえば、鉛筆ですが、二歳の子供に鉛筆を持たせると母指と四指とで握りしめます。この持ち方でもなぐり書きはできますが、文字のなぞり書きや文字を書くことや絵を描くことは無理です。

ところが、三〜四歳になると子供は中指を介添えにして、母指と示指を対向させて鉛筆を持つようになります。この持ち方が正しい持ち方です。正しい持ち方ができるようになると、鉛筆で文字のなぞり書きや文字を書くことやイメージどおりの絵を描くことができるようになります。これが鉛筆の適切な使い方です。

このように正しい持ち方をして適切な使い方をすれば、鉛筆は書く道具としての価値を発揮します。どんなにすぐれた道具であっても、道具を価値のあるものにするのは道具を使う人の手です。つまり、道具の持ち方と道具の使い方を手が学ぶことで道具の価値をひき出すことができます。

2、道具の持ち方と使い方を手が学ぶ

道具を初めて手にする時は、正しい持ち方がわかりません。人が道具を使っている様子を見て真似をして持ったり、人に手をとって教えられることで正しい持ち方を手が学びます。さらに使い方ですが、これも人が使っている時の手の動きを見て真似をして使ったり、人に手をとって教えられることで、適切な使い方を手が学びます。

それでも初めから道具を使えるわけはありません。何回も何十回も道具を使うことを積み重ねてやっと適切に使えるようになります。この間学ぶ手が使い方を学びつづけます。

つまり、道具を適切に使えるようになるのは、手が道具の使い方を学ぶからです。

そのことをハサミの練習の例でみてみます。

ハサミの持ち方と使い方とを学ぶ

ハサミの使い方を指導する時は、まずハサミの持ち方から教えます。母親はハサミをさし出して「ここにお父さん指、ここにお母さん指、ここにお兄さん指を入れてごらん」と指示します。子供は指示された所に指を入れようとしますが、うまく入れられません。

そこで母親が指を入れる介助をします。指を入れてもハサミを持ち続けられません。母親が手を添えて持ち続けさせます。そして「紙テープをチョッキンしようね」と言って紙テープをハサミに近づけ、介助でハサミを開閉してチョッキンと紙テープを切らせます。

子供は紙テープが切れるとハッと驚いた表情を見せます。

母親は子供と一緒に何回か紙テープを切ります。子供がハサミが持てるようになると「自分で切ってごらん」と言って切らせようとしますが、子供の手はハサミを開閉することができません。ここで子供が学ばなければならないことは、ハサミを開閉することです。

子供はいざやってみると、何もできないことがわかりイヤイヤを出します。

そこを母親はなだめながら、ハサミの開閉の仕方を教え続けます。母親のねばり強い努力のかいあって、やっとハサミの開閉ができるようになっていきます。また、たまたま紙テープが切れると、切ることに興味がでます。

こうした四苦八苦のとりくみの末に、ハサミで紙テープを切ることができるようになっていきます。さて、ハサミで紙テープを切ることができるようになったのは、どうしてでしょうか？　それは母親の根気よい指導でしょうか、もちろん指導のたまものですが、指導によって子供の手が、ハサミの正しい持ち方や適切な使い方を学んだからです。

子供は「ハサミはこうやって使うのよ」という説明によって、学んだわけではありません。母親が手をとってくり返し指導したこと、すなわち実際の体験をとおして子供の手がハサミの開閉の仕方や紙テープを切るコツを学んだので、紙テープを切ることができるようになったのです。ハサミに限らず、いずれの道具の使い方も実際に道具を使う体験から、手が道具の適切な使い方を学びます。幸いなことは、いったん道具の使い方を手が学び、ある程度道具を使いこなすことができるようになると、終生使い方を忘れないということです。

たとえハサミで紙テープが切れるようになっても直線や曲線が切れるようになったり、いろいろな形を正しく切ることができるようになるのは、ずーっと先のことです。でもハサミを使いつづけていれば、上達して必ずその日はきます。

子供は当初はハサミを正しくもつことさえできませんでした。ましてやハサミを開閉するのは至難なことでした。それでも子供はくり返しのとりくみから最後は正しくハサミをもって、ハサミを開閉することができるようになりました。

これらの手の動きは子供にとって初めて体験するものでした。そのためにマスターするまでは親子で四苦八苦のとりくみをせざるをえませんでした。大変なとりくみでしたが、その結果ハサミで紙を切る技を習得することができました。

ハサミと鉛筆の持ち方と使い方を比較すると、持ち方も使い方も異なります。どの道具にもその道具が求める持ち方と使い方があります。道具を使う時には道具の要求に応えなければなりませんので、必然的に道具を使うことで手指の機能の向上が図られます。

3、どんな道具を使うの？

子供が道具を使い始めるのは一歳前後です。子供はコップの取っ手を持って汁物を飲んだり、子供にスプーンを持たせて、大人が食べ物をすくう介助をすると、そのスプーンを口に運ぶようになります。飲む時にこぼしたり、食べ物を口に入れる時にこぼしたりしますが、コップやスプーンという道具を道具として使うようになります。ではその後（二歳～三歳頃）どんな道具をどのように使うようになるのでしょうか。

イ、二歳代

・箸を使い始めます。初めは握り箸ですが、だんだんと三点持ちになります。

・スプーンを母指と示指を対向させ、中指を介添えにして持ち、食べ物をすくって口に持っていきます。

・フォークを母指と示指を対向させ、中指を介添えにして持ち、食べ物をさして口に持っていきます。

・茶碗を片方の手で持ち、もう一方の手でスプーンを持ってご飯をすくって食べます。

・ハサミの柄に母指と示指・中指を入れて、直線やゆるやかな曲線を切ります。

・コップに入っているジュースをストローを使って飲みます。

・ボタンを左右の手指を使ってはずしたり、はめたりします。

・コップをお盆にのせて運びます。

・フトン叩きでフトンを叩きます。

・洗濯バサミで洗濯物をはさみます。

・歯ブラシを使い始めます。

・ビンのフタをねじって開閉します。

・ぬれた手をおてふきでふきます。

・スコップで砂をすくってバケツに入れます。

ロ、三歳代

・箸を三点持ちで持って食べ物をはさんだり、食べ物を口に運びます。

・ハサミで丸や三角形や四角形を切り出します。（ただし、△・□の角は丸くなります）

・クレヨンでリンゴやバナナのぬり絵をしたり、顔らしきものを描きます。

・砂（一キロ）の入ったバケツを片手で持って運びます。

・水でぬれたハンカチや雑巾を手関節の回外回内動作でしぼります。

・大豆をピンセットではさみます。

・洋服をハンガーにかけます。

・包丁で切りやすい野菜（キュウリ等）を切ります。

・スポンジタワシで食器を洗います。

・雑巾でテーブルや床をふきます。

・タオルで身体をふいたり、こすったりします。

・粘土ベラで棒状の粘土や平たい粘土を切ります。

・小さな金槌で板をトントンと打ちます。
・しゃもじでご飯を茶碗によそいます。
・おたまで汁物を器に入れます。
・子供用のフトンをたたんだり，敷いたりします。

道具の使い方からわかることは道具を使う手は、日常生活動作や身辺動作から活動を始めるということです。ということは道具を使う手を育てるには、子供に積極的に家事のお手伝いをさせたり、自分の身のまわりのことを自分でやらせるようにすることが必要であるということです。おりしも二歳前後より子供は家族のしていることに興味をもつようになり、家族のしていることを真似してやりたがるようになります。そしてできると「やったよ」とほこらしげに言います。子供は道具を使いたくて使うので自然に上達していきます。二～三歳は道具を使う手を育てる好期といえます。

4、子供にとって道具とは？

子供は二歳代になると自我が芽ばえるので、自分のことは自分でやりたがるようになります。たとえば、自分で服の着脱をしたがったり、お箸を使いたがったり、自分の食器は自分で配膳をしたがるようになります。さらに、子供は自分のことだけにとどまらないで母親のすること、たとえば掃除、洗濯、料理、配膳、食器の片づけなどを一緒にやりたがるようになります。まるで子供が道具を使う手を育てようとしているかと思うほどさまざまな道具を使うことに興味をもちます。

ではこの時期の子供は果たして箸や茶わんやハサミや歯ブラシ等を道具としてとらえているのでしょうか。たとえば、二～三歳の子供の前に自動車としゃもじを並べて子供の反応をみてみます。

子供は自動車を手にとると「ブーブー」と言いながら動かします。まさに自動車で遊んでいる姿です。次にしゃもじを手にとると子供はご飯を茶碗によそいます。

大人の目から見るとしゃもじを道具として扱っているように見えますが、子供にとってはしゃもじでご飯をよそう行動は、自動車を走らせて遊ぶ行動と同じです。

つまり、子供にとっては、しゃもじも自動車と変わらない玩具のようなものなのです。

子供は玩具を扱うような感覚でいろいろな道具を扱うということです。

5、道具ならではの展開

子供は道具を使ってみると、玩具で遊ぶ時とは全く違った展開があるので、ワクワクします。たとえば、母親がスポンジタワシで皿を洗っている最中に、用事ができてそのまま洗剤を含んだスポンジタワシを放置しておいた時、子供がスポンジタワシを見つけると、スポンジタワシをいじりはじめます。スポンジタワシを握りしめるとシュワッと泡がでます。子供はおやっと思って再び握りしめます。するとまた泡が出ます。

子供は泡が出ることに興味をもって何回もスポンジタワシを握りしめます。こうした展開は玩具遊びでは体験できない面白い展開です。

また、母親と一緒に掃除機をかけると、散乱している小さな紙きれが掃除機の中に吸い込まれていきます。このことも子供にとって興味あることです。

このように道具を使ってみると、ふだんの遊びでは体験できない展開が起こります。

こうした展開は道具ならではの展開です。子供の好奇心を十分に満足させます。

6、道具を使わせ始める好期

子供が道具に興味を持ち玩具のように道具を使いたがる時期は、道具を使わせ始める好期といえます。道具は必要になれば使わざるを得なくなるのだから、あえて幼児期に道具を使わせる必要はないと思われがちです。しかし、幼児期は道具を玩具のように楽しみながら扱うのですから、道具を使わせ始める好期なのです。

この時期にさまざまな道具を使う体験をすると、学ぶ手が道具の使い方を習得します。このことが将来、本格的に道具を使うようになった時に役立ちます。たとえば、子供の頃に包丁の使い方を学んだ手は、大人になって本格的に包丁を使うようになった時に、無理なく包丁を使いこなします。これが学ぶ手の特徴です。

子供が道具を使いたい好期に、さまざまな道具を使わせる体験をさせることが大事です。

＊考察9＊ 学ぶ手

①頭のいい子

「この子は頭のいい子だね」と評することがあります。いうしたいいまわしは昔からありました。たとえば、ブロック遊びで子供が大人でも作れないような手のこんだ作品を作り上げると「頭のいい子だね」と評します。では手のこんだ作品を見て「頭がいい」と評することは適切な評価でしょうか。

子供（五歳）が時間をかけてブロックでロボットを作り上げました。そのロボットは今にも動きそうなほど精巧にできています。頭もあり手や足は左右対称についていてちゃんと立ちます。大人でも作れないような手のこんだロボットです。このロボットを見た人は口々に「すごいね、頭のいい子だね」と評しました。ロボットは目に見えるものですが、知恵は目に見えないものです。人々は目に見える物から、目に見えないものを評価するわけです。このことは知恵の育ちと、学ぶ手とを適切に関連づけた評価といえます。

さて、こうしたすばらしいロボットは、突然に作れるようになるわけではありません。子供がブロックで遊び始めたのは二歳頃でした。それから時々ブロック遊びに興じたり、さまざまな作品を作ることに挑戦してきました。

はじめは単純にブロックをつなぎ合わせるだけでしたが、だんだんとはめ方に変化をつけるようになりました。はめ方しだいで違った作品が作れることに興味を覚え、新しいはめ方に次々と挑戦するようになりました。新しいはめ方は、友達の作品を見たり、大人から新しいはめ方を教えられたりして学んできました。

すなわち、学ぶ手が新しいはめ方を学ぶことでブロック遊びが上達したわけです。そしてついに大人をびっくりさせるほどの見事なロボットが作れるようになりました。

つまり、学ぶ手がブロックのはめ方を学んで学んだ末に「頭がいい子だね」と評される作品を作りあげたのです。こうした経過からロボットを作る知恵を育んだのは、学ぶ手であるということがわかります。

②学ぶ手が知恵を育む

子供は学ぶ手でさまざまなことを学びます。学ぶ手の活動は〇歳代より始まり、まねっこ芸や手遊び歌を学んだり、身辺動作を学んだり、家事を学んだり、遊び方を学んだり、道具の使い方を学んだりします。さらに、文字を読んだり、文字を書いたり、数を学ぶことにも関与します。では学ぶ手で学んだことはどうなるでしょうか。

手で学んだことは頭にくみ入れられます。次から次へと手で学んだことが頭にくみ入れられます。すなわち、手からの学びが増えることで、頭に学びの蓄積が起こります。

そして学びの蓄積からは素晴らしいものが産出します。それは知恵です。

子供は良い養育環境を与えることが大切であると言われますが、知恵という視点から考えると、学ぶ手にさまざまなことを学ばせるチャンスをたくさん与えることが大切であるということです。知恵の発達は目に見えないものです。どのようにして知恵が育まれるだろうと不思議に思いますが、実は赤ちゃんの時期から、手を使うことによって育まれているのです。つまり、三〜四ヵ月の赤ちゃんでもそばにあるガラガラに手をのばしてつかむ、つかんだガラガラをふり動かす。すると音が出る。ガラガラをふっては出る音を聞いて楽しむ。こんななにげない手の動きから、知恵が育まれ始めるということです。

手は頭の出先器官ですが、頭を育てることに手が関与しているのです。

③学ぶ手は生活を豊かにする

上手にハサミが使えるようになり、子供は切り紙を楽しむようになりました。机の上にはバナナやクッキーやチョコレートやジュースなど、切り絵の本から切り出された物がならんでいます。子供はハサミが使えるようになったので広告のチラシを見てもチョキチョキと切りまくります。切ることが楽しくてたまらないのです。母親が「まあ、おいしそうなチョコレートやお菓子や果物ね、いっぱい切ったのね」と言って驚くと、子供が「ママ、チョコレートをどうぞ」と言って、切り出したチョコレートをさし出しました。母親が食べる真似をして「おいしい！」と言うと、子供はニッコリしました。

母親は「ねえ、こんなにたくさんあるのだからお店屋さんごっこをしようよ」と提案しました。「ママが買い物をするから並べてね」と言うと、子供は「ウンいいよ、もっといっぱい切るからね」と言って切り続けました。さて、ハサミが使えるようになると、単に切るだけではなく、切り紙を楽しんだり、切り出した作品を使ったごっこ遊びができるようになります。また、自分で描いた絵を切ったり、それを箱にはりつけたりする工作をしていろいろな作品を作ることができるようになります。その他文字が読めるようになると、絵本を読んだり、カルタ遊びを楽しめるようになります。

このように学ぶ手は、子供の生活を豊かなものにします。

第九章

つくる手

1つくる手

つくる手とは物を作る手のことです。

現代は物が豊富です。食べ物、着る物、日用品、レジャー用品、自動車等欲しい物が何でも手に入る時代です。現代の物とは違いますが、大昔も物はありました。

人は大昔から物を作る営みをしてきました。この物を作る営みを支えているのが「つくる手」です。昔も今も変わらないさまざまな物を作る「つくる手」について考察します。

①つくる手の出現

「つくる手」の活動はいつ頃から始まるのでしょうか？　〇歳代は何かをつくることはできません。つくる手の活動の始まりを一歳三ヵ月頃の積み木遊びにみます。それは積み木を積むという行動です。この時期の子供は大人が積み木をつむのを見て、立方体の積み木を三個ぐらいつむようになります。積み木のタワーを作るのです。子供に積み木のタワーを作るという意識はありませんが、この行動に「つくる手」の出現をみます。

②つくる手の活動（幼児期）

「つくる手」は常に成長し続けます。幼児期につくる手がどんな物を作るか見てみます。

1、パズル遊び：たくさんのピースを組み合わせてパズルを作ります。

2、粘土遊び：粘土で食べ物や動物などを作ります。

3、ブロック遊び：ブロックを組み合わせて、ロボットや鉄砲やヒコーキなどを作ります。

4、切り紙遊び：切り出した絵を用いて作品を作ります。

5、ビーズ通し遊び：大小のビーズをひもに通してアクセサリーや飾り物を作ります。

6、折り紙遊び：折り紙を折ってヒコーキや動物や昆虫や花などを作ります。
7、ちぎり紙遊び：紙を小さくちぎって、その紙片をはりつけて動物や車や花等を作ります。
8、砂遊び：砂をつみあげて山を作ったり、砂を掘って川や池などを作ります。
9、ままごと遊び：砂や草花や石ころなどを使って、弁当やケーキやプリンなどを作ります。
10、料理作り：簡単な料理（サラダ、ケーキ、クッキー、味噌汁等）を母親と一緒に作ります。
11、作品作り：廃材（牛乳パック、空き箱、ペットボトル等）を使って作品を作ります。

パズル遊びにしてもブロック遊びにしても砂遊びにしても何かを作っている最中は、子供は一心不乱に作業をつづけます。母親が「おやつですよ」と声をかけても「これを作ってから食べる」と言います。いつもは「おやつですよ」と言うと、直ぐにとんでくるのに、おやつにも誘惑されません。子供が作品作りの遊びに没頭するのは、何かをつくる遊びにはワクワクドキドキさせられる展開や作る楽しみがあるからです。

2 つくる手の育ち

つくる手はどのようにして育つのか、小麦粘土遊びからつくる手の育ちを考察します。

①小麦粘土で作品をつくる

A君は四歳です。この時期になると小麦粘土でさまざまな作品を作るようになります。テーブルの上には小麦粘土で作ったいくつかの作品が並んでいます。母親が「たくさん作ったわね、あれっ白くて丸い固まりの上に赤い小さな物がのっている。これはなあに？」と尋ねると、子供が「イチゴケーキだよ」と答えました。

次に母親が黄色の平たい四角い粘土を指さして「これはなあに？」と聞くと「ビスケットだよ」と答えました。よく見るとポツポツと小さな穴まである手のこんだ作品です。

折り紙の上に白い球が三個のっているのを見つけて、母親が「これは団子ね、おいしそう」と言うと、子供が「ピンポーン！ママ食べていいよ」と答えました。母親が団子を食べる真似をして「ワーッおいしい、みたらし団子の味がする」とほめると、子供はすごいでしょうと自慢そうな表情をみせました。その他にもラーメンや寿司があります。

ラーメンはインスタントラーメンのカップに、黄色の細い棒状の粘土の上に、具と思われる赤やみどりのちぎった折り紙がのっています。

寿司は白い粘土の塊を黒い折り紙で巻いてあります。母親は「お寿司やラーメンも作ったのね、まるでコックさんのようね」とほめました。子供は「おむすびを作ってるんだよ」と言って、両手で包み込んでいる白い粘土の塊を見せました。子供の頭の中にはまだまだ作りたいものがたくさんあるようです。

子供は小麦粘土でイチゴケーキやビスケットや団子やラーメンや寿司等を作りました。では四歳になると誰でもが小麦粘土でイチゴケーキやビスケットや団子やラーメン等の作品を作ることができるようになるのでしょうか？　いいえ皆が皆作ることができるようになるわけではありません。A君が小麦粘土でさまざまな作品をつくることができるのは、つくる手が育っているからです。しかも母親が驚くような作品をつくることができるレベルにまでつくる手が育っていたからです。

ではどのようにして小麦粘土の作品つくりができるほどに、つくる手が育ったのでしょうか？A君の小麦粘土との出会いにまで、さかのぼってつくる手の育つ経過をみてみます。

②小麦粘土との出会い

母親が「これ小麦粘土よ、きれいでしょう」と言って、子供（二歳）の前に赤い粘土の塊をさし出しました。これが小麦粘土との出会いでした。

子供は初めて小麦粘土を見ました。子供は「何だろう?」と好奇の目を向けて粘土に手を伸ばしました。子供が粘土の塊をつかむと手の中でグニャとなりました。粘土の感触も始めての体験です。子供は両手で粘土をいじりまわしました。

ボールならばボールを手放すと転がります。絵本ならば頁をめくると次々と絵がでてきます。粘土をいじりまわしてもボールや絵本のような展開が起こりません。

子供はしばらくいじりまわしましたが、何の展開も起こらないので机の上に粘土を戻しました。それもそのはず子供は粘土の遊び方を知らないのです。そこで母親は遊び方を教え始めました。母親は「何ができるかな?」と言って白い粘土の塊をゴロゴロ転がして棒状にしてから、棒状の粘土をヘラで切りました。そして小さな粘土の塊を両手で丸めて球を作りました。「ほら、お団子ができた」と言って子供の目の前に白い球をさし出しました。続けて緑、ピンクの球を作ると紙皿にのせて「お団子をどうぞ」と言って子供の前におきました。子供は目の前のきれいな三色団子に「おや?」とした視線を向けました。続けて母親は「次は何ができるかな?」と言って黄色の粘土の塊をゴロゴロと転がして形を整えてバナナを作りました。母親は「バナナをどうぞ」と言ってバナナをさし出しました。子供はバナナが大好きなのでバナナを受けとるとニッコリしましたが、しばらくバナナをながめていましたが、きつく握ると手の中でグニャとなりました。

子供はつぶれたバナナをじーっと見ていました。母親が「あらあらバナナがつぶれてしまったね、次はもっとおいしいものを作ってあげるわね」と言って、茶色の粘土の塊をトントン叩いて平たく延ばしました。そしてヘラで四角形や三角形や丸の形を切り出しました。「クッキーをどうぞ!」と言って数個のクッキーを紙皿にのせました。クッキーを見ると子供の顔がパーッと明るくなり、そーっと手でさわりました。

クッキーにさわった後、子供は母親の方に視線を向けました。

「ママ次は何を作るの？」の期待のこもったまなざしです。そこで母親はドーナツを作りました。子供はドーナツを手にとると口にもっていきました。母親はあわてて「ダメダメ、このドーナツは食べられないの、本物のドーナツでなくてごめんね」と言いました。

あまりにも本物そっくりで食べてみたくなったのです。

③作品を見て作る作業に興味をもつ

A君が粘土に興味をもちはじめたのは二歳代です。そのきっかけはママが作った三色団子です。A君は三色団子を見て、「おや！これは？」と驚きました。バナナは手で握ったらグニャグニャになりました。次にクッキーができた時はそーっとクッキーに手を伸ばしました。こうした一連の行動から団子からバナナへ次にクッキーへと新しい食べ物ができる度に、作品に対して興味がふくらんでいったことがわかります。

さて、母親が作る作品に対する興味がふくらんでいく一方で、A君は母親が団子やバナナやクッキーを作る作業も見ていました。粘土が母親の手にかかると団子やバナナやクッキーという食べ物に作りかえられます。A君はそのことにも興味をもちました。A君は興味をもつと小麦粘土にさわってみたくなりました。

このように作品に対する興味は、作品を作る作業に広がりました。

④母親の手つきを真似する

子供は粘土で作品を作る作業に興味を持つようになると、母親が粘土で作品をつくる作業をじーっと見つめるようになりました。見つめた後には母親と同じように粘土をいじりはじめました。そこで母親の手つきの真似が起こります。

たとえば、母親が粘土の塊をこぶしでトントン叩いて平たくする作業をすると、子供も真似をして小さな粘土の塊を小さな拳でトントン叩きます。母親が「トントン」と言いながら叩くと、子供も「トントン」と言いながら叩きます。

子供は時々母親の方を見てニコッとします。母親と同じように粘土をいじるのが楽しくなっていきます。母親は「トントン面白いね、だんだん平たくなっていくね、おせんべいみたいね」と作業を励まします。次に母親が平たく延ばした粘土に四角形のおし型をのせて、おし型を手のひらでギュッと押して四角形の粘土を作ると、まねをして子供も自動車のおし型を平らな粘土の上にのせて、手のひらで押しました。でも力が弱いので抜けません。

そこで母親が「ヨイショって押すのよ」と言って、子供の手に自分の手を重ねて押し方を教えました。自動車が抜けると子供は大事そうに自動車を手のひらにのせてしばらく眺めていました。自分で粘土の自動車が作れたことが嬉しくてたまりません。

続けて子供は花のおし型にも挑戦しました。今度はうまく抜けるかなと期待をこめてヨイショと力を入れておし型を押しました。なんとか花が抜けました。子供は自分が型ぬきした自動車と花を並べてしばらく見入っていました。次に、母親が粘土の塊を棒状にするために、両手でゴロゴロし始めると、早速子供も母親の手つきを真似して小さな粘土の塊を転がし始めました。母親のように棒状にもっていくことは無理で粘土の上を手がすべります。母親が棒状の粘土をヘラでカットし始めると、子供は切っている棒をよこどりしてヘラで切ろうとしました。このように母親と一緒に粘土をいじっているうちに、しだいに子供は粘土遊びに興味をもつようになりました。

⑤動作模倣の術で学ぶ

子供は初めて小麦粘土の塊を見た時は、何であるかがわかりませんでした。それが母親の手にかかると、なんでもない粘土の塊が団子やバナナやクッキーに変身しました。子供はまず団子やバナナやクッキーなどの作品に興味をもちました。次に団子やバナナやクッキーを作る作業に興味をもちました。子供は興味をもっとやってみたくなりました。子供がやってみたくなった時に出る行動が、動作模倣です。

子供は母親が粘土を扱う手つきを真似しました。真似をして粘土の扱い方や道具の使い方を学びました。子供はひと通り粘土の扱い方や道具の使い方を学ぶと、一人で粘土遊びをするようになりました。粘土遊びをくり返しているうちに作品が作れるようになると、ますます粘土遊びの面白さがわかるようになり、積極的に粘土遊びをするようになります。

⑥一人で粘土遊びをする

子供が一人で小麦粘土で遊んでいます。母親はこれまで二人で何回か粘土遊びをしてきたので、やっと一人でやってみる気になったのかなあと嬉しくなり、しばらく様子を見ることにしました。机の上に大小のさまざまな形状の粘土がおかれています。子供がゴロゴロ転がしたり、ヘラで切ったり、手でちぎったり、丸めたりしたものです。子供は黙々と粘土をいじりまわしています。母親は「ワァ！これお団子みたいね」と言って白い球状の粘土をつまみあげました。他にもピンクやみどり色の球状の粘土が数個あります。

母親は球状の粘土を三個つまむと竹串にさしました。机の上にある時は何の変哲もない球状の塊が竹串にさされると、串団子に変身しました。子供は思いがけない展開にニッコリしました。つづけて母親は青色の棒状の粘土を指さして「これヘビみたいね、大きなヘビね」と言いました。子供はヘビを作るつもりで太い棒を作ったわけではないので、ヘビと言われて、びっくりしました。でも子供は内心ヘビと見立てられたことに満足しました。子供ははじめから作品が作れるわけではありません。でも母親と一緒に遊んだ時のことを思い出して、粘土を球状にしたり、棒状にしたのです。でも母親がそれを見て団子やヘビと見立ててくれたことで自信がつきます。もっと作ってママを驚かしてやりたいと発奮するようになります。こうした大人の励ましはつくる手を上達させます。

次に子供が作ったものは一〇個の緑色の小さな球状の粘土です。それを見て母親は緑色の小さな球状の粘土をひとまとめにしました。「ぶどうみたいだね、おいしそうね」と言って一粒とって食べる真似をしました。その姿を見て子供はニッコリしました。

さて、母親は子供の作った形状の異なる粘土の塊を見た時「団子みたいね」と言ったり、「ヘビみたいね」と言ったり、「ブドウみたいね」と言いました。

子供は「〜みたい」と母親に評価されたことで、発奮してもっと「〜を作ってみたい」という意識をもって粘土の作品づくりに挑戦するようになりました。

粘土に限らず子供の見立て遊びを育てるには、「〜みたい」の言葉かけが必要です。見立て遊びにおいてはこの「〜みたい」の言葉は最高のほめことばだからです。

子供は粘土をいじっていても、ちゃんとした作品が作れるかなあと不安です。それが「〜みたい」と評されると、不安がふきとび、こうやって作ればいいんだと思うようになり、粘土遊びに自信をもちます。実は「〜みたい」のことばは、見立ての作品作りに誘導することばなのです。見立て遊びは四歳になれば出るというものではなく、「〜みたい」ということばかけが見立て遊びへと誘導します。遊びの成長には大人のリードが必要なのです。

⑦ケーキ作りに挑戦する

1、母親と一緒にケーキを作る

子供が粘土遊びをしている時、母親は型ぬきやローラーやヘラ等の道具を使うことも教えました。子供は道具を使うと遊びに変化がつきます。子供は道具を使うことで粘土遊びが一段と楽しくできるようになりました。

ある日のこと子供が「ママ一緒に粘土遊びをしようよ」と母親を誘いました。

「いいわ、ところで何を作りたいの？」と母親が聞くと、子供は「僕ね、大きいケーキを作りたいの」と言いました。母親は大きいケーキを作るには粘土だけで作るのは無理だなあと思いました。そこで空き缶を利用することを思いつきました。

母親は「大きいケーキをつくりたいのね、いいこと思いついたわ」と言うと、母親はクッキーが入っていた丸い空き缶を持ってきました。母親は「この缶を使うと大きいケーキがかんたんに作れるのよ、どうすればいいと思う？」と問いかけました。

子供はしばらく考えていましたがわかりません。そこで母親は白い粘土の塊をローラーで平たくのばし始めました。すると子供が「僕がやる」と言ってローラーをとると、ローラーで粘土をのばしはじめました。みるみるうちに塊が平たくなっていきました。母親は「ローラーが上手になったわね」と手つきのよさをほめました。以前と違ってローラーを押す手に力が入るようになっています。

母親は「平らな白い粘土をどうすると思う？」と子供に問いかけました。子供はしばらく丸い缶と白い粘土をながめていました。「ママわかった、粘土を缶の上にのせてスポンジケーキを作るんでしょ」と言いました。母親が「ピンポーンよくわかったね、粘土を缶の上にのせてごらん」と言いました。子供が白い粘土を缶の上にのせると、なんと円形のスポンジケーキができ上がりました。

子供は目を白黒させて「ワーすごい！」と言って手を叩きました。「ママここにイチゴをのせたり、ロウソクもたてようよ」と興奮して言いました。子供の頭の中にはバースデーケーキがイメージされているのです。

　母親は「いいわね、イチゴはどうするの！」とまたもや問いかけました。子供は「イチゴって赤くて丸いね、あっそうだ、赤い粘土を丸めればいいんだ」と答えました。

　子供は赤い粘土を小さくちぎると手で丸めました。少しいびつな形ですが球形になっています。母親は「丸めるのも上手になったわね」と手つきをほめました。

　赤い球をケーキの上にのせるとイチゴのように見えるから不思議です。子供は「すごいでしょ」と得意そうな表情をみせました。

　「ロウソクを立てたいんだけれど、どうすればいいの？」と今度は子供の方が問いかけてきました。母親が「いいこと思いついたわ、ストローを持っていらっしゃい」と言いました。子供は「わかった、ストローをロウソクにするんだね」と言うと、台所にストローをとりに走っていきました。母親がストローをハサミで切り始めると、子供が「僕がやる」と言ってストローをハサミで切って長短のロウソクを作り、五本のロウソクをケーキに立てました。子供はイチゴとロウソクの願いが叶えられたので小躍りして「バースデーケーキができた」とあちこちからケーキをながめました。

　母親はデコレーションに物足りなさを感じました。そこで思いついたのが、アンパンマンを飾ることです。母親は「ここにアンパンマンを飾ったらにぎやかになるわね」と中央部を指さして提案しました。子供は「どうやって飾るの？」と尋ねました。

　母親が「あのね、アンパンマンの切り絵を立てるのはどうかしら？」と提案しました。

　「ママすてきだね、僕アンパンマンを作るね」と言うと、子供は早速アンパンマンの絵を書いて、ハサミでアンパンマンの絵を切り出しました。

　子供は大好きなアンパンマンでケーキを飾るのかと思うとワクワクしました。

　子供は切り出したアンパンマンの絵をケーキの

中央にそっと置きました。

アンパンマンはまわりのイチゴやロウソクの飾り物を一段とひきたてました。

子供は「アンパンマンのバースデーケーキだ、すごいね！」と歓声をあげました。

子供はしばらくの間ニコニコしながらケーキを眺めていました。「早くパパに見せたいね、パパびっくりするかな？ねぇ！ママまた何か一緒に作ろうね」と言いました。

2、見立て遊びは育てるもの

さて、バースデーケーキ作りをとおして子供はまた新しいことを学びました。それは粘土以外の物が作品作りに使えるということです。クッキーが入っていた丸い空き缶がスポンジケーキに、ストローがロウソクに、切り絵がデコレーションのひとつになりました。

今までは粘土だけで作品を作っていたので、粘土以外の物を使うことなど思いもつかないことでした。バースデーケーキ作りは粘土遊びの幅を一段と広げることになりました。

このように粘土以外の材料を使うと、粘土遊びに変化が起こり、見立て遊びの幅が広がります。子供が大きいケーキを作りたいと思ったのは、今までママと一緒にとりくんできた粘土遊びの体験が、見立て遊びの段階にまで成長していたからです。見立て遊びはある日突然とか、年齢がくればできるのではなく、つくる手が成長することで見立ての作品が作れるようになります。見立て遊びも育てるものです。

3 学ぶ手はつくる手の生みの親

①ひたすら学ぶ

小麦粘土遊びでバースデーケーキの見たての作品を作ることができるようになるまでの経過から、どのようにしてつくる手が育くまれるかが推察できます。

子供は初めて小麦粘土を手にした時は、何であるかがわからず、興味をもちませんでした。それが母親の手にかかると、小麦粘土の塊が団子やバナナやクッキーに変身しました。

このことがきっかけとなって子供は、小麦粘土に興味をもつようになりました。

次に小麦粘土を変身させていく母親の作業に興味をもつようになり、ついに子供は小麦粘土をさわるようになりました。子供はさわってはみましたが、小麦粘土をどう扱っていいのかわかりませんでした。子供は母親が小麦粘土を扱う手つきをじーっと見て手つきを真似しました。真似をして小麦粘土をいじりまわすことから、小麦粘土の遊び方を学び始めました。子供は動作模倣の術を使って、小麦粘土の遊び方を学びました。

このように母親と一緒に小麦粘土をいじりまわしているうちに、子供は小麦粘土の遊び方を習得していきました。さらに、道具の使い方を学んだり、小麦粘土以外の物を利用すると、見立ての作品が上手に作れることを学びました。

つまり、小麦粘土遊びが上達してパースデーケーキを作らしめたのは、ひとえに学ぶ手が小麦粘土の扱い方や道具の使い方などを学び続けたからです。

このことからわかることは学ぶ手は学んで学んでひたすら学んだ末に、作品を作るというつくる手に生まれ変わるということです。一言でいうならば、「つくる手の生みの親は学ぶ手である」ということです。こう考えると、四～五歳頃に子供が小麦粘土に限らずブロックでロボットやヒコーキを作ったり、廃材（ペットボトル、牛乳パック、新聞等）を利用して乗り物や動物や食べ物等を作ったりするようになることは、学ぶ手が順調に育っていることの証ととらえることができます。

②アイディアは体験から生まれる

小麦粘土で見立ての作品を作るには、小麦粘土の遊び方が上達することが必須であることは言うまでもないことですが、では小麦粘土の遊びをくり返していれば、見立ての作品を作ることができるようになるのでしょうか。

このことを考える時、参考になるのは、子供が母親と一緒に大きいケーキを作った時の子供の行動です。子供は自分から大きいケーキを作りたいことやイチゴやロウソクでデコレーションしたいことを主張しました。こうしたアイディアが出たのは、以前に大きいケーキやイチゴやロウソクでデコレーションされたケーキを見たり、食べたりした体験があったり、バースデーケーキを見た体験があったからです。

何もないところにアイディアは出ません。すなわち、アイディアを生み出すには体験が必要です。たとえば、ラーメンですが、ラーメンを作ろうかなと思うと、頭に本物のラーメンが浮かんできます。そこでラーメンはどうやって作ろうかなと考えます。

すると麺は黄色い粘土を細い棒状にしよう、のりは緑色の折り紙を四角に切って作ろう、焼き豚は茶色の折り紙をちぎろうと、つぎつぎにアイディアが浮かびます。こうしたアイディアが浮かぶのもラーメンを見たり食べたりした体験があるからです。

ラーメン作りからわかることは見立ての作品が作れるようになるには、粘土遊びを学ぶことに加えて見たり食べたりの体験が必要であるということです。

ラーメンを見たり食べたりした体験が見立てのラーメンという作品を作り出すことを考えると、アイディアは体験から生まれることがわかります。

4 つくる手は魔法の手

①つくる手は魔法の手？

家庭において子供がつくる手の活躍を目にする場面といえば、料理を作る場面です。

では料理を作る手は、子供の目にどのように映るのでしょうか。子供のことばを聞いてみましょう。子供が料理を作っている母親のところにやってきて「ママ何作っているの？」と言いました。「カレーライスを作っているのよ」と母親が答えました。

「ワーッうれしい、僕カレーライス大好き、ママ早く作ってね」と言うとまた遊びに戻っていきました。しばらくたつと子供が再びやってきました。カレーの臭いにさそわれて待てなくなったのです。子供は「ママ、カレーできた？」と尋ねました。子供はカレーライスが早く食べたくてたまりません。「ママ見せて」とおねだりしました。

「ママ見せて」に答えて、母親は鍋のフタをとって子供に見せました。

「ワーッおいしそう、早くできないかな」と言っては、数回カレーの鍋をのぞきにきました。やがてカレーができ上がりました。母親と子供はカレーライスを食べ始めました。「ママおいしいね、これなあに？」と人参を指さしました。

「それは人参よ」「フーン」「ではこれは？」とジャガイモを指さしました。

「それはジャガイモよ」「アッお肉も入っている」子供はお肉を見つけるとパクッと口にいれました。「おいしいね」と言いつつ、パクパクカレーライスを食べました。その姿を見て、母親は作りがいを感じました。

子供はカレーライスをペロッとたいらげると「ママの手は魔法の手だね」と言いました。「えっ！どうして？」と母親はびっくりして聞き返しました。子供は「ママの手はカレーやシチューやプリンやケーキやクッキーなどを作るでしょう。だからママの手は魔法の手なんだよ」と言いました。「まあ面白いことを言うのね」母親は魔法の手と言われて、自分の手を見つめました。子供ってなんて面白い表現をするのでしょう。そうなのです。子供の目にはケーキやプリンやカレーやハンバーグをつくるママの手は、魔法の手のように映るのです。

1、つくる手に驚嘆する

子供はママの手は魔法の手だと言いましたが、大人もつくる手が魔法の手ではないかと思わされることがあります。それは何百年もの風雪に耐え抜いた神社、仏閣などの建造物を見た時です。当時どのようにしてこの木造の建物をつくったのだろうといろいろと思いをめぐらします。当時の建築はすべて手作業でなされたことでしょう。

山から木を切り出すにしても、その木を製材するにしても人の手でなされました。またその木を組み合わせて建物を造ることもすべて手作業でなされました。

こうした匠の技をしのぶ時、匠は魔法の手をもっていたのではないかと思わされます。

すぐれた彫刻や陶芸などの芸術作品や大昔の芸術作品を見た時、何百年へても作られた当時と変わらない光を放っていることに匠の術をみます。大昔の芸術作品や建造物の前に立つと、「匠の手は魔法の手でなくて何だろう」としか思えなくなります。

子供が母親のお料理を作る手を「魔法の手」と言ったのも、無理からぬことです。つくる手がなんであるかを、適切に表現した言いまわしです。

2、魔法の手に魅せられる

母親が台所に立って料理を作っていると、必ずといってよいほど子供は何を作っているのかなとのぞきにきます。母親が料理を作り始めると献立が気になるからですが、もうひとつ魔法の手に魅せられているからです。魅せられた子供は、母親が料理を作っている行動をよく観察するようになります。そのうちに観察だけではすまなくなって手を出したがるようになります。こうした子供にうってつけの料理はクッキー作りです。手順が簡単で子供が粘土遊びのような感覚で作業に参加できるからです。

では子供がどのようにクッキー作りに参加するかみてみます。

②クッキーをつくる手の育ち

1、一歳代

母親が生地をこねる作業を子供は見ていました。母親が「クッキーを作るのよ、おやつに食べましょうね」と言ってこねつづけていると、子供が生地に手をのばしました。

母親は「やってごらん」と言って、生地を少量手渡しました。子供は生地をうけとると「これは何かな?」としばらくながめていましたがポイと投げすてました。

次に母親が生地を麺棒でのばし始めると、子供はころがる麺棒に興味をもって麺棒を母親からとりあげました。母親は「あら困ったわ、じゃあ一緒にゴロゴロしましょうね」と言って、子供を生地をのばす作業に参加させました。次は型ぬきです。

母親が花の型ぬきをして「ほらお花ができた」と言って花の形をした生地をさし出しました。子供は花の生地をうけとると、しばらくながめた後に手の中でにぎりつぶしました。

子供は自動車の型ぬきを見つけると、母親に自動車の型ぬきをさし出しました。母親は「自動車を作りたいのね」と言って、自動車の型ぬきをのばした生地の上におくと「ほらポンポンしてごらん」と言って、子供の手をとって一緒にポンポンとたたきました。

その後で母親は自動車の型をぬきました。母親が「自動車ができたよ」と言うと子供はニッコリしました。

2、二歳代

母親が生地をこねていると、子供が生地に手を伸ばしてきました。

母親は子供がやりたそうにしているので、生地を少量ちぎって子供にさし出しました。

子供は嬉しそうに小さな生地の塊をうけとると、母親の手つきを真似し始めました。うまくこねられませんが手つきだけは一人前です。次に母親がこねた生地をめん棒でのばして、平たくし始めると、子供はめん棒に手を出して「僕もやる」と言いました。

子供はめん棒を受けとると、小さい生地をのばしました。すると生地の塊が平たくなりました。次に母親がのばした生地にハートや花や三角や四角の型ぬきをおいて型抜きをしました。それを見ていた子供は自動車や星の型ぬきを自分の小さな生地の上におきました。

母親の真似をして上から押しましたが抜けません。そこで母親の応援をたのみました。

母親は「一緒にやろうね」と言って、子供の手に自分の手を重ねて型ぬきを手伝いました。自動車と星の型ぬきができると、ニッコリして自動車と星を大事そうに手にのせました。次に母親がオーブンの鉄板の上に、ハートや花や三角形の生地を並べ始めると、子供も自分が作った自動車や星を並べました。後は焼きあがるのを待つばかりです。

ここまでの作業は小麦粘土で作品を作る作業と同じです。母親は「頑張ったね、きっとおいしいクッキーができるよ」とほめました。子供は自分が作った自動車や星の形のクッキーが焼き上がるのをワクワクして待ちました。

3、三歳代

母親がクッキーを作る準備をしていると、子供がやってきて「ママクッキー作るの?」と聞きました。母親が「よくわかったね、クッキーを作るのよ」と答えると、子供は「僕お手伝いしたい、ママ生地をこねるのできるよ」とやりたい気持ちをアピールしました。

「じゃあお手伝い頼むわね」と言って、こねやすくした状態の生地を手渡しました。子供の手にはもて余す分量ですが、手つきは母親そっくりです。仕上げは母親の仕事です。

次の生地をのばす作業も子供が母親から綿棒をとりあげてやり出しました。

母親が「うまくなったね」とほめました。少しずつ生地の塊の形状が変わっていきます。子供はある程度のばすと「ママやってー」と応援を頼みました。母親は型ぬきが子供でもできるようにと、いつもより生地を薄くしました。

子供は型ぬきを持って待っています。生地が平らになるとウサギや四角形や丸の型ぬきを生地の上に並べました。子供が「うさぎやる」と主張してウサギの型ぬきをギュッギュっと押すと見事に抜けました。子供は「ママ　ウサギできたよ」と歓声をあげました。

子供は一人で型を抜くことができたことが嬉しいのです。母親は「すごいね、他の型も抜いてごらん」と励ますと、四角形を抜きました。

さまざまな形のクッキーができました。母親は「たくさんお手伝いができるようになったわね」とさまざまな作業ができるようになったことをいっぱいほめました。

子供は三歳になると自力で生地をこねたり、めん棒で生地をのばしたり、型ぬきができるようになります。うまくできない時だけ、母親が手を貸せばクッキー作りの全工程の作業をこなすことができるようになります。

4、四歳代

母親がクッキー作りの準備を始めると、子供がやってきて「僕がクッキーを作るからママは見ていてね」と言い出しました。母親は子供が自分からクッキーを作ることを宣言したのでびっくりしながら、材料の調合や道具を用意してあげました。

母親が材料を調合してこね始めようとすると、子供が「僕がこねる」と言ってこねはじめました。手にべとついたり、大きな塊を扱いかねたりして、母親のようにこねることができません。しばらく頑張ってこねた後「ママお手伝いして」と言って、仕上げを母親に頼みました。母親は「お手伝いするね」と言って生地をこねました。すると子供が「ママ上手だね」とほめました。あら今日は立場が逆だわ、今までは自分が主体になって作っていたので、ママのようにふるまって作る子供の姿がたのもしくみえました。

　次は麺棒で生地をのばす作業です。のばす作業は堂にいったもので、一人でやりとげました。型ぬきの場面では「僕が星とウサギをつくるから、ママは丸と四角を作ってね」と指図しました。型ぬきが終わると子供は「ママこれをオーブンに入れてね」と指図しました。さらに焼き上がると「クッキーを皿につけてね」と指図しました。母親はこれまでとは違うクッキー作りの展開にとまどいつつも、子供の指図に「ハイハイ」と言って従がいました。こうした母親に指図するふるまいは出てしかるべきふるまいです。これは四歳代の大人の役割分担のふるまいだからです。

　クッキーをつくる手が育った経過からわかることは、母親と一緒にクッキーを作りながら、クッキーの作り方を手が学び、学んだ手がクッキーを作る手へと成長するということです。子供にとって自分でクッキーが作れるようになることは、とても嬉しいことです。自分で作ったクッキーを家族が「とてもおいしいよ、クッキー作りが上手ね」と言いながら食べてくれると、つくる喜びは倍増します。

5、クッキーを作る

　母親のクッキーを作る手に魅せられて、一〜二歳頃より少しずつ手を出してお手伝いをしているうちに、三歳頃にはクッキーの作り方を覚えます。四歳頃には母親になりきってクッキーを作るようになります。しかし、この時期は何もかも一人でできるわけではなく、母親の援助が必要ですが、子供が主体となってクッキー作りの全作業が遂行できるようになります。このレベルに至るまでは、手が学んで学んで学び続けます。

　たとえば、型ぬき作業ですが一歳代は母親に手をとって型ぬきの仕方を教えられます。二歳代は母親の手つきを真似することで型ぬきの仕方を学びます。三歳代では時々母親の助けをえながら型ぬきをして上手な型ぬきの仕方を学びます。そして四歳代になると、自力で型ぬきができるようになります。

このように一歳代からの学びが結集してつくる手が誕生します。

ところで母親は子供にクッキー作りを教えようと思って、一緒にクッキーを作ったわけではありません。子供が母親のしていることに興味をもち、母親のしていることを学びたいという気持ちから、クッキー作りに参加させたのです。クッキー作りは子供に料理を作ることの面白さを体験させました。クッキー作りには玩具遊びでは体験できない面白さがあるからです。それは小麦粉や牛乳やバターや砂糖などがクッキーに変身するからです。

また、麺棒で塊を平らにしたり、型ぬきの道具でさまざまな形を作ることは、玩具遊びでは体験できないものです。クッキー作りの体験は、他の料理作りにも興味をもたせます。

ところが大人はこんなに子供が料理作りに興味をもって、やりたがっていることに考えが及んでいません。母親が料理を作っていると、子供がやってきて母親のすることを興味津々で見つめます。こうした時母親は「もうちょっと待っていてね、もうすぐできるから」と言います。子供は料理作りに興味があってのぞきこんでいるのです。

子供は母親の料理をつくる「魔法の手」の世界を探索したいのです。「ちょっと待ってね」ではなく、「ちょっと魔法の手の世界をのぞかせてあげよう」という対応が必要です。

5 料理をつくる手

①料理作りを手伝う

魔法の手の世界を探索したい子供は、クッキー作りを手伝うことだけでは満足できません。母親が台所に立つとそばにやってきて、あれやこれやと手を出したがります。

たとえば、母親がレタスをちぎっていると僕もやりたいとレタスをちぎります。野菜を洗っていると僕も洗いたいと野菜を洗います。鍋に食材を入れていると、まな板の上の切った食材をつまんで鍋に放りこみます。

ご飯を茶碗によそっていると、母親のしゃもじをとりあげて茶碗にご飯をよそいます。

また、汁物を汁椀によそっていると、おたまをとりあげて汁椀に汁物をよそいます。このように母親がしていることを何でもやりたがります。

さて、やりたくてやってみますが母親のようにできるわけではありません。手つきが危なっかしくてみていられませんが、そこは我慢するしかありません。野菜を洗えば床をビショビショにし、ご飯をよそえばご飯粒を床にこぼし、汁物をよそえば汁をこぼします。ところが野菜を洗ったり、食材を鍋に入れたり、ご飯を茶碗によそったりしている時の子供の表情はというと、嬉々とした表情をしています。

その表情をみると「やめてちょうだい」と言えなくなります。

また、食事の時、父親が「今日の味噌汁にはたくさん野菜が入っているね」と言うと「僕が野菜を入れたんだ」と自慢します。また、カレーライスを見て「おいしそうなカレーライスだね」と言うと「僕がジャガイモの皮をむいたんだよ、人参を切ったのも僕だよ」と得意そうに言います。味噌汁やカレーライスを作ったのは母親ですが、調理の一端に参加しただけで、自分が作った気になり自慢します。このように料理をつくることに興味を持つようになり、料理を作りたい、料理作りを学びたいとお手伝いをしたがるようになるのは二〜三歳頃です。この時期はお手伝い遊びの時期です。大人は面倒がらずに料理作りのお手伝いもさせることが大事です。

②料理作りを手伝いたいわけ

二〜三歳頃になると料理作りに興味をもつようになり、母親と一緒にやりたがるようになるのは、どうしてでしょうか。

1、料理作りを探索する

子供が母親のかたわらで一緒に野菜を洗ったり、野菜を切ったり、食材を鍋に入れたり、野菜を炒めたりしている時の子供の表情は嬉々としていています。お気に入りの玩具で遊んでいる時にみせる表情とそっくりです。こうした嬉々とした表情をみせるのは、お手伝いすることで子供が料理をつくる魔法の手の世界を探索できるからです。

魔法の手に魅せられている子供にとって、少しでも料理作りを手伝うことは、魔法の手の世界の探索なのです。少しでもお手伝いができると、料理作りに対する知的好奇心が満足します。知的好奇心が料理作りのお手伝いをさせるのです。

2、人のしていることをやりたい

一歳後半になると子供は周りの人がしていることに関心をもつようになり、動作模倣の術を使って人がすることを真似するようになります。たとえば、大人が歯ブラシを使って歯をみがいていると、真似をして歯ブラシを口に入れます。

また、友達がソファに寝ころんで絵本をよんでいる姿を見ると、真似をしてソファに寝ころんで絵本を見ます。二歳児は摸倣魔という異名がつけられているぐらい、何でも真似をします。真似は料理を作る手つきを真似することにも出ます。料理作りのお手伝いも摸倣魔のなせる行動のひとつです。

3、手の進化のプログラムを開花させる

イ、原始人の手の進化

原始人の一日の主な仕事は食料の確保でした。山野の植物や木の実を採取したり、鳥獣を狩猟したり、海や川の生き物を捕獲したりして、食料を確保しました。

当時は生き物を捕獲したり、狩猟したり、木の実などを採取する仕事は大変なものがありました。一日中山野をかけ回っても一匹の獲物さえも狩猟できなかったり、気候によっては植物の実りが悪かったりしました。そこで原始人は少しでも多くの食料を確保するためには、どうしたらいいのか

を考えました。そして仲間と協力することや狩猟する時、棒や石などを道具として使うと、採取や捕獲が容易にできることに気がつきました。また、海や川の魚や貝を捕獲する時も道具を使うと収穫が増えることに気がつきました。初めは食べ物を生で食べていましたが、火を起こす術を発明してからは、食べ物を煮炊きして食べるようになりました。長い年月を経た後には土器や石器の食器を作ったり、獲物を狩猟するための道具を作り出したり、漁猟するための道具を作り出すようになりました。

このような食べることに関する作業、すなわち食料を確保したり、火を起こしたり、煮炊きしたり、道具を使ったり、道具を作ったり等の作業をしたのは手です。食べることに関する作業によって、手の機能は大いに発達しました。

たとえば、もともと原始人の母指は短くて他の四指との対向動作はできませんでした。それが道具を使ったり、道具を作ったりする作業を長い長い年月にわたってくり返すことで、だんだんと母指が長くなり、母指と他の四指とを対向させて物を握ることができるまでに手を進化させました。つまり、人の手は長い長い進化の過程を経て、母指と他の四指との対向動作を獲得したのです。

さて、赤ちゃんは八～九ヵ月頃に母指と他の四指との対向動作ができるようになりますが、それは原始人が長い長い進化の末に獲得したものです。

人の手は母指と他の四指との対向動作だけではなく、さまざまな手指の機能の発達を図りながら著しい進化をとげ、現代の手指に到達しました。

現代は当たり前に手指の対向動作ができるので、それができるようになるまでの道のりに思いをはせることはありません。しかし、手指の対向動作ひとつとっても、その道のりは長い長い進化の過程を経て獲得したものです。そうした手の進化のプログラムは、子孫にうけつがれています。今日の微細に機能する手指は、長い長い進化の末に獲得したものです。現代は食料の確保をする必要はなくなりましたが、子供が料理づくりを手伝いたいのは、原始人が食に関する作業をとおして、手を進化させたという歴史があるからです。

つまり、幼児期は手の進化のプログラムを開花する時期です。子供が料理のお手伝いをしたくなるのは、手の進化のプログラムにもとづくものなのです。

料理作りはさまざまな手の動きを生むロ、料理作りではどんな手の動きがあるのか、卵焼きを例にみてみます。

・卵の殻にキズを入れます。卵をわって中身を器に入れます。
・器の中の卵を箸でかき混ぜます。
・かきまぜた卵に調味料を入れます。
・フライパンをあたためて少量の油をいれて、うっすらと広げます。
・といた卵をフライパンに流し込みます。
・焼けた卵をフライ返しでひっくり返します。
・焼き上がった卵焼きを皿に移します。

卵焼きを作る工程をざっとあげただけでも、実にたくさんの作業、すなわちさまざまな手の動きがあります。卵焼きのお手伝いをすると、子供は求められる作業をしなければならないために、手をさまざまに動かします。

幼児期は手の進化のプログラムが開花する時期です。料理作りを手伝うとさまざまな手の動きが生じます。子供は手を使いたくてウズウズしています。

さまざまな手の動きは、子供が求めているものです。それは手の進化のプログラムの開花に役立つからです。だから子供に料理作りなどのお手伝いのチャンスが与えられるととびついてくるのです。

ハ、家事をしたがる

子供の家事への関心は料理作りだけではありません。他の家事にも関心を向けてきて、母親が家事をしていると手を出してきます。

たとえば、母親が風呂桶をスポンジタワシでゴシゴシ洗っていると、初めは興味深そうに見ていますが、そのうちに子供も一緒にスポンジタワシをゴシゴシと動かします。

また、父親が庭の草をぬいていると、子供も同じように草をぬこうとします。母親が靴にブラシをかけていると、ブラシをとりあげて自分の靴にブラシをあてます。

このように大人がする家事全般にわたって子供は何かと同じ作業をやるようになります。ではどうしてこのように家事の作業を積極的にやるようになるのでしょうか。

人のしていることに興味をもつようになり、何をしているかを知りたくなることも一因ですが、それ以上に手の進化のプログラムの開花を図ろうとするためです。

二〜三歳は手の進化のプログラムが開花する時期です。そのために手の進化のプログラムの開花を図りたいという内的欲求がでます。その欲求が家事をするという手の動きを求めさせます。なぜなら手の進化は手を使うことによってもたらされたからです。

その手を使うことでも、家事のために手を使うということがもたらした影響ははかりしれません。家事の作業は時代をさかのぼればさかのぼるほど手を使います。

たとえば洗濯の作業ですが一昔前の六〇年前は、たらいやバケツに水を入れて洗濯板を使って手でゴシゴシと洗っていました。洗濯ものをしぼるのも手でした。

もっとさかのぼれば井戸水をくみあげてたらいやバケツに水をいれたり、桃太郎のおとぎ話さながら、川に出向いて洗濯をしました。燃料についていえば山へ柴刈りに出かけたように木を切って薪を作りました。洗濯にしても燃料作りもすべて手作業でした。着る物もひと針ひと針ぬって仕立てあげました。掃除もはたきやほうきや雑巾を使ってしました。このように家事の仕事はほとんどが手作業でした。

手作業ゆえに手を使う。その結果、手の機能が発達する。ひいては手の進化が図られたという長い長い進化の流れの末に、現代人の手が形成されたのです。

乳幼児期は手の進化の開花を図る途上にあります。つまり、乳幼児期における手の発達は、とりもなおさず手の進化の過程をふむということです。そのために子供は人のしていることに興味をもつようになると、大人のしている家事を手伝うことで、手の進化の過程をふむようにします。

つまり、家事を手伝うということは、手の進化が発動させる行動なのです。

この時期の子供は大人が家事をする手つきを真似するので摸倣魔と言われていますが、実は手の進化のプログラムの開花のためには、手の進化に関与した家事の作業を真似せざるをえないのです。このことは手の発達を図る上でたどらなければならない道程なのです。「這えば立て、立てば歩めの親心」ではありませんが、手もひとつずつ道程をふんで発達していきます。

こう考えると、大人が子供のお手伝いにつき合うということは、ひと手間かかりますが、手の発達を図る上で必要な手間であることがわかります。

二、家事を学ぶ好期

五～六歳になるとお手伝い遊びを卒業します。子供の興味は家事以外のものにむかいます。

「ちょっとお皿を運んでちょうだい」と頼んでも気持ちよく応じてくれません。

実は子供が家事の手伝いを喜んでする時期があります。それは二～三歳頃で、この時期が家事を学ぶ好期なのです。人が生活するところに衣・食・住にまつわる家事はつきものです。必要になれば家事ぐらいはやるようになるといいますが、幼児期に家事のお手伝いをして手が家事を学んでおくと、大人になっても必要な時に、難なく手が動きます。

このことが重要なのです。手が学んだことは、終生手が忘れないからです。

6 見立て遊び

見立て遊びとは見立ての材料を活用して展開する遊びのことです。見立て遊びはつくる手が育つと出る遊びで、四歳頃より始まります。

①新幹線をつくる遊び

子供が「ママ大きい段ボール箱をちょうだい」と言いました。「段ボール箱をどうするの?」と尋ねると、「それはひみつ」との返事が返ってきました。

さて、段ボール箱をどうするつもりなのでしょうか。子供は段ボール箱を受けとると、自分が描いた新幹線の絵を段ボール箱の側面にはりつけました。もう一方の側面には、半分に切った水色の折り紙を二枚はりつけました。箱の正面には「のぞみ」の文字を大きく書いて、文字の両側にオレンジ色の丸い紙をはりつけました。「できた!新幹線ができた」と子供が叫びました。「まあすごい!のぞみ号をつくったの!窓もあるし、ライトもついている、よくできているね」と母親は段ボール箱ののぞみ号をべたほめしました。

「僕このぞみ号を走らせたいんだ。でもフタが邪魔なの、切りとってよ」と子供は手にある段ボール箱のフタの切りとりを母親にたのみました。母親はフタを切りとり、底を中に折り曲げてあげました。段ボール箱が四角い枠となりました。

「ママありがとう、これでできあがり!僕、のぞみ号を走らせるよ」と言うと、段ボール箱の中にはいり、段ボール箱をもって部屋の中を移動しました。「ヤッター、僕はのぞみ号の運転手だ」と叫びました。母親は「ママものぞみ号にのりたくなっちゃった」と出来栄えをほめました。

新幹線のぞみ号作りでは段ボール箱が新幹線の車体に見立てられて、半分に切った水色の折り紙が窓に見立てられて、オレンジ色の丸い紙がライトに見立てられています。

②見立て遊びとは

見立て遊びでは、見立ての材料を活用して作品を作ったり遊びが展開します。見立ての材料としては、ジュースの空き缶や新聞紙や牛乳パックや空き箱やペットボトル等の小物が用いられます。見立ての材料がつくる手にかかると、動物や乗り物や楽器や家などの作品に作り変えられます。見立て遊びは四歳頃より始まり、作品には子供ならではのユニークな発想があり、出来栄えもすばらしいです。

③見立ての作品を作らせるもの

子供は自分が乗りまわせるのぞみ号という作品を一人で作り上げました。

さて、子供に車体を段ボール箱で作ろう、窓やライトは折り紙で作ろう、正面にはのぞみの文字を書こうというアイディアを思いつかせたものは、一体何でしょう。

それは知恵です。つまり、乳幼児期より発達してきた学ぶ手が育んだ知恵です。

知恵がのぞみ号をイメージできるレベルにまで発達したからです。その結果、見立てののぞみ号を作ることができたのです。

ところで、のぞみ号を作る際、子供は新幹線の絵を描いたり、折り紙を丸く切ったり、文字を書いたりという作業をしました。こうした作業では、学ぶ手とつくる手が活躍しました。こう考えると、見立ての作品を作るには、学ぶ手とつくる手が順調に育っていることが前提であるということがわかります。それゆえに見立ての作品から、手の育ち具合が推察できます。

④遊びの変容

玩具産業は遊びを変容させました。どのような変容が起こっているかについて、きせかえ遊びとままごと遊びからみてみます。

1、きせかえ遊び

子供がきせかえ遊びをしています。ちょっとのぞいてみましょう。

子供は裸の人形にカラフルなドレスを着せて、頭にはつばの広いリボンのついた帽子をかぶせて、首にはビーズのネックレスをかけて、手にはハンドバッグをもたせて、足には赤い靴をはかせました。見ていた母親が「まあかわいいわね」と言うと「お出かけするからちょっとおしゃれをさせてあげたの」と答えました。裸の人形に洋服や帽子や靴などを身につけさせる遊びは、きせかえ遊びと称されます。女の子ならば誰でも体験する遊びです。

さて、この着せかえ遊びですが、子供が遊びに使っている人形をはじめ洋服や帽子やネックレスや靴は、全て既製品です。玩具売り場に並んでいた、たくさんの着せかえ遊びの玩具の中から、これがいいと選んで購入したものです。

昔も女の子はきせかえ遊びを楽しみました。でも現代のきせかえ遊びとは大きな違いがあります。昔はきせかえ遊びをしたいと思ったら、人形や帽子や洋服などを自分で作らなければならなかったことです。人形の大きさはどれ位にしようかな？ 洋服は包装紙で作ろうかな？ 帽子は何で作ろうかななどと考えて、自分でこれでいいかなと気にいるまで、何回も書き直しては書きあげて、それをハサミで切って作りました。

いざ出来上がった洋服を人形に着せてみると、うまく肩にとまらなくてずり落ちてしまったり、帽子をかぶらせてみると、切りこみのサイズが頭に合わなくてかぶれなかったりすることが起こり、再び作り直しました。見立ての作品をつくる作業は大変なもので、アイディアを出すにも絵を描くにも、いろいろと苦心しました。

絵の上手な友達がささっと人形や洋服の絵がかける姿を羨ましく思いつつ、それでも人にたよらないで、つくる手をフル稼働して作品を作りました。

このように昔の子供は遊ぼうと思ったら、自分で遊びに必要な玩具を作りました。

ところが現代はきせかえ遊びに見るように、玩具売り場にいけばさまざまなきせかえ遊びの玩具が並んでいて、お気にいりの玩具が手に入ります。

販売されている玩具は手作りとは比較にならない程、カラフルで精巧に作られています。子供が販売されている玩具にとびつきたくなるのは当然です。玩具を作るメーカーは、子供がとびつきたくなるような玩具を作ります。

子供は玩具を買ってくればつくる手間をかけなくても即座に遊ぶことができます。

現代は玩具産業がめざましい発展をとげています。こうした玩具産業の台頭により、子供のきせかえ遊びにみるように、見立て遊びは一昔前とは大きく変容しました。

2、ままごと遊び

ままごと遊びは誰しもが幼児期に必ず体験する遊びです。

ままごと遊びも昔と現代とでは変容しました。昔のままごと遊び道具は家庭で使い古した鍋や食器や板きれなどでした。包丁代わりの板きれで葉っぱや草花を切って古い鍋に入れておかずを作ったり、砂をご飯に見立てて、古い茶わんに入れました。

見立ての料理の横に、棒きれを箸に見立てて二本並べました。

ところが現代は鍋やフライパンやまな板や包丁や食器などの調理器具やプリンやハンバーグやチャーハンや目玉焼きやアイスクリーム等の調理済の食べ物がままごとセットとして売られています。すべての調理道具が子供向きのサイズで、食べ物は見た目にもきれいで本物そっくりに作られています。

皿の上に既製品の目玉焼きをのせるだけで、目玉焼きを作ることができます。昔はタマゴサイズの石ころをコンコンと叩いてわる真似をして、石ころで目玉焼きを作りました。こうした見立ての作品作りが遠い彼方にいってしまいました。

時代の流れといってしまえばそれまでですが、何もかもお膳立てされた玩具での遊びの楽しさは体験できても、自分で作った見立ての作品で遊ぶ楽しさが体験できないという事態は考えものです。子供が楽しく遊べればよいという考えもありますが、見立て遊びをとおして育まれるはずのつくる手や知恵が育たなくなることが懸念されます。

日本はものづくり大国といわれます。ものをつくる手は大人になってから育つものではありません。大人のつくる手は乳幼児期のつくる手の延長線上にあるものです。

3、つくる手が育たない

きせかえ遊びやままごと遊びにみるように、遊びが著しく変容しました。昔は「子供は遊びの天才」と言われました。それは何もなくても子供達が知恵を出し合って玩具を作り、遊び方も創意工夫して次から次へとさまざまな遊びを展開したからです。

ところが現代は知恵を出す必要がないほど、ととのえられた玩具がわんさとあふれています。それもあまり手を使わなくてもスイッチボタンひとつで遊べる玩具や子供の創意工夫を求めない玩具です。その結果、何が起こっているかというと幼児期に育つべきつくる手や学ぶ手を育てることが難しくなったということです。

幼児期に育つべき手が育たないということは、憂うべきことです。玩具産業の台頭は見立て遊びの変容をもたらし、つくる手の活動の場を減少させました。

4、子供の手が不器用になった

一時期子供の手が不器用になったことが問題となりました。

その一例として、鉛筆をナイフで削ることができなくなったことがとりあげられました。

しかし、子供が鉛筆をナイフで削らなくなったのは、鉛筆削り器の登場で鉛筆をナイフで削る必要がなくなったからです。すなわち、ナイフで削れなくなったのではなく、削る必要がないので削らなくなったのです。

乳幼児期に育つはずのつくる手も活躍する場を失ってしまったら、育つものも育たなくなります。現代っ子の手が不器用になったというよりも、手を使うチャンスが減少したことによって、手を使わなくなったと考えるべきです。職人芸といわれる器用な手は、使いこんだ末にできある手です。このことは子供が箸を使うことでみることができます。

子供は三〜四歳になると箸を上手に使って食事ができるようになります。ではどうして箸を上手に使えるようになるのでしょうか。それは親に箸の使い方を教えられてくりかえし箸を使うからです。その上食事の度に箸を使います。すなわち、使うチャンスがたくさん与えられるので、否応なしに箸を使うことが上達するのです。

鉛筆をナイフで削ることも、箸のように度々チャンスが与えられれば、鉛筆をナイフで上手に削ることができるようになります。一昔前の子供は皆、鉛筆をナイフで削ることができました。今こそ鉛筆がナイフで削れなくなったことを歎くのではなく、子供の手が順調に育つ環境を与えることが大人の責務であることに目覚めなくてはなりません。

子供は手を使いたくてウズウズしていることも、大人が認識しなくてはなりません。

5、ものづくり大国

昔から日本はものづくり大国といわれるほど、ものを作ることにすぐれた国民です。資源に乏しい日本の経済の発展をもたらしたものは製造業です。すなわち、ものをつくる手の活躍があってのことでした。ものをつくる手は大人になってから育つものではありません。幼児期のつくる手の延長線上にあるものです。こうしたものをつくる手ですが、実はものをつくる手は、見立て遊びのつくる手が土台です。子供はガラクタを使ってあれやこれやと細工して見立ての自動車を作ったり、船を作ったり、ロボットを作ったりします。子供がすることですから、遊びとしてみなしますが、工夫しながら作品を作る姿は、大人が製品を作る姿と変わりません。

ただ作る物が玩具であるか、商品としての価値がある物かの違いです。子供は見立て遊びによって物をつくる手を自ら育てようとしているのです。

こう考えると、子供が見立て遊びをしたがる時期に、思う存分に見立て遊びができるように応援してあげることが大事であることがわかります。現代はものづくりに従事する若者が減少していると言われますが、幼児期の遊びの変容が、ものづくりへの興味を失わせているように思います。

改めて、どんな玩具を与えることが良いのか、どんな遊びをさせることがよいのかを真剣に一考する時期にあると考えます。

7 共同制作遊び

子供は五～六歳になると友達と共同して作品を作るという共同制作遊びをするようになります。どんな遊びか七夕飾りを作る場面からみてみます。場所は幼稚園で年長のクラスです。

①七夕飾り作り

先生が「これから皆で七夕のお飾りを作ります」と言いました。七夕のお飾りを作ると聞くと、教室が蜂の巣をつついたように騒がしくなりました。Aさんが「七夕飾りを見たことがあるよ、キラキラしてすごくきれいだった」と言いました。Bさんが「でっかい七夕飾りをいっぱい飾っている街をテレビで見たよ」と言いました。するとC君が「七夕ってひこ星さまとおり姫さまがデートする日なんだよ」と言いました。

さて、七夕について思い思いの話しが出尽くすと、Aさんが「私どんな飾り物を作ろうかな？」と言い出しました。D君が「あのね、短冊にお願いごとを書くんだよ。僕はサッカーがうまくなりたいって書こうかな」と言いました。E君は「僕宇宙に行きたいって書こう」…等々と興味が飾り物つくりに移りました。

その時先生が「今から皆に絵を描いてもらいます。かきたい絵を描いて下さい」と言って画用紙を配りました。子供達は「ねえなに描く？」とささやきあいながら、絵を描き始めました。Aさんが「私七夕だからお星さまを描く」と言いました。Bさんは「スイカの絵を描くわ」と言いました。するとC君が「僕はアンパンマンを描く」と言いました。するとD君が「アンパンマンは変だよ、七夕に関係ないもの」と言いました。「変じゃないよアンパンマンだってお飾りの仲間に入れてほしいんだよ」とE君が味方しました。「そうねアンパンマンもお飾りの仲間にいれてあげましょうね」と先生が仲裁に入りました。子供達がそれぞれ描きたい絵を描き始めると、教室は水を打ったように静かになりました。やがて絵が描きあがりました。

F君が「先生、描いた絵を切り出して飾り物にするんだよね」と言いました。

先生は「そうなの、次は描いた絵を切り出して下さい」と指示しました。子供達は自分で描いた絵を切り出し始めました。机の上には切り出された星やスイカやナスやアイスクリームやアンパンマン等の絵が並びました。子供達は自分の絵と友達の絵を見くらべて、ワイワイガヤガヤです。

その時「先生もっと作りたいよ、これだけでは少ないよ」とF君が言い出しました。

するとG君が「僕は三角形の折り紙をつなげた飾り物を見たことがあるよ」と言いました。「僕は細長い折り紙をつないだ飾り物を見たことがあるよ」とH君が言いました。

「皆で折り紙で飾り物を作ろうよ」とI君が言いました。皆は「うんいいね」とうなずきました。

そこで子供達は二グループに別れて折り紙の飾り物つくりにとりくむことになりました。

子供達は折り紙を分け合って、めいめいが折り紙を細長く切ったり、三角形に切ったりしました。

輪つなぎや三角形の紙をつなぎあわせる場面では、赤色の次は緑色がいいよ、その次は黄色にしようと話しあって作業を進めていきました。子供達が自主的に作業を進めていくので、先生はながめていました。やっと折り紙の飾り物が完成しました。先生が「よくできたわね、これを飾ったらすてきな七夕飾りができるわ、皆で作ったからね」と言ってほめました。

その時、J君が「七夕飾りには短冊をつけるんだよ」と言いました。するとKさんが「短冊には願い事を書くんだよね、私どんな願い事を書こうかな」と言いました。「僕はディズニーランドに行きたいと書こうかな」とL君が言うと、「僕はアンパンマンに会いたいと書くよ」とM君が言いました。

N君が「僕はでっかいアイスクリームが食べたいって書くんだ」と言うと、O君が「食いしん坊だね、そんなのおかしいよ」とからかいました。P君は「五〇メートル泳げるようになりますようにって書くんだ」と言いました。ワイワイガヤガヤとおしゃべりをした後、やっと短冊に願い事を書き始めました。

さて、七夕の日がやってきました。子供達は自分達が作った飾り物を竹にかざりつけました。出来上がった七夕飾りを見て、子供達は「きれいだね、すてきだね、皆で作ったんだね」とニコニコしながら眺めました。子供達の表情には大きな七夕飾りを友達と作り上げたことの喜びがあふれていました。このように七夕飾り作りのように多人数で力を合わせて制作する遊びを共同制作遊びと称します。

②共同制作の作業の仕方

共同とは二人以上の者がともに事を行うことで

す。共同制作の作業の仕方には二つの仕方があります。その一つはめいめいが作業をして、めいめいが作った作品をもちよることで、目的とする作品を作るという方法です。七夕飾り作りでは、飾るための絵を描いて切り出すことと、短冊に願い事を書くことは、子供達が各自で作業をしました。そしてめいめいが作った作品を持ちよって、絵と短冊の飾り物を作りあげました。

もう一つは仲間と一緒に作業をすすめて目的とする作品を作るという方法です。

七夕飾り作りでは三角形の折り紙をつなげたり、細長い折り紙の輪つなぎをする時、皆で次は赤色にしよう、次は緑色にしようと意見を出し合いながら作りあげました。

③共同制作遊びを支える超自我の心

先生が「絵を描いて下さい」や「描いた絵を切り出して下さい」と指示を出した時、僕は嫌だ、絵を描きたくない、切るのはめんどうだと言って作業をしなかった子供は一人もいませんでした。

子供達は指示を出された時ワイワイガヤガヤとてんでにしゃべりまくりましたが、その後は指示を受け入れて絵を描いたり、絵を切り出しました。すなわち、素直に指示を受容しました。

三角形の折り紙をつなげる飾り物をつくろうと一人の子供が提案すると、皆が同意しました。作る過程では赤色の次は緑色にしよう、いや赤色の次は黄色がいいよと、意見を言いましたが、折り合って飾り物を作り上げました。このように指示受容ができたり、友達の意見を受け入れることができるようになるのは、五～六歳頃になると超自我の心が育つからです。

共同で作品を作るにはつくる手が育つことが前提条件ですが共同制作という場面では、自分の行動を律することができなければ、仲間と一緒に作品をつくることができません。

五～六歳頃になると超自我の心が育ち、自分の考えや行動を律することができるようになり、友達を思いやる心が育ちます。その結果、共同制作遊びができるようになります。

自己主張ばかりする子供にとっては共同制作遊びは、友達との協調性を育てる場となります。

④つくる手がつなげる手となる

七夕飾り作りでは短冊を書く場面で子供達は「僕はアンパンマンに会いたいと書く」「僕はでっかいアイスクリームが食べたいと書く」「僕はディズニーランドに行きたいって書く」「私は五〇メートル泳げるようになりますようにって書く」とてんでに書きたいことを主張して、とりとめのないおしゃべりをしていました。

短冊を書くという作業はめいめいが書きますので個人的な仕事ですが、とりとめのないおしゃべりは子供と子供をつなげます。すなわち、おしゃべりが友達とのつながりをつくります。

ということは、短冊をつくる手は友達とのつながりをつくるつなげる手としての役割をもしていることになります。また、一緒に輪つなぎの作業をする時は、細長い折り紙を先の友達が作った輪の中にさしこんでのりづけをします。その時には「この輪の中に紙を入れて、くるっとまいてのりをつけるんだよ」という友達のアドバイスがあります。ここで友達とのつながりができます。

つまり、輪つなぎの作業をする手がつなげる手ともなっています。このように共同制作遊びにおいては、いずれの仕方をとってもつくる手は、友達とのつながりをつくるつなげる手ともなります。

⑤個人的なつくる手から社会的なつくる手へ

幼児期お絵かきを楽しむ時期があります。花やお日さまや自動車やキャラクターなど好きな絵を書いては親に見せにきます。「上手に描けたね」とほめるとニッコリします。

さて、この場合の絵を描く作業は他者との関わりがなくて、一人で絵を描くということで個人的なものです。では七夕飾り用の絵を描いた作業はどうでしょうか?

個人的な絵の場合と同じように子供達は好きな絵を描きましたが、共同制作という場面ですから、同じように絵を描いても絵を描く作業は、仲間と一緒に描くということで社会的なものです。こう考えると、つくる手には個人的なつくる手と社会的なつくる手があるということがわかります。個人的なつくる手と社会的なつくる手とどちらが優位というわけではありませんが、つくる手の流れを見ると、個人的なつくる手は共同制作遊びにみるように、社会的なつくる手へと成長していきます。

ところで世間には、服を作る、車を作る、船を作る、家具を作る、家を作るなどさまざまな製造業がありますが、製造業界では共同制作で物を作ります。企業が求めるのは個人的なつくる手ではなく、社会的なつくる手です。

こう考えると、五〜六歳頃の共同制作遊びは、社会的なつくる手としての芽ばえととらえることができます。つくる手は幼児期から着々と大人になった時の準備を進めています。

⑥知恵が知育を求める

「君は何歳ですか?」子供に出会うと最初に聞くのが年齢です。子供が「僕六歳だよ、幼稚園の年長組だもの」と答えると、「そう六歳なの、来年は小学校にいくのね、楽しみね」と返します。六歳になると小学校へいく、これは当たり前すぎて、どうして六歳になると小学校にいくようになるのだろうと考えることはありません。

実は幼児期の脳の発達は著しいものです。その脳の発達を図るために必要なのは外部からの刺激です。脳は外部からの刺激を常に求めています。外部からの刺激にはさまざまな刺激がありますが、特に手からの刺激も脳にどんどん送りこまれます。手にはつなぐ手、つなげる手、つたえる手、学ぶ手、つくる手があり、それぞれが幅広くさまざまな働きをするので、さまざまな刺激を脳に送りこむことになります。

脳は送られてきたさまざまな刺激を糧として脳の発達を図ります。そこから知恵というすばらしいものが産出します。さて、その知恵ですが、知恵はもっと成長したい、すなわちどこまでも発達を図りたいという希求をもっています。

さて、子供が六歳になると小学校に行くようになることを誰でも当たり前のこととしてとらえていますが、実はこの時期になると乳幼児期から手によって育まれた知恵がさらなる発達を図ろうと、新しい刺激を求めるようになります。

その知恵が新しい刺激として求めるのが知育です。知育の場といえば学校教育です。

学校は知育の場ですから、そこでは算数、国語、理科、社会などの教科学習による知育がなされます。知恵は学校という場の知育によって、さらに発達を図ります。

知育は知恵を無限に発達させます。こうして幼児期に手によって育まれた知恵は、知育の場で限りなく発達していきます。その知育を担当するのが学校教育です。知恵という視点からみると、乳幼児期に手を育てることは、手によって育まれる知恵を育てることです。

こうした理由により知育の場へと進む前に、すなわち、幼児期のうちにつなぐ手、つなげる手、つたえる手、学ぶ手、つくる手を育てることが大事なのです。

第一〇章

不登校

1 不登校

①知育の場でつまずく

不登校を論じる前に学校とはどんな場か考えてみます。六歳になると学校教育が始まります。学校は子供に知育を施す場です。そこには知育を担当する専門職の先生がいます。そして知育を希求する子供達が知育を施す場である学校に登校します。

小学校の入学式では希望にみちた晴れ晴れとした子供達の表情があります。新しい門出に立つ子供達を見守る親達も喜びに充ちた表情をしています。

さてこうして始まる学校生活ですが、長い学校生活の間には思いがけない事態が起こります。そのひとつに学校に登校することができなくなる、いわゆる不登校があります。

不登校の問題は一時期、社会問題となり、「今年は何パーセント増加した」などと騒がれましたが、しだいに不登校ということばに耳慣らされてきました。耳慣らされたといっても不登校は、子供にとっても親にとっても深刻な問題であることに変わりありません。

個々のケースへの対応はさておき、不登校の子供が依然として増加している現実を重くうけとめなければなりません。

昔は不登校の子供はありませんでした。家庭の事情で欠席したり、病欠したりしても必ず子供は学校へ戻ってきました。すなわち、知育の場でのつまずきは起こらなかったということです。では現代はどうして知育の場でのつまずきが起こるのでしょうか。

②土台と家

盤石な土台の上に建てられた家は、雨が降って洪水がおしよせたり、強い風が吹いて打ちつけてもビクともせず倒れません。それは家が盤石な土台の上に建てられているからです。さて、土台と家の話を引用すると、家に相当するのは学校で、土台に相当するのは乳幼児期の育ちです。学校にいけなくなるというのは、学校という場で風雨に打たれるともちこたえられなくなるということです。

つまり、家を支える土台がしっかりできていないということです。小学校の入学式の晴れ姿や希望に満ちた笑顔は、土台が盤石であることを思わせるのに、どうして数年後には土台のもろさが露呈するのでしょうか？　ここで注目したいのが乳幼児期の手の育ちです。手が昔のように育っていないということです。

つまり、手にはつなぐ手、つなげる手、学ぶ手、つたえる手、つくる手などがあることを述べてきましたが、これらの手の育ちが昔と違ってきているということです。

子供は社会的弱者ですから良きにつけ、悪しきにつけ社会環境の影響を最も受け易いのです。そのことが手の育ちにも及んでいるのです。つまり、社会環境が子供の手の育ちに異変をもたらしました。ではどのような異変が起っているのかみてみます。

③手を使いたい

近年は秋になるといも掘りや米の収穫をする子供達の行景が新聞にでます。いもほりをした後は焼きいもにして食べたり、収穫した米を食べる子供の様子が新聞に掲載されています。そして年末には餅つきや正月飾りの飾り物を作る教室が開かれたり、春にはお茶摘みや田植の催しなどが開かれるようになりました。こうした季節にちなんだ催しだけではなく、料理作りや竹トンボ作りや凧作りや木工や陶芸など、ものをつくる体験教室が開かれるようになりました。

さて、こうした催しや体験教室に参加した子供達からどんな感想が語られるのでしょうか。たとえば、いも掘りの場合「でっかいおいもがとれてびっくりした」「いっぱいとれておもしろかった」「大変だったけど楽しかった」などの感想が語られます。

木工教室の場合「のこぎりで木を切るのが難しかったけれど、手伝ってもらったら切れた」「釘をまっすぐ打つのが大変だったけれど、何回も打っていたら打てるようになって嬉しかった。本箱を作ったんだ、とても楽しかった」などの感想が語られます。

子供に「またいも掘りをしたいと思う？　また竹トンボをつくりたいの？」と尋ねると、「ウンやりたい」「また作りたい」という返事が返ってきます。こうした感想が語られたり、返事が返ってくるのは、いも掘りや竹トンボ作りが珍しい体験であったり、非日常の時間が過ごせるということもありますが、いも掘りや竹細工は手を使う作業だからです。

さて、現代の子供は昔の子供と比べると手を使わなくてもよい環境の下で生活しています。昔は遊ぼうと思ったら遊び道具を作らなければなりませんでした。たとえば、缶ぽっくり遊びをしようと思ったら空き缶に穴をあけて、ほどよい長さのひもを通して身の丈に合った缶ぽっくりを作りました。でも現代は既製品の缶ぽっくりがあるので、缶ぽっくりを作ることはありません。家事の手伝いにしても昔は物心ついた頃には当たり前にしていました。当時は家事は大変でしたので子供の手を必要としました。

でもだんだんと生活が便利になるにつれて家事の作業が変容し、その結果子供の出番を減少させました。つまり、現代は子供達に手を使わせなくてもすむ環境が与えられるようになりました。しかし、子供達の感想や返事からわかることは、「手を使うことは楽しい」「もっと手を使いたい」ということです。幼児期は手が発達する時期です。

それは手の発達のプログラムを開花させる時期

だからです。開花させるためには手を使わなければなりません。手を使わなくてもよい環境は、昔を知る人にとっては恵まれた環境のように思いますが、手の発達のためには恵まれた環境とはいえません。

いも掘りやイベントの返事からわかることは、子供達の「もっと手を使いたい」の希求に応える環境を与えなければならないということを、大人が認識することです。

2 子供をとりまく社会環境

①子供は弱者

現代の子供の手の育ちが昔と変わってきました。では手の育ちの違いは何によってもたらされたのでしょうか。その一因として考えられるのが社会環境の変化です。

子供は身体的、精神的に弱者ですから、社会環境の影響を最も受けやすいです。

このことは手の育ちにも及びました。すなわち、社会環境の変化が手の育ちを変化させたのです。では現代の子供はどのような社会環境の下にあるのでしょうか。また、その社会環境がどのような影響を及ぼしているのでしょうか。

1、できすぎた玩具

子供の遊びに必要なものは玩具です。子供の玩具が昔と現代では違います。

たとえば、自動車の玩具ですが、一昔前の自動車はゼンマイをまかなければ走らせることができませんでした。子供は自動車が止まる度にゼンマイを巻いて走らせました。それが現代の自動車はスイッチひとつで走らすことができます。ゼンマイを巻く作業とスイッチを操作する作業を比較すると手の使い方が違います。

現代は玩具の改良によって手を使わなくても遊べる玩具が作られています。玩具メーカーが作り出す玩具はカラフルで意匠がこらされているので、購買欲をかきたてますが、あまりにもできすぎていて、子供が手を使わなくても遊べてしまいます。

一昔前は凧あげをしようと思えば、凧を作らなければなりませんでした。竹ひごを作ったり、絵を描いたり、紙を切ったり、紙をはったり、ひもをつけたり、しっぽをつけたりして凧をつくりました。現代は既製品のカラフルな凧が売られていたり、作ろうと思えば凧作りの材料がセットとして販売されています。現代は昔ほどに手を使わなくても凧揚げ遊びができるようになりました。現代は自動車や凧の例にみるように子供が手を使わなくても遊べる玩具が氾濫しています。テレビゲームにいたっては、指先ひとつの操作で遊べてしまいます。できすぎた玩具は何をもたらしたのでしょうか。それは子供から手を使うチャンスを奪ったということです。今さら一昔前に戻ることはできませんが、手の発達の視点から考えると、遊びに不可欠な玩具で手を使わなくなることは、手の育ち、すなわちつくる手や学ぶ手やつなげる手の育ちに好ましくない影響を与えます。つまり、できすぎた玩具が、盤石な土台となるべき乳幼児期の手の育ちを阻害しているということです。

2、早めの知育

昔も学習塾はありました。その対象者は小学生や中学生や高校生などで学力向上を図る指導が行われました。ところが現代は幼児向けの知育産業の台頭により、幼児期より知育を施す指導が行われるようになりました。

見学にいくと子供達がカラフルでわかりやすく作られたすばらしい教材を使って楽しそうに指導をうけています。親はまず教材に目を奪われ、次に指導されることを習得していく子供達の能力に驚きます。英会話教室をのぞいてみると、二〜三歳の子供が英語をしゃべっています。こうした行景を見たり、家庭指導用のビデオなどで知育産業のさまざまな情報に接すると親の気持ちは動揺します。たとえ耳をふさいでいてもこうした情報から逃れられません。そこで早めの知育を子供に受けさせたくなります。

実は幼児期は脳が著しく発達する時期ですから、どんな刺激も脳が受け入れて発達の糧とします。たとえば、二歳で英語を教えれば、日本語と同じように習得します。どんな勉強でも教えられるとすぐに習得するので、成果が目に見えます。ここが落とし穴なのです。

さて、問題なのは幼児期の子供が知育を求めているかどうかです。そのことを考えることが必要です。

幼児期は脳が著しく発達する時期ですから、与えたものは何でも吸収しますが、大切なことはこの時期の子供の脳が最も求めているのは知育による刺激ではなく、手を使うことによって生じる刺激です。幼児期は手が進化のプログラムを開花しつつ手の発達を図る時期です。そのためには手を使うことが必要です。手を使うことが脳の発達に益します。いいかえれば頭は手を使うことによって生じる刺激を求めているということです。

目に見える成果に翻弄されることなく、手を使って欲しいと脳が希求していることを最優先に考えることが大事です。

たとえ早めの知育に走ったとしても大切なことは、幼児の脳が希求しているものは、手を使う家事仕事や遊びです。したがって子供が知育を求めていない時期に、知育を受けさせる場合は、大人は意識して手を使う遊びや家事仕事をさせるとりくみをしたり、手を使うことのチャンスが減少しないようにすることが大事です。

3、家事労働の変容

昔と現代では家事労働が大きく変化しました。たとえば燃料ですが昔は薪でしたので薪わりをしたり、火の番をしながら薪を手にとってくべました。それが現代はガスや電気ですからスイッチひとつですみます。洗濯にしても昔は洗うこともしぼることも手を使っていました。それが現代は洗濯機が洗うこともしぼることもしてくれます。

このように家事労働が変化したのは、洗濯機や掃除機や食器洗い機、電子レンジ、冷蔵庫などの電化製品やガス風呂、ガスコンロなどのガス器具が普及したからです。

電化製品やガス器具の普及は重労働からの解放というすばらしい結果を生みましたが、家事で手を使う作業の減少をもたらしました。

昔はネコの手も借りたいといわれたほどに家事はたくさんの手を必要としましたが、現代は手を使う作業の減少により、家事の手伝いを必要としなくなりました。

その結果、自然と子供に家事の手伝いをさせることが減少しました。つまり、家事を手伝うことで使っていた手を使わなくなったということです。家事の手伝いをすると、さまざまな手の働きが生じるので、手の発達を図る上で手伝いは大事なものです。家事の手伝いの減少は、単に手を使うチャンスの減少をもたらしただけではなく、手の発達に多大な影響を与えています。また、家事を手伝うということは、手伝うことで親子の絆というすばらしいプレゼントがもらえます。すなわち、家事を手伝えば親との触れ合いが起こりますので、自然に親との絆が深まります。また、家事を手伝えば生活能力が育ちます。

こう考えると、家事労働の変容は子供の手の発達だけでなく、さまざまな影響を子供に与えていることがわかります。改めて家事の手伝いの必要性を考える時代にあります。

②対人関係

1、友だちつきあい

不登校になるきっかけとして友だちとのつきあいがあります。一昔前とは違って現代の子供達は友だちつきあいに悩みをかかえながら学校生活をしています。子供達は今は仲良しだけれど、いつ嫌われはしないか、いついじめの標的にされはしないか、今はグループに入っているけれどいつはじき出されはしないかなどと、友達つき合いに神経をとがらしています。現代は友達つき合いがうまくできれば、学校生活はハッピーというぐらいです。

職場においてもコミュニケーション能力が重視されるようになりました。それはコミュニケーション能力が秀れているほど、職場への適応がスムーズにできたり、同僚とのつき合いがうまくできたり、仕事の効率も上がるからです。

友達つき合いも同僚とのつき合いもコミュニケーション能力の育ちも一言でいえば対人関係の心の育ちです。すなわち、現代は対人関係が上手にとれることが求められるということです。では対人関係の心はどのように育つのでしょうか。

2、対人関係の心の育ちの土台

対人関係の心は乳幼児期から育ち始めます。そして幼児期に対人関係の心は育てられ、さらに学校生活において育てられます。そして社会人になると育った対人関係の心が試されます。対人関係の心は〇歳代から育ち始めます。そのことがわかるのが人見知り行動です。人見知り行動は六ヵ月頃に出ます。人見知り行動は主に養育してくれた人（主に母親）に信頼をよせるようになり、深い思慕をよせるようになることで出ます。養育者（主に母親）に対して愛着の心が育つことによって出る行動です。

また、人見知りが出る前にも赤ちゃんは母親を見ると嬉しそうにニッコリ微笑んだり、はしゃいだり甘えたりします。そして、赤ちゃんは愛着の人（主に母親）を心のよりどころとして、人との交流の輪を家族へ、家族から周りの人々や友達へと広げていきます。さらに幼稚園や学校の集団生活の場において交流の輪を広げていきます。このようにいろいろな人とつき合うことで対人関係の心が育っていきます。こう考えると、愛着の人との絆がその後の対人関係の心の育ちの土台となっていること、その絆がその後の対人関係の育ちを左右することがわかります。

3、友達と遊べない

一生懸命育てたつもりでも対人関係の心の育ち

には差がでます。誰とでもうちとけて遊べる子供もいれば、公園に連れて行っても友達と遊ぼうとしないで母親のそばから離れなかったり、一人遊びをする子供がいます。

さて、友達と遊べない子供への対応ですが、一般に考えられているとりくみは、友達と遊べる環境に子供をおけば、友達と遊べるようになるというとりくみです。

そこで保育園や幼稚園や子育てサークルなどの集団生活に参加させる方策がとられます。

ではこの方策で子供は友達と遊べるようになるのでしょうか。答えはＮＯです。

保育園や幼稚園に入園させた後での様子を見にいくと、集団の中にいても、友達と一緒に遊んだり、関わったりしないで、友達の枠から離れて一人遊びをしています。

友達が誘ってくれた時だけはついていきますが、楽しむことができず長つづきしません。

それは子供の対人関係の心が友達と楽しく遊べるレベルにまで育っていないからです。

では保育園や幼稚園へ通う年齢になっても友達と楽しく遊べない場合は、どのように対応したらよいのでしょうか。その答えは「親子の絆（愛着）をつくること」の一言につきます。でもそんな答えをすると、とんでもない、親子の絆づくりで解決するわけがないと反論されてしまいます。だってこんなに可愛がって育ててきたのに、人一倍手をかけて育ててきたのに、今さら絆づくりとはと言い返されてしまいます。

実は親は一生懸命関わって育てたつもりでも子供によって受けとめ方が違います。

絆づくりは親が一方的にお世話をしたり、人一倍可愛がって育てたとしても、親子の絆がしっかりと育たないことがあります。

年齢がきても友達と遊べない場合は、親子の絆を育て直すことです。それには躾（指示受容）をとおして、子供との関わりを深くすることです。

4、自閉症児に学ぶ

自閉症児は対人関係が育つことが難しいとされていますが、自閉症児の療育に長年携わってきた体験からわかったことは、対人関係の心は指示受容のとりくみによって育てることができるということです。指示受容の指導はしっかりと指示を出して、その出した指示を子供が受け入れるまで指導をつづけて、受け入れたらしっかりほめるという指導です。

指示を受け入れるということは、とりもなおさず指示を出した指導者の人となりを受け入れるということです。したがって、指示受容の指導をくり返すと、指導者と子供との間に絆ができます。

この絆が対人関係の心を育てていきます。親は指示受容の指導で子供が変わっていく姿に接すると指示受容の指導にとりくまれるようになります。

その結果、新しい親子関係ができて、親子の絆が育ちます。指導者や親との絆が育つと子供は友達が遊んでいる様子に関心を持つようになったり、友達と手をつないで散歩するようになります。

つまり、子供自らが友達とのつながりを求めるようになるのです。幼稚園や小学校に進むと集団の一員としてのふるまいができるようになり、友達との交流もできるようになります。

こうした自閉症児の対人関係の育ちから、改めて大人（主に親）との絆が対人関係の心の育ちの土台であることを教えられます。

③子育ての原点を見つめましょう

完璧な子育てができる人はいません。また、すべての子供が順調に育つわけではありません。育つ過程においていじめや不登校やさまざまな問題が出てきます。

問題が出た時に大事なことは、土台である乳幼児期の育ちをふりかえることです。

いいかえればそれまでの子育てを反省することです。子供は弱者ですから、いつの時代でも子育ては、その時代の流れの影響をもろに受けます。

しかし、どんな時代にあっても変わらない、いや変えてはならない子育ての原点があります。

それは子供にそなわっている発達のプログラムを順調に開花できるように援助することこそが子育ての原点であるということです。

手についていえば、現代は手を使わない方向に進んでいます。

いつの時代でも子供は手の発達のプログラムにしたがって手をつかいたくてたまらないのに、現代はそれが叶えられない時代となりました。こうした時代だからこそ手を使うチャンスを与えることに心をくだくことが大事なのです。

④現代の子育てに対する警鐘

昔と現代の乳幼児期の手の育ちを比較すると、手を使わなくなっているということが浮かび上がってきました。では使わなくなるとどういうことが起こるのでしょうか。

手はその働きによって時には学ぶ手となり、時にはつくる手となり、時にはつなぐ手となり、時にはつなげる手となることを述べてきました。

たとえば、学ぶ手の大きな働きは、知恵を育むということです。学校は乳幼児期から手が育んだ知恵をさらに知育によって発達させる場です。

いいかえれば知育は、乳幼児期に育った知恵を、学校という場でさらに育てるということです。時代の流れで手を使わなくなるということは、学ぶ手の出番を減少させました。従って、出番が減れば手で学ぶことも減り、ひいては手によって育まれる知恵の発達にも影響を与えます。

こう考えると、乳幼児期に学ぶ手で学ぶべきことをしっかりと学ばないでいると、知育の場である学校でつまずくということです。

本来なら手によって育まれた知恵は、知育の場である学校へとバトンタッチされ、知恵の発達が図られるのですから学校は楽しいところであるはずです。

それが知育の場である学校でつまずくというこ

とが起こっています。

このことについて土台と家を引用するなら、手が育む知恵は土台であり、その知恵をさらに育てる学校は家です。土台が盤石であれば、家が風雨にたたかれても家はもちこたえます。

つまり、知育の場でのつまずき、すなわち不登校は土台がもろくなっていることへの警鐘ととらえることができます。改めて幼児期に手を使うことによって育まれる知恵、すなわち盤石な土台となる知恵を育てることが、現代の子育てに求められているのです。

第Ⅱ部　自閉症の療育

こども発達支援ホームいわしろ（以下当施設という）は、順調に発達しない乳幼児の発達をサポートする療育施設です。当施設は昭和三九年度に開所しました。五〇年余の歴史をもっています。近年は通所児の中で自閉症児のしめる割合が大きくなりました。はじめて自閉症児に出会ったのは昭和四七年度でした。当時は自閉症ではなく、情緒障害と診断され、それに基づいた療育がなされていました。昭和五〇年代に入り、自閉症児の増加にともない、自閉症児の療育についての研究が進み、療育が確立されてきました。

当施設では乳幼児の育つ道すじを重視した療育を一貫して実施してきています。

子供は育つ道すじをふんで成長することができないと、順調に成長することができなくなります。当施設にはさまざまな障害をもつ子供が通所してきますが、障害のいかんを問わず、子供が育つ道すじを踏んで発達できるようにサポートする療育を行っています。

近年さまざまな障害児の療育にたずさわってていて思うことは、自閉症児以外の子供も自閉症の症状をあわせもっているということです。というより順調に発達しない子供がもつ共通した問題と言ったほうがよいかもしれません。それは視線が合わないこと、他人の指示を受け入れようとしないことです。当施設がとりくんでいる療育が参考になればと思い、療育の現場からあみだした療育のとりくみを紹介いたします。

第一章

相談

１ 相談児への対応

①子供の発達状況や障害の把握

初回の相談では、当施設の療育の内容を説明した後に、子供を通所児と一緒にリズム体操や認知学習などのカリキュラムに参加させます。子供の様子を観察しながら子供の発達状況や障害について把握します。子供を観察するにあたって重視していることは次の事です。

１、見つめる目

リズム体操や認知学習に参加している時の子供の視線から、人とアイコンタクトをとることができるか、人を受け入れる目や見つめる目が育っているかどうかを観察します。

目は人や外界を受け入れる窓口です。療育の成果は見つめる目が育っているか否かにかかっているといっても過言ではありません。そのため子供の視線を観察します。

２、聞く耳

リズム遊びや認知学習をうけている時の様子から人の言葉を聞く耳が育っているか、また言葉を理解する能力がどの程度育っているかを観察します。認知能力の向上を図るには、言葉を聞いて理解できることが必須だからです。

３、手指の発達

手遊び歌をする時の子供の手指の動きから、どの程度、それぞれの指を分離独立させて動かすことができるか、どの程度一本一本の指を微細に動かすことができるかを観察します。また、手遊び歌では、指導者をどの程度見つめながら、手指を動かすことができるかを観察します。

４、ダンス

ダンスでは、両手をバンザイしたり、片足を上げたり、両足でジャンプをしたりするなどの動きから、身体全体をどの程度バランスよく動かすことができるかを観察します。また、どの程度、動作模倣の力が育っているかを観察します。幼児期は遊びにしてもお手伝いにしても身辺動作にしても、認知学習にしても動作模倣の術を用いて習得することが多いからです。

5、歩くこと、走ること

子供の歩く姿や走る姿から、子供の運動能力がどの程度発達しているかを観察します。

順調に発達する子供は二歳を過ぎると、両手を交互にふって歩いたり、走ったりします。すなわち、二足歩行の自立です。この二足歩行の自立は、運動能力の発達を測るめやすとなります。

6、着席の指導

「椅子に腰かけてください」と指示した時、自分で着席できるか、落ち着いて着席をしつづけることができるかを観察します。着席の行動から、指導者の指示をどの程度受け入れることができるかどうかを観察します。

7、認知能力

認知学習に参加する様子からどの程度認知能力が育っているか、また学習に対してどの程度興味があるか、また指示をどの程度受け入れることができるかを観察します。また数の「ひとつ」がわかっているか、また物を比較した時「同じ」がわかっているかどうかを観察します。数の「ひとつ」と物の「同じ」の概念が理解できることが認知学習の要だからです。

イ、ひとつの概念

順調に発達する子供は、一歳代で「ひとつ」の概念を習得します。次のような課題を出して反応を見ます。机の上にキャンディを数個並べて指導者が「キャンディをひとつちょうだい」と言って手をさし出します。子供がキャンディをひとつ手渡すことができれば合格です。

ロ、同じの概念

順調に発達する子供は、一歳代で「同じ」の概念を習得します。次のような課題を出して反応を見ます。机の上に三～四枚の絵カードを並べておき、それと同じ絵カードを子供に渡します。

指導者が「同じ絵の所において下さい」と指示した時、同じ絵の所におくことができれば合格です。

8、抱っこ

身体を密着する抱っこをすると、ほとんどの子供が抱き手の身体と接触することを嫌がります。子供の反応からどの程度接触を嫌がるかを観察します。

子供の抱きつき方で愛着が育っているかどうか、どの程度対人関係の心が育っているかが推察できます。自閉症の子供は密着した抱っこを嫌がり、抱っこから逃れようと抵抗します。

以上の八項目を重点的に観察して、子供がかかえる問題を把握します。その後両親と面談をして、子供がかかえる問題を説明したり、当施設の療育内容について説明します。

②発達過程をふりかえる

次に掲げる資料は、順調に育つ赤ちゃんの発達過程と、順調に育たない赤ちゃんの発達過程をまとめたものです。保護者に該当する項目に○印をつけていただきます。○印をつけることで、わが子の○ヵ月からの発達過程をふりかえると共に、わが子がかかえる問題について理解を深めていただきます。

赤ちゃんの発達

月齢	順調に育つ赤ちゃん	順調に育たない赤ちゃん
0~1ヵ月頃 アイコンタクト	・縦抱きをすると身体を抱き手にそわせてくる。 ・抱き手の顔をじーっと見続ける。 ・泣いている時抱っこをすると泣きやむ。	・抱っこをした時しっくりしなかった。 ・抱き手の顔をチラッと見たが見つづけなかった。 ・泣いた時、抱っこをしても泣きやまなかった。
気づいた点		
2~3ヵ月頃 欲求の泣き 欲求の笑い	・オッパイが欲しい、オムツがぬれた、眠たい、寒い、抱っこして欲しいなどの意思を伝える泣きをする。 ・泣いている時人の気配を感じると泣きやむ。 ・あやすと嬉しそうに微笑む。 ・「アーウー」と言ったり、人に向かって「ウーアーン」と声を出す。 ・他の人と区別して母親を見ると喜ぶ。	・いつも同じような泣き方だったので、泣きの原因がわからなかった。 ・おとなしかったので手がかからなかった。 ・あやした時、見つめてこなかった。 ・あやしても嬉しそうに微笑まなかった。 ・「ウー・アーン」と言ったりしたが、人に向かって声を出さなかった。 ・母親を他の人と区別しなかった。
気づいた点		

赤ちゃんの発達

月齢	順調に育つ赤ちゃん	順調に育たない赤ちゃん
4～6ヵ月頃 微笑み行動 はしゃぎ反応 人見知り 愛着	・人を見ると笑いかけてくる。 ・抱っこ（触れ合い）を求めて微笑む。 ・あやすとはしゃぎ反応が出る。 ・視線が合うと見つめ続けて目をはなさない。 ・欲求の泣きと、欲求の笑いを使いわける。 ・見知らぬ人を見ると泣く。 ・大勢の人がいる所では、母親に「抱っこしてー」としがみつく。 ・お世話をしてくれる人「母親」に愛着をもつ。 ・愛着の人「母親」がそばにいれば安心する。 ・抱き手に両手でしがみついて抱きつく。	・赤ちゃんの方から笑いかけてこなかった。 ・人を見ても抱っこして欲しいと微笑まなかった。 ・あやした時はしゃがなかった。 ・目を合わせようとしても、視線をそらした。 ・欲求の泣きと欲求の笑いが出なかった。 ・見知らぬ人を見ても泣かなかった。 ・人が大勢いる所で、母親にしがみつかなかった。 ・母親に愛着をもっているそぶりがなかった。 ・母親がいてもいなくてもかわりなかった。 ・抱き手にしがみつくようなそぶりが出なかった。
気づいた点		

赤ちゃんの発達

月齢	順調に育つ赤ちゃん	順調に育たない赤ちゃん
7～10ヵ月 愛着 喃語 視線 まねっこ芸 手指の動き	・愛着の人（母親）がいなくなると泣いて捜す。 ・抱っこから降ろそうとするとしがみついてくる。 ・大人が「ナナナ…」というと模倣して「ナナナ…」と言う。 ・「ゴニョゴニョ」と喃語を言う。 ・「イナイイナイバー」をすると、見て喜ぶ。 ・母親の存在を常に確認して後追いをする。 ・「おつむテンテン」や「バイバイ」を真似する。 ・母指と示指との対向で玉子ボーロをつまむ。	・愛着の人がいなくても平気で一人ですごした。 ・抱っこに執着しなかった。 ・大人が「ナナナ…」と言っても関心を示さなかった。喃語が乏しかった。たまに音を発した。 ・話しかけても相手を見つめて聞こうとしなかった。 ・「イナイイナイバー」をしても喜ばなかった。 ・母親の姿を目で追ったり、後追いをしなかった。 ・「おつむテンテン」をしても興味を示さなかった。 ・母指と示指の対向で物をつまむことは難しかった。
気づいた点		
11～12ヵ月 指さし行動	・人さし指を立てて人や物を指さしする。 ・大人が指さした人や物をじーっと見る。 ・車やお花や犬を見ると指さしをする。	・人さし指を立てて人や物を指さししなかった。 ・大人が指さした人や物を見なかった。 ・車や花や犬を見ても関心を示さなかった。
気づいた点		

赤ちゃんの発達		
月齢	順調に育つ赤ちゃん	順調に育たない赤ちゃん
1~2歳頃	・発語（ンマンマ・ブーブー・ママなど）を言う。	・簡単な音は発したがだんだん消えていった。
言語	・意味のある言葉が増えていく。	・意味のある言葉を言わなかった。
言葉の理解	・「新聞とってきて」というと新聞をとってくる。	・「新聞とってきて」の言葉が理解できなかった。
躾	・「ダメ、メン」と注意されると行動を止める。	・「ダメ・メン」と注意してもやり続けた。
ほめ	・ほめられると嬉しそうな表情をする。	・「お利口ね」とほめても表情が変わらなかった。
模倣	・大人の動作を積極的に模倣する。	・大人のしていることに関心を示さなかった。
遊び	・大人や友達と一緒に遊びたがる。	・大人や友達と遊びたがらず黙々と遊んでいた。
外出	・買い物をする時、親のそばで待っている。	・買い物中、一人でどこかにいってしまった。
知的好奇心	・いろいろな物に興味を示し「これなあに?あれはなあに?」と聞く。	・絵本の絵を指さして教えたり、いろいろな物に関心を向けさせようとしても興味をもたなかった。
二足歩行	・「手をふって歩きなさい」と言うと、手をふって歩行する。	・「手をふって歩きなさい」と言っても手をふって歩けなかった。
気づいた点		

第二章
着席

1 着席の指導

①着席している姿に驚く

当施設では認知学習やリズム遊びや体操などの時間は、子供達は椅子に着席して指導を受けます。指導の時間は一時限を大体四〇分から一時間ぐらいとして、一日数回くり返します。したがって子供達はその間落ち着いて着席することが求められます。当施設に見学にこられた方や相談にこられた人が驚かれるのは、子供達が落ち着いて着席して指導をうけている光景です。

昨今は小学校でも授業中に席をたって歩きまわる子供がいる時勢ですから、幼児期の子供が着席している光景に驚かれるのは無理もないことです。

相談にこられた人は「家の子は落ち着きがなくて食事の最中でもふらふら動きまわります。このように着席ができるようになるのでしょうか」と言われます。指導者は「療育で最初にとりくむのが着席の指導です。指導すれば着席ができるようになります」と答えます。

今まで気ままに動きまわることが許されていた子供にとって、着席することはまさに青天のへきれきの出来事に価します。しかし、指導すれば全ての子供が落ち着いて着席ができるようになります。

②着席の指導をするわけ

どうして着席の指導をするのでしょうか？　それは人の指示を受け入れやすくするためです。

通所を始めた頃は椅子に腰かけはしても、足をぶらぶらさせたり、身体をゆさぶったり、横向きに腰かけたり、視線をあちらこちらに向けたり、ぶつぶつとひとり言を言ったり、あげくのはては椅子からとび出したりと、おちついて着席することができません。たとえ着席の指導で椅子に腰かけることができるようになっても、指導者を見つめることも、指導者の話を聞くこともできません。つまり、指導者の指示を受け入れる学習態度がとれないということです。幼い子供に学習態度を要求することは無理なことと言ってしまえばそれまでです。しかし、順調に発達する子供は指さし行動からわかるように一歳になると、学びたい時は指さした物に好奇のまなざしを向けたり、教えてくれる人を見つめたり、教えてくれる人の言葉を聞こうとします。すなわち、一歳の子供にも指示を受け入れて学ぼうとする学習態度が育っているのです。

障害児だからといって決して無理な話ではないのです。ただこれまで気ままに行動することが許されていたり、着席の躾がされなかったので着席が身についていないだけのことです。

ではどのように着席の指導をしたら落ち着いて着席ができるようになるのでしょうか。

③着席の指導の仕方

着席の指導の目的は指導者をよく見つめ、指導者の話をよく聞き、指導者の指示を受容するという学習態度を育てることです。そのためにはどんな着席をしたらよいのでしょうか？

それは背筋を伸ばして、手指を伸展させた手を膝の上に置き、視線を前方に向けるというポーズの着席です。このポーズが着席においてとれるようになることが望ましいです。

指導は段階をおってすすめ、最終的に望ましい着席ができるようにします。

1、「椅子に腰かけなさい」と指示を出す

指導者が「椅子に腰かけなさい」と指示を出して、子供を椅子の所に連れていった時、自分で腰かける子供は稀です。指導者が椅子に腰かけさせようとすると拒否して、座りこむ子供もいれば、つっ立ったままでいたり、その場から走り去る子供がいます。こうした時は指導者は「椅子に腰か

けなさい」といいながら介助で子供を椅子に腰かけさせます。

子供はいったんは腰かけますが五分もしないうちに椅子から立ち上がったり、椅子からとび出したりします。

指導者は子供が立ち上がったら、椅子に腰かけ直させます。また、とび出したら子供を椅子に連れ戻して、再び椅子に腰かけさせます。腰かけたら「手々ポン！」と言って介助して両手を膝の上におかせます。それでも腰かけつづけられなくてしばらくすると椅子からとび出します。

そこで再び連れ戻して「手々ポン！」と指示します。

すなわち、「椅子からとび出す→椅子に連れ戻す→椅子に腰かけさせる→手々ポン！で手を膝におかせる」の指導が何回もくり返されることとなります。くり返していると数日から一週間ぐらいでほとんどの子供が腰かけつづけることができるようになります。腰かけつづける姿を見てびっくりするのは親です。今までちっとも着席ができなかったわが子が着席をして学習に参加したり、順番を待つようになるのですから無理もないことです。

2、両手を膝の上におくように指示する

着席ができるようになったら両手を膝に置くことを指導します。両手を膝の上に置くのは、腰かけ続けなければならないことを意識させるためです。両手を膝の上に置いていない場合は、指導者が「手々ポン！」と言って膝の上に両手をおくように促します。はじめは手を膝の上に置くことが難しく、ぶらぶらと手をふったり、肘を曲げたり、伸ばしたり、腕をダラリと下げたり、指しゃぶりをしたりします。その度に「手々ポン！」と言って指導者は自分の両手を膝の上に置いて手本を見せます。

子供に手本を真似して両手を膝の上におかせるようにします。できない子供の場合は指導者が「手々ポン！」と言って、介助して両手を膝の上

におきます。両手を膝の上に置かせるのは、着席を意識させるためです。子供が意識して着席できることが大切なのです。両手を膝の上に置いている時は、視線は指導者に向けられます。ここでも手の活躍を見ます。

3、手指を伸展するように指示する

膝の上に手をおいた時、子供達の手指は屈曲しています。そこで手指をピンと伸展するように指導します。手指の伸展の指導のポイントは、示指を伸展するように誘導することです。

示指の伸展ができるようになると、他の指も示指につられて伸展するようになるからです。

なぜ手指の伸展を指導するかというと、伸展した手指が膝の上に接触している時は、背筋がピンと伸びるからです。また、手は外の頭ですから手指の伸展を意識すると頭にスイッチが入り、視覚と聴覚は情報を受け入れる窓口としての機能を発揮するようになります。

すなわち、手指を意識することで教えられることを学ぶ態勢がととのえられるのです。自分で手指の伸展ができない場合は、根気よく介助して伸展を誘導します。

4、背もたれにもたれないように指示する

望ましい着席のポーズをとりつづけることは、子供にとって大変なことです。どうしても姿勢が崩れて背もたれにもたれたり、手を背もたれにかけたりするようになります。

そこで背もたれにもたれている時は、背もたれから身体をはなすように指示します。

改めて「手々ポン！」の指示を出して、手指を伸展するように促すと背筋が伸びます

また、姿勢が崩れて前かがみになった時も「手々ポン！」の指示を出して姿勢をととのえるように促します。子供が「手々ポン！」の指示を受け入れられるようになった時には、背筋が伸びて視線も定まります。

5、指導者の方を見るように誘導する

着席ができるようになっても、子供の視線が定

まらず指導者を見つづけることができないという問題が出ます。その時は介助の指導者が子供の顔の両側のコメカミの所に手をあてて、視界を限定して指導者の方を見るように誘導します。この介助も数ヵ月間根気よくやり続けることが必要です。視線を定まらせるもう一つの方法は、手指の伸展を図らせることです。

子供が手指を伸展させて膝の上におきつづけている時は、自然と視線が定まって指導者の方を見つづけることができます。

指導者を見つづけることができるようになると、自然と指導者の話を聞くことができるようになります。つまり「手々ポン！」の指示を受け入れることができるようになると、見ることと聞くこともできるようになり、集中して学習することができるようになるのです。

着席の指導は根気よく指導をすれば、全ての子供が望ましい着席ができるようになります。

④着席を援護する

1、ほめることでの援護

子供にとっては、望ましい着席のポーズをとりつづけることは大変なことです。どうしても姿勢が崩れたり、あくびをしたり、視線がそれたりします。そのためにカリキュラムの指導をする指導者の他に、着席を指導する指導者がそばについて、子供達の着席を援護します。

着席の指導をする指導者は望ましい着席ができている時は「頑張って腰かけているね、お利口さん」とほめたり、「いい姿勢だよ、お手々もよく伸びているね」と子供の頑張りを認めてほめます。

ほめられると子供はつづけてがんばろうという気持ちをもちます。

2、呼吸援助抱っこ

子供は認知学習やリズム遊びの時間は、学ぶことに集中するために、どうしても息をつめたり、呼吸が浅くなります。その結果、呼吸が浅くなると望ましい着席を続けることが難しくなり、視線がそれたり、背中を丸めたり、友達に話しかけたり、独り言をいったり、時には席から立ち上がったりします。こうした行動が出た時は、着席を指導している指導者が呼吸援助抱っこをします。

　呼吸援助抱っこで深い腹式呼吸ができるようになると再び椅子に腰かけさせます。

　呼吸がととのうと子供は何事もなかったように再び集中して学習にとりくむようになります。

　こうした姿から呼吸が着席にまで関係していることを教えられます。すなわち、望ましい着席をつづけるには、深い腹式呼吸ができることが前提であるということです。

2 着席からのプレゼント

①プレゼントいろいろ

四〇分〜一時間の着席ができるようになると、すばらしいプレゼントがもらえます。すばらしいプレゼントとは、病院に行った時三〇分以上でもおとなしく待つことができるようになったり、レストランで注文した品がくるまで着席して待つことができるようになったり、食事中も椅子から立ち上がらなくなることです。また、理容院で散髪ができるようになったり、遊園地で乗り物などに乗る時、列に並んで順番を待つことができるようになったりすることです。

　自閉症の子供は多動で落ち着きがなく、その場に適した行動をとることが難しいです。

　親は子供が発熱すると病院に連れていきたい、でも待合室でおちついて待つことができなかったらどうしよう、家族で外食を楽しみたい、でも注文した品がくるまで、周りの人に迷惑をかけないで待てるかしら、理容院で散髪させたい、でも散髪中、おとなしくしていることができるかしら、遊園地につれていきたい、でも順番が待てなかったらどうしよう等々と悩んで、つい二の足をふんでしまいます。ところが、子供が着席を続けられるようになると、その悩みが解消します。

親にとってこんな嬉しいことはありません。これが着席の指導からのプレゼントです。子供にとってもさまざまな体験ができるので、世界がどんどん広がります。着席の指導でわかったことは、着席することは自然に身についていくものではなく、教えられて身についていくものであるということです。子供はそれまで着席をすることを教えられなかっただけのことです。

②着席は生活習慣です

考えてみると着席して食事をする、着席してテレビを見る、着席して勉強をする、着席して絵本を見る、着席して友達と会話をするなどいろいろな場面で着席をしています。

また、幼稚園でも学校でも着席して先生の話しを聞いたり、着席して勉強をしたりするなどいろいろな場面で着席します。病院の待合室でも電車やバスに乗っても着席します。

着席は生活習慣になっているために、「さあ今から椅子に腰かけましょう」と意識して椅子に腰かけることはないです。そのために着席は教えられることで身につくものであるという認識が乏しいです。その結果、着席ができない子供に、着席の指導をすることの必要性に気がつきません。

子供には将来にわたって着席をする生活が待っています。こう考えると、幼児期に着席ができるように指導することは不可欠なことです。

着席の指導を受け入れられやすいのは乳幼児期です。だから乳幼児期に着席の指導をすることが大事です。この時期に着席の指導をされないことは不幸なことです。

第三章

指示受容

1 指示受容の指導

①指示受容の指導とは？

呼吸援助抱っこは人との触れ合いの原点を体験させることで、人を受け入れる気持ちを育てるとりくみです。呼吸援助抱っこで人を受け入れる気持ちを芽ばえさせても、自閉症の根っこは残ります。人と関わりたくないという気持ちは依然として持っています。

人は人と関わりながら生きています。人が人と関わりながら生きるとは、いいかえれば人を受け入れながら生きるということです。したがって、呼吸援助抱っこで人を受け入れる気持ちが芽ばえたら、さらに人を受け入れる気持ちを育て上げていくことが必要です。

人を受け入れる気持ちを育てる指導方法として当施設があみだしたのが、指示受容の指導です。

指示受容とは文字通り、指示されたらその指示を受け入れるということです。

ここで思い出していただきたいのが昔の躾です。昔は正座をして食事をしたり、正座をして習字のけいこをしました。子供は正座が苦手で、当初はしびれがきれます。だんだんと足を横に出したり、背中を丸めたりするようになります。すると親に「ちゃんと正座をしなさい」と注意されました。また、食べ物を残したり、粗末にすると「バチが当たる、残さないで食べなさい」と躾をされました。

食前や食後の挨拶をしないと注意されました。子供は親に躾されると、くずれた足を整えて座り直したり、食べ残しをしないようにしたり、食べものを粗末にしないように自ら注意して食べました。子供は親の躾にしたがって、食べ始めと終わりには「いただきます、ごちそうさま」を言いました。

このように、昔は親に指示されたことを受け入れれて行動しました。親が子供に躾をすることは当たり前のこととして世間にうけとめられていました。むしろ食事のマナーが悪かったり挨拶ができないと、親の躾が悪いと言われました。

当施設があみだした指示受容の指導は、昔の躾に相当するもので、特別な指導ではありません。

当施設がとりくむ指示受容の指導の特徴は、指導者が指示したことを子供が受け入れるまで、根気よく指導することです。昔の躾と違う点は、根気よくとりくむということです。根気よくとは、子供から指示を受け入れたという手応えを感じるまでとりくむということです。

なぜなら自閉症の子供は人を受け入れることが苦手です。指示したことを受け入れることは、指示を出した人を受け入れることですので、とても大変なことです。そこでどんな些細なことでも指示を受け入れた時は、しっかりほめるようにしています。カリキュラムの指導では、さまざまな指示を出します。子供がそれらの指示を受け入れたらそのつど、しっかりとほめます。指示受容の指導によって、子供は指導者の人となりを受け入れます。

指導者の人となりを受け入れることをつみ重ねると、人を受け入れる気持ちが育まれていきます。

では子供が指示を受け入れるまで根気よく指導するとは、どのような指導でしょうか。

次に「手遊び歌」の指導を例にあげて説明します。

②「手遊び歌」の指導

1、指を意識して動かすこと

指導者が「♪グーチョキパー」の手遊び歌を歌いながらグーチョキパーと手指を動かしました。子供は指導者の手指の動きを見て真似をして、グーチョキパーと手指を動かしました。子供の行動から動作模倣の力が育っていることがわかります。しかし、真似をしてグーチョキパーと手指を動かしはしましたが、よく観察するとパーとチョキはしていても手指が伸展していません。

指導者がこの子供に教えなければならない課題は、手指を伸展させることです。

そこで指導者は「真似をしてグーチョキパーができてお利口さん」としっかりほめてから、続けて指導者はパーと自分の手指をひらいて見せました。指導者は「ほら指を見てごらん、指がピーンと伸びているでしょう」と言って、「同じように指をピーンと伸ばしてごらん」と指示を出しました。すると子供がパーと手を広げました。先刻よりも手指が伸びています。子供が指示を受け入れようと努力していることがわかります。でもまだ手指が伸展しきれていません。

指導者は「よく頑張ったね、指がのびるようになったね」としっかりほめてから、指導者は「まだ指が少し曲がっているね、指をピーンと伸ばすとパーがもっと上手になるんだよ、もうちょっとがんばってごらん」と言いました。さらに指導者は自分の指先を子供の指先にあてて、ちょんちょんと刺激を与えました。指導者がちょんちょんと子供の指に触れると、曲がっていた手指がさらに少し伸びました。

指導者は「そう、もうちょっと頑張って伸ばしてごらん」と励ましつつ、さらに子供の指先にちょんちょんと刺激を与えました。同じことをくり返していると、ついに手指がピーンと伸びるようになりました。

指導者は「よく指が伸びるようになったね、今度はゆっくりグーチョキパーをしてみようね」と言ってから「♪グーチョキパー」の歌をテンポをゆるめて歌いながら手指を動かしました。

子供も指導者の模倣をして手指を動かしました。パーの時になると意識して手指を伸展しようとする動きが出てきました。指導者は「パーが上手になったね、よく頑張ったね」とほめました。

このようにパーの動きの指導にみるように、指示をうけいれた手応えがでるまで、指導をするのが当施設の指示受容の指導です。

2、ほめて指導をしめくくる

「♪グーチョキパー」の手遊び歌の指導では、子供が指導者のグーチョキパーの手指の動きを模倣して、自分の手指を動かしたことは指示の受容に相当します。でも模倣はできても手指の伸展ができないという問題が生じました。そこで指導者は手指の伸展の指導をくり返しました。このことは子供の手指の発達を図るための指導ですが、この場面でも子供は指導者の「指を伸ばしなさい」の指示を受け入れました。

指導者が子供の指先をちょんちょんと触れるという丁寧な指導をくりかえしていますが、これは指先に刺激を与えることで、子供の意識を指に向けさせるためです。

子供が手指をわずかでも伸展した時には、すかさず指導者は頑張りをほめました。

このように指示受容の指導で大切なことは、子供がわずかでも指示を受け入れたらほめることです。また、少しでも頑張ったらたくさんほめることです。ほめられると子供は指導者の指示を受け入れようとするようになります。たとえ手指の伸展を促した時に伸展ができなかったとしても「先生のお話がきけてお利口だったね」とお話が聞けたことをほめの材料とします。このように、指示受容の指導では、どんな些細なことでもほめの材料を見出して、必ずほめてまとめることが大事です。

③家庭での指示受容の指導

当施設に通所してしばらくすると、子供が指導者の指示を受け入れて行動するようになります。その姿を見ると親に意識の変化が起こります。それはわが子は人の指示を聞き入れないと思っていることは、自分の思いこみであったことに気がつかれることです。

親に意識の変化が起こると、子供への接し方が変わります。親はどのような指示を出したら子供に受け入れてもらうことができるかを考えるようになります。すなわち、指示の出し方を工夫して、子供が受け入れられる指示を出すようになります。

たとえば、玩具の片づけですが、今までは「玩具を片づけなさい」の一辺倒の指示を出していましたが、一緒に片づけながら指示を出すようになります。そのとりくみの展開をみてみます。

母親は「ママと一緒に玩具の片づけをしようね」と言って、子供をミニカーの所につれていき「ミニカーを拾いなさい」と指示します。拾わなかったら母親がミニカーを拾って子供に手渡します。

「ミニカーを玩具箱に片づけようね」と言いながら、玩具箱の所まで子供を連れていって、玩具箱の中にミニカーを入れるように促します。子供が玩具箱の中にミニカーを入れたら「お利口さんミニカーを片づけたね」と拍手して、頭をなでてほめまくります。

次に母親は「積み木も片づけようね」と言って、積み木を手渡します。子供が玩具箱に入れない時は、ミニカーと同じ方法で片づけさせます。

子供にとっては手渡された玩具を放り投げずに、玩具箱に入れることだけでも大きな進歩です。それは母親の玩具箱に入れなさいの指示を受け入れた行動だからです。

こうした地道な指導をくり返すうちに、子供に玩具の片づけが身についていき、やがて自ら散かっている玩具を拾って玩具箱に入れるようになります。

こうしたとりくみをくり返す中で、親は玩具の片づけだけではなく、いろいろな場面で指示受容の指導にとりくまれるようになります。このことで驚くのは子供です。親の接し方が変わるのですから無理もありません。また、いままでつくりあげてきた自分流の行動パターンがひとつずつ崩されていくのですから、子供にとっては青天のへきれきです。

家庭は子供のわがままが許される場所です。自閉症の子供は人を受け入れて行動することが苦手であるために、家庭の中で自分なりの行動パターンを作り上げています。こだわりもそのひとつです。親は子供が変わっていく姿から指示受容の指導の手応えを覚えます。すると憶することなくいろいろな場面で指示受容の指導にとりくまれるようになります。

④発達レベルに応じた指示を出す

指示受容の指導において留意していることは、子供の発達レベルを把握して、発達レベルをひとつ上のレベルに上げる指示をだすことです。指示受容の指導の主体は子供の側にあります。

指示受容だからと言って無理難題、すなわち子供がどんなに努力してもできない指示は出しません。そしてできない場合は声かけや介助などの援助をしながら、指導を行います。

一歩一歩のつみ重ねがレベルアップにつながるからです。たとえば、ぬり絵の課題ですが枠内にまんべんなくぬるように指示を出した時、枠に関係なく色をぬる子供Aもいれば、枠内の一カ所だけ厚くぬる子供Bがいます。この場合Aに対しては、枠をふちどりさせることで、枠を意識させて枠からはみ出さないようにぬることを指示します。どうしても枠からのはみ出しが出る時は、指導者が枠の上に手をおいてふちを作り、手の内側を塗るように指導します。

Bに対しては一カ所を厚くぬるのではなく、枠内全体に色をぬるように指示します。どうしても一カ所の厚ぬりからぬけ出せない時は、子供の手を介助して、手を幅広く動かすことを教えます。

ここで大事なことはぬり絵の上手下手ではなく、指導者の指示を受け入れた色ぬりに努力するかどうかです。指示を少しでも受け入れたぬり方をしたら「頑張ってお利口さん」とほめまくります。

⑤ねばり強く向き合う

指示の受けいれに一〇～二〇分と時間がかかることがありますが、受け入れた手応えが出るまでねばり強くとりくみ続けます。指示が受け入れられない場合はどのように指導したら指示の受け入れができるかをとりくみながら模索します。あの手この手と考えながら指導をする時間は、とても貴重な時間です。それは自閉症の子供の閉ざした心の扉をノックする時間だからです。

子供は自らの力で自閉の心の扉をあけることは困難です。外から心の扉をあけてあげなければなりません。ねばり強く向き合うということは、心の扉をノックすることです。

指示受容の向き合いは自閉の扉をあけるチャンスです。その証拠にねばり強く向きあえば向き合うほど、子供は向き合ってくれた指導者を慕うようになります。たとえば、何も用がないのに指導者のあとをついてまわり「先生」と呼びかけたり、中には「先生大好き」と言うようになります。こうした子供の姿を見ると、指示受容の指導は、人を受け入れる気持ちを育むことがわかります。次にねばり強く向き合う指導とはどのようなとりくみか例をあげて説明します。

1、グラウンドを一周する指導

指導者が「これからグラウンド（八〇メートル）を先生と一緒に一周しようね、ヨーイドン！」と言って子供と一緒に走り始めました。指導者は子供より少し前を走り先導します。しばらく走ると子供が立ち止まりました。指導者は「ほら走るのよ、ヨーイドンだよ」と声かけをして走ることを促しました。子供は走らないでノロノロ歩き始めました。指導者は「歩くのではなく走るのよ」と言って子供の手をひっぱって走りました。しばらくは引っぱられて走りましたが，ついにつないでいる手をふり払ってしゃがみこみました。走りたくない、てこでも動かないぞと構えています。

指導者は「ほら見てごらん、半分走ったのよ、よく頑張ったね、もう半分走ろうよ」と励ましました。それでも子供は立ちあがろうとしないので、指導者は介助で立ち上がらせて「さあヨーイドンだよ」と言って手を打ち合わせました。子供は走ろうとしません。

指導者は三メートルほど離れた位置に立って「ほらここまでおいで」と声かけしました。

子供はゆっくり歩いて近づいてきました。指導者は「よく頑張ったね」とたくさんほめました。

今度は指導者は子供と対面して、後ずさりしながら子供の手を引っぱって前進させました。もうゴールは目の前です。「ここからはヨーイドンで走ろうね」と言って、指導者は子供と手をつないで走りました。この時にはイヤイヤの気持ちは消えてしっかりと走りました。手を軽くつなぐだけで手を引っぱらなくても自分で走ろうとして走りました。走り終わったとき、指導者は「よく頑張ったね、イヤイヤに負けないでお利口だったね」と抱きしめてたくさんほめました。

グラウンドを一周するだけでも子供は走りたくないサインを度々出してきました。

でも指導者は子供がどんなサインを出してきても、グラウンドを一周する指示は変えずに指導をつづけました。これがねばり強く向き合う指導です。終わった後は指導者はたくさんほめました。

このほめが指導者の人となりを子供に受け入れさせます。いやいやながら走ったとしても、走り終わった時には、子供にやりとげた達成感をもたせます。

2 ほめること

①ほめてまとめる

指示受容の指導において忘れてならないことは、子供が指示を受け入れたらほめることです。子供が指示を受け入れることは当たり前ではないのです。とかく指示を受け入れさせることに熱が入りすぎてしまい、ほめることがおろそかになりがちですが、ほめてまとめることが指示受容の指導の鉄則です。なぜなら子供は大変な思いで指導者の話を聞いたり、介助を受けいれたり、教えられることを学んだりと努力をするからです。その努力たるや想像以上のことであることに思いをよせなければなりません。だから指示を受け入れた頑張りを認めてほめることが大切なのです。

さて、ここで問題があります。それは自閉症の子供は、当初はほめても嬉しそうな表情を見せないことです。実はほめられて嬉しいの気持ちは育てるものです。ここでほめられて嬉しいの気持ちを育てるという課題にとりくまなければならないことが浮上してきます。

②ほめられて嬉しいの気持ちを育てるとりくみ

自閉症の子供はどうしてほめられても嬉しそうな表情をみせないのでしょうか。それはほめられて嬉しいという気持ちは、人との触れ合いの中で育まれるからです。

順調に育つ赤ちゃんは一歳になると、ほめられると嬉しそうな表情をみせるようになり、叱られるとシュンとなります。では順調に育つ赤ちゃんはどのようにしてほめられて嬉しいの気持ちが育つのでしょうか。四ヵ月頃、イナイイナイバーをしたり、あやすと赤ちゃんが手足をバタバタさせて「キャッキャッアハハハ」と笑いこけます。こうしたはしゃぎ反応は、人との触れ合いによって快のコンディションになることで起こります。すなわち、赤ちゃんは四ヵ月頃になると、人との触れ合いを心地よいと感じるようになるということです。その後も人との触れ合いの心地よさを度々体験します。

さて、その後の赤ちゃんの発達はめざましいもので、お座りをする、這い這いをする、つかまり立ちをする、あんよを始めるなど目をみはるような成長をします。

お座りができると「あっ！チャンコができた」と拍手してほめられたり、這い這いをして母親の膝にたどりつくと「よく頑張ったね」とほめられたり、つかまり立ちができると「タッチができた」と賞賛されます。このように赤ちゃんのひとつひとつの成長は、家族に喜びと感動をもってうけとめられて、その嬉しい気持ちを赤ちゃんに伝えます。家族の嬉しそうな笑顔やなごやかな雰囲気は、赤ちゃんを心地よい気分に導きます。このように赤ちゃんはほめられているということがわからない時期から、知らず知らずの内にほめられる体験を積み重ねます。

また、一〇ヵ月頃になるとまねっこ芸をするようになります。子供がまねっこ芸を披露すると、人々がニコニコ笑いながら「上手ね」とほめてくれます。こうした人々の対応は普段の対応とは違って赤ちゃんの気分を高揚させます。この高揚感の中でほめられることによる何ともいいがたい心地よさを学びます。また、周りのなごやかな雰囲気は赤ちゃんを満足させます。

こうした人々の心地よい触れ合いや以前からの心地よい触れ合いなどと、度々ほめられる体験をしたことや、さらにまねっこ芸でほめられるなどの体験の積み重ねにより、ほめられるということがわかるようになります。ほめられた時の心地よさから、ほめられて嬉しいの気持ちが育まれます。ほめられて嬉しいの気持ちを決定づけるのは、一〇ヵ月頃のまねっこ芸です。

では自閉症の子供にどのようにしたらほめられて嬉しいの気持ちを育てることができるのでしょうか。自閉症だからといって特別なとりくみがあるわけではありません。

上記の順調に育つ赤ちゃんのほめられて嬉しいの気持ちの育ちを参考にしてとりくむことです。

まず人との触れ合いが心地よいものであることをくり返し体験させることです。子供の方から触れ合いを求めてきませんので、大人が積極的に子供と関わって触れ合いの心地よさを体験させます。

それと同時に何かにつけ積極的にほめるようにします。とかく障害がわかると障害のことで悩み、ほめることまで気がまわらなくなります。これではほめられる体験は少なくなり、ほめられて嬉しいの気持ちは育つはずがありません。では積極的にほめるようにすれば育つかというと、ここで問題があります。自閉症の子供は人を受け入れる力が弱いので普通に「よく頑張ったね、お利口さん」とほめても、ほめられているということがわからないということです。

そのためにこんなにおおげさにほめなければいけないかと思うぐらい、ほめる時はジェスチャーを交えて、ニコニコ笑顔で、こちらの賞賛の気持ちを表現します。たとえば、子供を抱っこしたままグルグルまわりながら「ヤッター、すごいね」と叫んだり、とびあがって大きく拍手したり、バンザイをしたり、子供の手を握って「頑張ったね、できたー」と叫びます。

当初は大げさにほめても子供は何だろうと、きょとんとした表情をみせていますが、オーバーにほめ続けることです。いろいろな場面でくり返しほめていると、だんだんとふだんとは違った対応をされていることに気がつくようになります。数ヵ月、半年とあきらめないで大げさにほめ続けていると、どの子供でもほめられた時に表情が変わるようになります。それはこちらの嬉しい気持ちや賞賛している気持ちを受けとめるようになるからです。ほめられて嬉しいの気持ちは、ほめられる体験によって育まれるものです。根気よくほめつづけることが大事です。

ところで親のなかには「家の子は何をほめたらいいだろう」と言う親がいますが、ほめる材料は身近にころがっています。これまでできていたことをできて当たり前と思って、できた時にほめることをしていなかっただけです。たとえば、ふだんご飯をこぼす子供がこぼしが少なくなった時は「こぼしが少なくてお利口ね」とほめることができます。また、お風呂になかなか入ろうとしなかった子供が「お風呂に入ろうね」の一声で、風呂場に行ったら「今日はすぐにお風呂場に来たね、お利口さん」とほめることができます。いただきますを言った、食べた皿を流しに運んだ、靴をそろえた…など気をつけてさがしてみればほめる材料はたくさんあります。

③指示受容の指導とほめは車の両輪

指示を出すこととほめることではどちらがエネルギーがいるかというと、ほめることの方です。ほめられて嬉しいの気持ちが育つには一年〜二年の月日を要します。そのこともエネルギーのいる原因です。それでもとりくまなければほめられて嬉しいの気持ちはいつになっても育ちません。

当施設では指導者はほめる時には子供を抱きよせて、目を見つめながら「よく頑張ったね、お利口さん」とほめたり、母指と示指で丸をつくって「〇だよ」とほめのサインを出します。

いつも同じほめ方をしていると、しだいにほめられたことが理解できるようになります。子供にほめられて嬉しいの気持ちが育ってくると、大人の方がうっかりほめることを忘れていると、子供の方から「ほめてよ」と要求してくるようになります。指示受容とほめは車の両輪です。このふたつが機能した時、指示受容の指導の成果が出ます。

第四章
認知学習

1 自閉症児の知的能力

①知的能力の発達はさまざま

自閉症の子供の中には三歳で往来する自動車を見て「トヨタの～」「ニッサンの～」「スズキの～」「ホンダの～」「マツダの～」と次々と自動車の名前を言ったり、遠くからでもガソリンスタンドのマークを見つけて「～ガソリン」と言ったり、五～六歳でカレンダーを記憶して数ヵ月先の「～月～日は～曜日」とあてたり、時刻表を暗記する子供がいます。また、三歳で新聞の文字をひろい読みをしたり、言葉が話せないのに、数字やひらがなの五〇ピースのパズルを難なく作り上げる子供がいます。

こうした子供の姿を見ると「すごいなあ」と突出した知的能力に驚かされます。

ところが一方ではリンゴとバナナを並べて置いて「りんごをちょうだい」と手をさし出した時、リンゴを手渡すことができない子供がいます。このように知的能力には個人差があります。

ところで「すごいなあ」と驚く行動に共通点があります。それは車の名前を覚える、ガソリンスタンドのマークを識別する、カレンダーを記憶する、文字を読む、時刻表を暗記するなど、これらは全て視覚記銘のカテゴリーです。考えてみると物を見ることは、人との関わりがなくてもできることです。人との関わりを好まない自閉症の子供にとって、持っている知的能力を見た物を記憶するということに向けることは、自然の流れと言えます。

②認知学習が必要なわけ

順調に育つ子供は人との関わりの中でさまざまなことを吸収するので認知に偏りが生じません。ところが、自閉症の子供は人との関わりが乏しいので視覚記銘は得意でも認知に偏りが生じます。

また、知的能力の発達に著しい遅れがある子供がいます。

そこで認知学習の幅を広げたり、知的能力の発達を促すとりくみをすることが必要となります。

これが認知学習を指導しなければならない理由です。

また、認知学習によって教えられたことを学ぶということは、とりもなおさず教えてくれる指導者の人となりを受け入れることです。すなわち、認知学習によって人との関わりが生じます。

このことも、認知学習を必要とする理由です。

③知的な刺激を求めている

認知学習の指導の体験からわかったことは、子供は知的な刺激を求めているということです。視覚記銘で驚くような知的能力をみせる子供は、学習課題を提供すると、好奇の目を向けてきます。指導者が教材を準備している間から、何を教えてくれるのかなと好奇の目で指導者の行動を見つめて、学習が始まるのを待ちます。こうした姿から子供がどんなに知的な刺激を求めているかが伺えます。また、個別指導を受ける場面では、友達の番の時には友達がどんな学習をするのかなと好奇の目でよく見つめています。知能検査の測定が不可能とされた子供も、認知学習の教材に興味を示します。

たとえば、マッチングの学習で、赤と緑の折り紙を机の上に並べておき、子供に赤と緑の折り紙を手渡して、同じ色の折り紙の上に重ねる課題があります。

子供は同じ色がわからず、指導者に介助されて同じ色の折り紙の上に、折り紙を重ねたとしても、子供は学習をしたという満足感を得ます。たとえ介助であっても学習をとおして、知的な刺激が与えられることが子供を満足させるのです。

幼児期は脳が著しく発達する時期ですので、知的発達のいかんを問わず、脳は知的な刺激を求めていますので、知的な刺激を与えることは必要なのです。

自閉症の子供は物事に対する関心が偏りがちですので、認知学習の指導によって偏りを是正することが必要です。さまざまな分野の認知学習のとりくみが必要です

自閉症に限らず障害児教育では、著しく知的能力が遅れていると、とかく身辺動作の自立訓練に走りがちになります。もちろん身辺動作の自立訓練は必要ですが、不思議なことに知的な発達を促す指導をすると、身辺動作の自立訓練がスムーズに進みます。

2 認知学習のとりくみ

①認知学習とは？

認知学習とは何でしょうか？　それは「世の中のルールを学ぶこと」の一言につきます。

ルールとは規定です。規定とは定められた決まりで、誰が何を言ってもゆるぎない決まりです。

認知学習のさまざまな課題をとおして、子供は世の中のさまざまなルールを学ぶのです。

このことを例をあげてみてみます。

1、○が丸であることを学ぶ

指導者がホワイトボードにマーカーで○を描いて「これは丸です」と言います。つづけて描いた丸よりも大きい○を描いて「これも丸です」と言います。さらに描いた丸よりも小さい丸を書いて「これも丸です」と言います。大きさが違っても○は丸であることを教えます。このようにホワイトボードに描いた大小の○は、丸であることはゆるぎない決まりです。

指導者は描いた○の形を丸ということのルールを教えるわけです。子供はここで○は丸ということのルールを学びます。丸の形の次は□や△の形を教えます。子供は教えられることで○は丸、△は三角、□は四角ということを学びます。○は丸、□は四角、△は三角ということはルールです。

ルールだから○を四角と言いたいと主張してもNOなのです。

○は丸、□は四角、△は三角というルールがわかると、マッチングの課題のとりくみができます。

机の上に○△□が書いてある絵カードが並んでいます。指導者は○△□が書いてある絵カードを机の上の同じ形の絵カードの上に重ねながら、「○と○は同じ形です」「□と□は同じ形です」「△と△は同じ形です」と教えます。その後で子供に○△□の絵カードを手渡して、「同じ形が書いてある絵カードの上において下さい」と指示を出します。子供は同じ形が書いてある絵カードの上に絵カードを重ねながら、同じとはどういうことかを学びます。こうして同じの概念を習得します。

2、文字を読むルールを学ぶ

絵本の読み聞かせをしていると、子供は文字を読むことに興味を持つようになります。子供が自然と覚えて読めるようになる文字もありますが、絵本を読んでいる時読めない文字が出てくると指さしして「この字は何と読むの?」と尋ねてきます。すると大人は「これは(わ)と読むのよ」「これは(か)と読むのよ」と教えます。子供は教えられたように文字を読んで、さらに読み進めます。だんだんと読める文字が増えてくると絵本を読むことを楽しむようになります。ところで、文字を教える時「(わ)という文字を(か)と読むのよ」逆に「(か)という文字を(わ)と読むのよ」と教える人はありません。

なぜなら(わ)という文字は(わ)と読むこと、(か)という文字は(か)と読むということが決まっているからです。文字の読み方を教える時もルールにのっとって文字の読み方を教えているのです。

3、欠所発見の課題

学習課題のひとつに欠所発見の課題があります。一部分が欠けている所を見つけて、欠けている所を書き加えたりするものです。たとえば、目がひとつの顔を見せて、何が欠けているかを問う課題では、子供が「目がひとつしかない」と言ったり、欠けている目を書きたすことができれば正解となります。この欠所発見の課題は、目はふたつあるというルールを前提にした課題です。この課題を学習することで子供は、目はふたつあるというルールを学びます。

以上の三つの学習課題の例からわかるように、認知学習とは世の中のルールを学ぶことであることがわかります。自閉症の子供は人との関わりを求めないために、自分流の思考パターンを作り上げてそれを固執しつづけます。学習課題をとおして世の中のルールを教えることは、自分流の思考パターンに新しい風を吹きこむことになります。

すなわち、認知学習は世の中のルールを教えこむことで、自閉の殻をやぶる働きをもするのです。

②認知能力の基盤はひとつと同じがわかること

長年の認知学習の指導体験から、認知能力の基盤となるものは「同じ」と「ひとつ」がわかることであるということがわかりました。同じの概念もひとつの概念も抽象的な概念ですので習得させることは大変難しいものです。しかし、「同じ」と「ひとつ」がわかるようにならなければ認知学習は一歩も前進しません。では子供はいつ頃、「同じ」と「ひとつ」がわかるようになるのでしょうか。

順調に育つ子供には一歳代に同じの概念とひとつの概念が育ちます。すなわち、一歳代に認知能力の基盤を築くということです。そして築いた基盤の上にさまざまな認知能力を発達させるのです。

1、同じの概念の育ち

順調に育つ子供は一歳半頃になると、絵本を見ることに興味をもつようになり、一日に何回も母親に絵本を読んで欲しいとおねだりします。いつものように絵本を見ながら母親が掃除機の絵を指さして「これは掃除機ねガーガーってきれいにするのね」と言った時、子供が部屋の隅においてある掃除機を指さしました。それを見て母親は「よくわかったね、絵本の掃除機と同じだね」と言いました。掃除機だけではなく、子供はコップの絵を見ると卓上のコップを指さしたり、ズボンの絵を見るとはいているズボンをポンポン叩きます。こうした行動から一歳半頃には「~と~は同じ」という概念が育つことがわかります。「おなじ」ということばの表現を知らないだけです。

子供が掃除機を指さした時、母親が「同じね」ということばを言いました。大人に「同じ」ということばを教えられて「同じ」ということばを覚えます。

「同じ」ということばを覚えると、同じ物を見つけるたびにすばらしいことでも発見したかのように驚きをもって「~と~は同じね」と言うようになります。周りにあるものを見ては「あれも同じだね、これも同じだね」と同じということばが子供の口からポンポンと出てくるようになります。

同じの遊びができる玩具として、はめこみパズルやパズルボックスや型はめなどがあります。認知学習では実物どうしのマッチングや色や形のマッチングや実物と絵カードのマッチングなどの学習課題があります。さらに、食べものの仲間、乗り物の仲間、果物の仲間、身につける物の仲間、料理をする時に使う物の仲間、玩具の仲間などの仲間集めの課題もとりくめるようになります。

さて、同じがわかると比較ができるようになるので大小、長短、多い少ない、高い低い、軽い重いなどの概念が育ちます。ひいては文字や数や絵などを見て模写もできるようになります。

このように順調に育つ子供は、一歳代のうちに同じの概念が育ちますが、自閉症の子供は自分で同じという概念を身につけることが難しいです。そのために自閉症の子供の認知学習は、一歳代で習得しなければならない「同じやひとつ」の概念を教えることが必須となります。

2、ひとつの概念の育ち

イ、ひとつの数を学ぶ

一歳代の子供は、皿の上に山盛りにお菓子がのっているのを見ると「いっぱいあるね」と言います。数を知らない内から物の多少がわかり、分量が多いといっぱいという言い方をします。

また、お菓子を二つの皿にわけて「好きな方をとっていいよ」と言うと、不思議と分量の多い方をとります。幼くても欲はあるねと苦笑させられる場面です。さて、子供は一歳になると「ひとつ」ということばを生活の中で学びはじめます。どんな場面で「ひとつ」ということばを学ぶのでしょうか？

「クッキーをひとつあげるよ、玩具をひとつ貸してあげなさい」のように、なにげない日常会話の中でひとつということばを聞いて、ひとつの何たるかを学んでいきます。はじめはひとつが一であることはわかりませんが、クッキーをひとつ手渡されたり、玩具をひとつ貸すことでひとつが一であることがわかるようになっていきます。そしてひとつということばを覚えると、お菓子がもっと欲しい時は「ひとつちょうだい」とおねだりしたり、玩具を借りたい時は「ひとつ貸してね」というようになります。

友達が遊びに来ると、子供は友達を喜んで迎えますが、まだ仲良く遊ぶ術を知りません。友達が自分の玩具にさわろうとすると、あわてて玩具を両腕にかかえこみます。それを見た母親が「玩具をひとつ貸してあげなさい」とたしなめます。子供はしぶしぶ玩具をひとつ友達にさし出します。このように数のことがわからないうちから、子供はひとつということばを聞いたり、生活の中でひとつの体験をします。こうした体験をくり返すことで子供は「ひとつ」ということばを学びます。

子供は生活の中でくり返しひとつを体験することで「ひとつ」の概念が育まれます。

ロ、数詞を学ぶ

ひとつだけではなく子供は生活の中で数詞を学びます。たとえば、入浴の時よく行われているのが「一〇まで数えたらお風呂から上がっていいよ」です。子供は大人のあとをついて「イチ・ニ・サン…」と数を数えます。また、「みかんを三個もってきてちょうだい」とか「小さいお皿を二枚出して下さい」とお手伝いを頼まれます。子供がまごまごしていると大人は指を三本立てて「三個ってこれだけのこと」と言って指で数を教えます。こうしてしらずしらずのうちに子供は数詞を学んでいきます。

一歳代でひとつの概念が育つと二歳代でふたつが理解できるようになり、三歳代でみっつが理解できるようになります。そしてみっつまでの数の概念がわかると、ひとけたの数、すなわち一〇までの数が理解できるようになります。

③同じの概念を育てるとりくみ

1、同じの概念が育つ経過をふませる

同じの概念を育てるにはどのようなとりくみをしたらよいのでしょうか。とりくみの参考になるのが順調に育つ子供の同じの概念が育つ経過です。

つまり、同じの概念を育てるとりくみは、順調に育つ子供の同じの概念が育つ経過にのっとったとりくみです。先述したように順調に育つ子供は、絵本のコップの絵を見た時に卓上のコップと同じであることに気がつきました。その後大人から「絵のコップと卓上のコップは同じ」と教えられて「あっそうかこれを同じというのか」と学びました。同じということばも教えられて学びました。

その後いろいろな物を見た時、同じ物があることに気がつくと「~と~は同じね」というようになりました。こうして同じの概念が習得されました。順調に育つ子供が同じの概念を習得する経過をまとめると「①同じ物であることに気づく→②

同じということばで言い表すことを学ぶ→③同じ物をたびたび見ることで同じの概念が定着する」となります。同じの概念がわかっていない子供に同じを教える指導は、順調に育つ子供の同じの概念が育つ経過とは逆に，③→②→①へとふませる方法をとります。たとえば、自閉症の子供はリンゴという物は知っていてもリンゴとリンゴは同じであることに気づきません。そこで指導者がリンゴを見せて③「これと同じりんごをとって下さい」とくり返し指示します。指示されることで②「リンゴとリンゴは同じということばで表すことを学ぶ」そして①「リンゴとリンゴは同じであることに気がつく」となります。

2、マッチングの課題

同じの概念を育てるのに適した課題は、マッチングの課題です。

さまざまなマッチングの課題がありますが、手始めの課題としては具象物を教材として使った課題が適切です。子供が普段見慣れている物はとりつき易いからです。

イ、同じ物どうしのマッチング

教材として自動車、コップ、リンゴ、スプーンを二つずつ用意します。机の上に自動車とリンゴを並べます。指導者はもうひとつの自動車を呈示して「これは自動車です」と言って、机の上の自動車の横に置きながら「この自動車とこの自動車は同じです」と言います。リンゴも同様に行います。

この指導の仕方は順調に育つ子供の同じの概念が育つ経過で言えば「②同じということばで言い表すことを学ぶ→①同じであることに気がつく」という流れですので、逆の流れとなります。

次に机の上に自動車とリンゴを並べておいて、子供にもうひとつの自動車を手渡して「同じもののところにおいて下さい」と指示します。子供が渡された自動車を机の上の自動車のところにおくことができれば合格です。リンゴも同様に行います。

マッチングをする品数は二点から始めて、順次三点四点と増やします。

実際にとりくんでみるとスムーズに同じ物どうしのマッチングができません。できない場合は介助をしながらくり返し指導をします。たとえば、机の上に自動車とリンゴを並べておいて、指導者は「これは自動車です」と言いながら子供に自動車を手渡します。指導者は子供の手をとって「同じ自動車のところにおきます」と言って、持っている自動車を自動車のそばに置かせます。そして自動車を指さしながら「これは自動車です。これも自動車です。これとこれは同じです」と言います。リンゴも同様に行います。数回の指導でわかるようにはなりません。ここでも求められるのはくり返しの指導です。子供によっては月日がかかりますが、根気よくくり返し指導をつづけます。

さらにコップとリンゴをくみ合わせたり、スプーンと自動車をくみ合わせたりして指導を続けます。

「継続は力なり」を信じてとりくみ続けます。具象物どうしのマッチングだけではなく、絵カードのマッチングや色のマッチングや形のマッチングなどと教材に変化をつけてとりくみを続けます。

ロ、同じのことばを教える

マッチングの課題を教えながら同じのことばを教える指導をします。指導者は同じのことばをくり返し使って、同じのことばを記憶させます。そのために次のような指導をします。

・机の上に自動車、コップ、リンゴ、スプーンを並べます。指導者はコップを呈示して「これと同じのをちょうだい」と指示します。子供が指導者のことばを聞いて同じ物をとって手渡すことができたら合格です。

・机の上に自動車を二個、コップ、リンゴ、スプーンは一個ずつ並べます。指導者は自動車を指さして「これと同じのはどれですか」と指示します。子供が自動車を指さしたり、自動車をとることができたら合格です。

・机の上に同じ絵の絵カードを二組まぜて絵カードを一〇枚並べます。指導者は「同じのはどれとどれですか」と指示します。同じ絵カードを指さしたり、同じ絵カードをとることができたら合格です。

ハ、生活の中で学ぶ

認知学習の時だけが同じを学ぶチャンスではありません。順調に育つ子供は生活の中で同じを学びます。大人がその気になって教えるつもりになると、同じを教えるチャンスはたくさんあります。たとえば、鏡の前に子供と並んで「ほら見てごらん、ママにもお目々があるよ、それからお口も鼻もあるよ、~ちゃんと同じね」と身体についての同じ物さがしができます。また、配膳の時には「これと同じお皿をもってきてちょうだい」とお手伝いを頼んだり、洗濯物を干す時には「あれクツシタが片っぽしかない、これと同じクツシタをさがしてください」とお手伝いをさせれば同じの学びができます。

生活の中で同じものがわかるようになった時、すなわち同じクツシタ、同じ皿など同じ物をさがすことができた時、同じの概念が育ったとみなすことができます。

④ひとつの概念を育てるとりくみ

1、数の概念と知的能力

順調に育つ子供は生活体験をとおして「ひとつ」を学び「ひとつ」の概念を習得します。また、ひとつだけではなく他の数詞もさまざまな生活体験から学んで数の概念を習得します。当施設のひとつの概念を育てるとりくみは、順調に育つ子供のひとつの概念を習得する経過にのっとったものです。長年にわたる数の概念を育てるとりくみによってわかったことがあります。それは年齢に関係なく「ひとつ」の指導を始めて、すみやかにひとつが習得できる子供には、知的能力が潜在しているということです。

すみやかに数の概念が習得できる子供は、他の認知学習の課題のマスターも順調に習得できていきます。いいかえれば数がわかる子供は知的能力の発達に期待がもてるということです。このことからも認知能力の基盤は、ひとつと同じがわかることであることがわかります。いいかえると、発達に問題を持つ子供は早期に「ひとつと同じ」の概念を習得できることが、認知能力の発達を図る上で必要であるということです。

2、ひとつを教える

ひとつの概念を育てるにはどのようなとりくみをしたらよいのでしょうが。参考になるのが順調に育つ子供のひとつの概念が育つ経過です。

イ、体験から学ぶ

教材として実物のキャンディ一〇個と皿を五枚用意します。

・キャンディをひとつ

机の上にキャンディ一〇個をばらまきます。指導者が皿を持ち、片方の手の示指を立てて「キャンディをひとつ」と言った後、キャンディ一個を皿に入れます。キャンディの入った皿を片づけた後、別の皿を持って同様の行動をします。計五回同じとりくみをします。

このとりくみは順調に育つ子供が、クッキーをひとつ手渡されたり、玩具を一個貸す体験に相当します。

・「ひとつちょうだい」の指示をする

机の上にキャンディ一〇個をばらまきます。指導者は皿を持ってもう片方の示指を立てて「キャンディをひとつちょうだい」と指示します。子供がキャンディをひとつ皿に入れることができたら、別の皿でも同様の指示を出します。計五回します。

上記のとりくみでキャンディをひとつ皿に入れることが難しい時は、指導者が皿に「キャンディひとつ」と言って皿に入れます。その直後に皿をさし出して「キャンディひとつちょうだい」の指示を出します。子供がキャンディ一個を皿に入れることができれば合格です。これは動作模倣の術を用いてひとつを教える方法です。

動作模倣でも難しい時は指導者は「キャンディをひとつ」と言いながら介助をして子供にキャンディをひとつ拾わせて皿に入れさせます。この行動をくり返します。

二個以上入れた時は余分のキャンディを皿から出します。この時子供は、エーッとした表情を見せます。この表情が大事です。自分で入れることができるようになるには月日がかかる場合がありますが、根気よくつづけます。この指導は順調に育つ子供が生活体験の中で、ひとつを学ぶ経過を認知学習の場で体験させるものです。

ロ、絵カードのマッチングで学ぶ

アイスクリーム一個の絵カード四枚とアイスクリーム二個以上の絵カードを五枚用意します。

・手本を見せる

指導者はアイスクリーム一個の絵カードを持ち、一方の手の示指を立てて「アイスクリームがひとつ」と言います。つづけて「アイスクリームがひとつの絵カードはどれかな」と言いながらアイスクリーム一個の絵カードをさがします。アイスクリーム一個の絵カードを拾いあげて「アイスクリームがひとつ」と言った後、二枚の絵カードを呈示して「この絵カードはアイスクリームがひとつです。この絵カードもアイスクリームがひとつです」と言います。

・絵カードのマッチングを指示する

机の上に全てのアイスクリームの絵カードをバラバラに並べます。指導者はアイスクリーム一個の絵カードを呈示して「これと同じアイスクリームがひとつの絵カードをちょうだい」と指示します。

上記のとりくみで同じ絵カードを拾うことが難しい時は、順次机の上の絵カードを拾い上げてアイスクリーム一個の絵カードと比較して同じ数であるかどうかを説明します。

ハ、ひとつ以外の数詞からひとつを学ぶ

ひとつを教えることに加えてひとつ以外のふたつ、みっつ、などの数詞を教えることによって、ひとつの数を教えます。
・ひとつのあつまりの指導
ふたつはひとつ一にもうひとつ一がプラスされた数（1＋1＝2）です。

みっつはひとつ一にもうひとつ一ともうひとつ一がプラスされた数（1＋1＋1＝3）です。

ふたつ、みっつの数は「ひとつのあつまり」であることにもとづいて、ひとつの数を教えます。
・ふたつの指導
教材としてキャンディが一個入った皿を二枚用意します。指導者は一枚の皿を呈示して「キャンディがひとつです」と言った後、もう一枚の皿も呈示して「キャンディがひとつです」と言います。そして二枚の皿からキャンディをとり出して、机の上に並べて「ひとつとひとつを集めるといくつになるかな?」と言ってキャンディを指さしながら「ひとつ、ふたつ」と数えて「ひとつとひとつが集まるとふたつになります」と言います。

このようにふたつの数を教える時、ふたつはひとつの数（1＋1＝2）の集まりであることを教えることで、ひとつの数の概念を教えることができます。

3 当施設の認知学習の特徴

①グループ学習と個別指導

認知学習の指導は数人のグループで行います。そしてグループ指導の中で個別指導もとりいれます。一斉指導は幼稚園や小学校で一般におこなわれている方法です。幼稚園や小学校に進級した時に、一斉指導についていけるようにするためのトレーニングも兼ねています。一斉指導の場では数メートルはなれた位置で指導者の話を聞いたり、ホワイトボードを見ることになります。

自閉症の子供は見つめる目や聞きとる耳の育ちに問題があるために、みつめつづける目や聞きとりつづける耳を育てることが必要です。そこで一斉指導で指導者を見つめる、話を聞く等のトレーニングをします。個別指導では子供の知的発達に応じた指導を行います。指示受容の指導に徹して手応えを感じるまで指導を行います。

グループ指導と個別指導を両立した指導方法は、順番を待つ時間がもったいないように思いがちですが、子供達は待つ時間を無駄にすごしません。友達が指導者の指導のもとに課題にとりくむ様子を見つづけることで、自分も課題を学びます。また、指導者は指導の後必ず頑張ったことを認めてほめます。また、友達の様子を見つづけた子供も同様にほめます。その結果、子供はほめられた友達を尊重するようになります。このことは友達が課題をクリアーできると、友達が席に戻った時「頑張ったね」と声をかけたり、拍手をする姿から推察できます。

「子供は親の姿を見て育つ」と言いますが、子供は指導者の姿をよく見ているものです。

当施設では正しい姿勢での着席の指導を行っていますが、認知学習の成果が出るためには、正しい姿勢の着席は不可欠です。正しい姿勢の着席は、子供の集中力を高めて指導者を受け入れながら勉強しようとする気持ちを後押しします。

②認知学習の指導は指示受容の指導

認知学習の指導は指示受容の指導です。当施設の指導は指示受容を要にしていますが、認知学習では特に指示受容が求められます。

なぜなら認知学習は世の中のルールを学ぶことだからです。ルールはゆるぎない決まりですので、ルールを学ぶ時にはルールを受け入れることが求められるのです。

たとえば、子供がいくつあるかなと数える時に「イチ、ニ、サン、ゴ、ヨン」と数えたら、「その数え方は間違っていますイチ、ニ、サン、ヨン、ゴと数えなさい」と指示しなければなりません。子供が正しく教えられるようになるまで何回でも正しい数え方の指示を出しつづけます。このように認知学習の指導は指示受容の指導以外の何物でもありません。

③ほめること

課題がクリアーできた時、ほめることは誰しもがすることです。実はクリアーできない時こそ、ほめることが大切です。指導者は何をほめるかを念頭において指導を進めます。

たとえば、課題がクリアーできなくてもいつも視線がそれがちであった子供が、指導者をいつもよりちょっとでも見つめることができたら「よく見ているね、頑張っているね、お利口さん」とほめます。

ことばだけではなく、抱き寄せたり、母指と示指で丸をつくって「丸だよ」と合格のサインを送ります。子供はほめられると頑張って見ていたこと、すなわち自分のことを受けとめていてくれることを感じとって、指導者に信頼をよせるようになります。ここに子供と指導者とのつながりができます。

④家庭との連携プレー

当施設では保護者と一体となって療育を行っています。それは療育の成果をあげて、心身の健やかな成長を図るためです。通所が始まると保護者はとりくまなければならない課題がみえてくるようになります。とりくみはじめるとやるべき課題が次から次と見えてくるので、時間が足りないことをなげかれます。家庭との連携プレーを図るために次のことを実施しています。

1、施設の療育はオープンです

保護者が療育の場面をマジックミラーや窓越でいつでも見学できるようにしています。見学することで保護者はわが子が指導者から指導を受けている時の、ありのままの姿を観察したり、指導者の指導の仕方を学ぶことができます。施設と家庭が違った指導の仕方をしては子供がとまどいます。歩調を合わせて指導してこそ成果をあげることができます。

また、子供の学習場面を観察することでわが子の問題点がみえてきますので、とりくむべき課題を保護者が把握できます。随時指導者は課題の教え方や問題点を説明して、保護者が施設の療育と歩調を合わせてとりくめるように配慮しています。

2、連絡ノートで親とのコミュニケーションをとる

連絡ノートにはその日の健康状態や家庭でのとりくみや親の悩みや課題のとりくみ具合いや生活ぶりや諸々の質問事項が書かれています。指導者は連絡ノートを読んで健康状態を把握したり、悩みや質問に答えたり、その日の子供の様子を詳細に記入します。

連絡ノートでは会話と違ったコミュニケーションをとることができることを実感します。

3、認知学習の課題を紹介する

月毎に四つの学習課題を設定します。課題の内容は視覚記銘に関するもの、言語発達に関するもの、目と手の協応動作に関するもの、聴覚記銘に関するもの等と多岐にわたります。

学習課題のとりくみ方を説明したテキストと教材を、月毎に冊子（四〇～五〇頁）にして家庭に配布します。それは課題の内容を理解していただくことと、家庭でも同じとりくみをしていただくためです。

また課題をクリアーするためには、くり返しのとりくみが必要だからです。

施設で学んだことを家庭でも同じ教材を使って学ぶこと、いわば復習をしていただくためです。また、翌日のとりくみを予習していただくこともできます。

4、施設の役割と家庭の役割

イ、親子関係を修正する

認知学習のとりくみだけではなく、リズム遊びのとりくみや身辺動作の自立訓練なども家庭との連携プレーでとりくみます。それはとりくみにおいて施設ならではの役割があり、家庭には家庭な

らではの役割があるからです。

施設への通所を始める年齢は二歳～四歳頃です。この年齢に至るまでに出来上がった親子関係があります。その親子関係は自閉症の障害に根ざした親子関係です。

公園に行くと子供は親に関係なく、一人でブランコやスベリ台をしたり、走り回ります。親は危険のないように子供の後をついて走り回るだけです。

本来なら子供の方から「ママ、一緒にブランコに乗ろう」といったり、「ブランコをゆすってよ」と要求しますが、自閉症の子供は親がスベリ台を一緒にすべろうとしても、こないでといわんばかりにあわててすべり降ります。子供が親と一緒に遊ぼうとしないのは公園だけではなく、家庭においても同様です。こうした通所を始めるまでにできあがった親子関係を修正することは容易なことではありません。ところが指導者と子供との関係は、通所したその日から指示受容の指導によって築かれる関係です。指示を受け入れることによって子供に指導者の人となりを受け入れることが始まります。すると子供に変化がでてきて、指導者以外の人、すなわち親も受け入れるようになります。このことが今まで築いてきた親子関係に変化をもたらします。親が子供をリードして関わることが許されるようになるのです。すなわち、親は子供の後ばかり追っていたのが、子供をリードした関わりができるようになります。たとえば、公園に行った時、「ママと一緒にブランコにのるのよ」と指示して子供をひざに乗せるようになります。また、デパートに買い物に行った時、店内を走りまわっていた子供に母親が「ママのそばにいなさい」と指示するようになります。

これまでは毅然として態度で指示をしてはいけないとちゅうちょしていたのです。それが施設で指導者の指示を受け入れて行動するわが子の姿を見ると、親の意識が変わります。

このように施設の療育には、今まで築いてきた親子関係を修正するという役割があります。

ロ、子供との関わり方を教える

もう一つの役割は親に子供との関わり方を指導することです。親はどのように子供と関わって、どのように育てたらよいかを悩んでいます。この悩みの解決のひとつの方法として、指示受容のとりくみがあることを教えます。親が指示受容のとりくみを理解されると、子供の成長を見守るとりくみから、子供の成長を促すとりくみに切り変わります。そしてとりくめばとりくむほど子供が変わっていく姿をみます。子供が変わっていく姿に励まされて、親は自信をもって指示受容のとりくみに努力されます。

このように施設には、親に子供との関わり方を教えるという役割があります

ハ、家庭の役割

家庭でも認知学習の課題を教えることは大切ですが、家庭でなければできないとりくみがあります。それは課題で学んだことを実生活の中で生かすとりくみです。

たとえば、数詞の学習であれば「みかんを三個もってきてちょうだい」「コップをふたつもってきてちょうだい」「皿にクッキーを五個ずつわけてちょうだい」と数詞を入れたお手伝いをさせることです。

また、おやつの時にお皿を五枚もってきて、「クッキーをお皿に一個ずつわけて下さい」と指示したり、「二個ずつわけて下さい」と指示します。次に三個、次に四個、次に五個と指示する数詞を変えます。ここで同じ数を五回にわたって皿につけることになります。このように療育で学んだ数詞を実生活の中で体験すると、数の概念がしっかりと習得できます。

家庭は、認知学習で学んだ数詞を実生活の中で体験させることができる場所です。

家庭は生きた学習をする場です。生きた学習をさせることが家庭の役割です。

第五章

リズム遊び

1リズム遊び

当施設ではリズム遊びとして、手遊び歌とダンスと五〇音のかえ歌とリズム打ちとことばを聞く訓練を指導しています。リズム遊びの課題の指導は、指示受容の指導です。

リズム遊びも認知学習と同様に家庭との連携プレーでとりくんでいます。そのためダンスのふりつけや手遊び歌の手指の動きやリズム打ちの打ち方や五〇音のかえ歌と、かえ歌にともなうジェスチャーや聞く訓練の指導の仕方などを親に説明します。

①リズム遊びの指導の目的

リズム遊びの指導の目的は、人の行動を見つめる目を育てることと、音声を聞く耳を育てることと、動作模倣の力を育てることです。順調に育つ子供は一歳半を過ぎると食事の前に手を合わせて「アーア（いただきます）」と言うようになります。こうした行動がでるのは大人が手を合わせる姿を見たり、「いただきます」のことばを聞いて真似をするからです。人の行動を見る目、音声を聞く耳、動作模倣をする力は、幼児が成長を図るうえで原動力となるものです。

ところが自閉症の子供は視線を合わせることが苦手なので、人の行動を見つめようとしません。また、人への関心が乏しいので、人の音声を聞こうとしません。人の行動を見つめようとしないために、動作模倣の力も育ちにくいです。そのために二～三歳になっても人の行動を見たり、音声を聞いたりしないので、親が手を合わせて「いただきます」をしても、子供は親の真似をして「いただきます」をしません。リズム遊びの指導は、自閉症の子供の弱点であるところの見つめる目と聞く耳と動作模倣の力を育てるとりくみです。

1、人の行動を見る目を育てる

・手遊び歌は指導者の手指の動きを見なければ、

手指の動きを学ぶことができません。

・ダンスは指導者の踊る姿を見なければ、ふりつけを学ぶことができません。

・リズム打ちは指導者のリズム打ちを見なければ、学ぶことができません。

・五〇音のかえ歌のジェスチャーは、手本を見なければ学ぶことができません。

このように見なければ学ぶことができない課題が指導されるので、必然的に子供は指導者の行動を見ざるをえなくなります。リズム遊びの学習で、指導者の行動を見ることのトレーニングをすると、他の場面でも人の行動を見るようになります。

2、音声を聞く耳を育てる

・手遊び歌やダンスは、歌を聞きながら、歌詞に合わせて手指を動かしたり、踊ったりします。

・リズム打ちは、歌に合わせてリズム打ちをします。

・五〇音のかえ歌は、肉声の歌を聞きます。

・ことばを聞く耳の訓練は、指導者の音声を聞きます。

いずれの課題も歌や指導者の音声を聞くことが子供に求められます。

子供がある程度自力で手遊び歌やダンスやリズム打ちができるようになると、一人でやらせますが、この時は手本がある時よりも集中して歌を聞くことが求められます。

こうして、リズム遊びの学習で、音声を聞く耳を育てます。

3、動作模倣の力を育てる

手遊び歌もダンスもリズム打ちも手本の動作を模倣することで学びます。ある程度マスターすると、動作模倣の域から脱して、記憶にもとづいて手指や身体を動かしたり、リズム打ちをするようになりますが、それらの動きは動作模倣によって学んだものです。手遊び歌もダンスもリズム打ちも動作の模倣が求められるので、リズム遊びの学習は動作模倣の力を育てます。リズム遊びの学習で動作模倣の力が育つと、家族の動作や友達の遊びを真似するようになります。

②リズム遊びの指導は指示受容の指導

リズム遊びのいずれの課題の指導も指示受容の指導です。たとえば、手遊び歌ですが子供は指導者の手指の動きを見ながら真似をして手指を動かすことで手指の動きを学びます。

この場合指導者の手指の動きは指示であり、真似をして手指を動かすことは指示の受容に相当します。ダンスでは手本のふりつけは指示であり、手本のふりつけと同じように、手足や身体を動かすことは指示受容に相当します。

リズム打ちでは打ち方が指示であり、教えられた通りにリズム打ちをすることは指示の受容に相当します。手遊び歌やダンスやリズム打ちは、曲を聞きながら、五〇音のかえ歌も歌いながらのとりくみですので雰囲気がなごやかですが、なごやかな中にも指示受容の指導が行われます。

2 手遊び歌

①指導の目的

手遊び歌の指導の目的は先に述べた三つの指導の目的に加えて、手指の発達を促すことが加わります。そのために当施設では指導者が子供達の手指の発達に応じたふりつけを考えて、手指の動きのレベルアップを図ります。

ふりつけはグーチョキパーのような簡単な動きから、手指を一本ずつ動かしたり、手指の屈曲伸展をくり返すなどの微細な動きまでとりいれます。

指導者の手本を見ながら子供が真似をして手指を動かしていると、手遊び歌をしているように見えます。確かに手遊び歌をしてはいるのですが、これで良しとはしません。

子供の手指の動きを観察して、苦手の動きに対しては介助を交えて指導をします。

たとえば、チョキの動作ですが、示指と中指を他の指から分離させて立たせてはいても、しっかりと伸展ができない場合は、示指と中指の伸展を促す指導をします。こうした細かな指導をすることで手指の発達を促します。

②手をふって歩く、手をふって走る

手遊び歌の手指の動きをていねいに指導することでわかったことは、手をふって歩いたり、手をふって走ったりすることができるようになると、不思議なことにさまざまな手指の動きや微細な手指の動きができるようになるということです。順調に育つ子供は二歳前後には手をふって歩いたり、手をふって走ったりするようになります。手をふって歩いたり走ったりができるようになるのは、手が身体から分離して機能するようになるからです。そのために当施設では親の協力を得て一日に三~四キロの距離を手をふって歩いたり、走ったりするとりくみをしています。

③動く手を見つめないのはなぜ？

順調に育つ子供は指導者の手を見つめて手を動かします。ところが自閉症の子供は指導者が対面して手遊び歌を指導しても、指導者の手を見つめないで別の方向を見ています。

ではどうして自閉症の子供は指導者の動く手を見つめないのでしょうか。そのことの答えは七ヵ月頃の赤ちゃんの手遊び歌の行動から導きだすことができます。

七ヵ月頃母親が「♪むすんでひらいて」の手遊び歌をすると、赤ちゃんはニコニコしながら母親をじーっと見つめます。赤ちゃんが何を見つめているのかを観察すると、むすんだりひらいたりする手の動きではなく、母親の顔を見つめています。母親の顔をじーっと見つめているうちに、視界の中にむすんだりひらいたり打ち合う手の動きがちらちらと入ってきます。すると母親の手の動きの方に視線を向けるようになり、赤ちゃんは母親の動く手をじーっと見つめ続けるようになります。

つまり、赤ちゃんは初めは母親をじーっと見つめて、その後に、母親の動く手を見つめるようになります。すなわち、「母親の顔を見る➡母親の動く手が目に入ってくる➡手の動きに視線を向ける」となります。

赤ちゃんの行動からわかることは母親の動く手を見るには、まず母親の顔を見ることが先であるということです。自閉症の子供が指導者の動く手を見つめないのは、実は人の顔を見つめつづけることができないからです。つまり新生児期よりアイコンタクトをとることができなかったからです。このことが手遊び歌の学びにまで波及しているのです。

こう考えると、自閉症であるか否かの診断は、七ヵ月頃の手遊び歌の反応によってもできるということです。発達のつまずきは、遅くても七ヵ月までには気がつきたいものです。

3 ダンス

①指導の目的

ダンスの指導の目的は先に述べた三つの指導の目的に加えて手や足や身体を随意に動くように訓練することと、友達との関係づくりです。子供達の普段の行動を観察すると、身体の動きが限られています。また、自閉症の子供は一人遊びをしていて、周りに友達がいても友達を意識したり、関わろうとしません。

当施設では指導者がダンスのふりつけをする際、上記の二点「身体の動きのこと、友達を意識させること」を留意してふりつけを考えます。

たとえば、身体の動きでは、手をかいぐりしながら座ったり、立ち上がったりするふりやグルグルまわりながら拍手をするなどのふりで、手や足や身体の動きを広げるようにします。

また、友達との関係では、友達と腕を組んでまわるふりや友達と手を打ち合うふりや、手をつなぐふりをとりいれて、友達を意識させるようにします。

②指導上の留意点

指導をくり返しているとふりつけを覚えて自力で踊ることができるようになる子供や一部介助すれば踊れるようになる子供がいます。子供が曲に合わせて手足を動かしている姿は、ダンスをしている姿そのものです。でも当施設の指導は単に曲に合わせてダンスをすれば良しとしません。手や足などの動きでは、しっかりと屈曲や伸展をすることを求めます。たとえば、手を横に伸ばすふりでは肘関節の伸展を指導します。手指を伸ばすふりでは指関節の伸展を指導します。

また、友達と手をつなぐふりでは、つなげる子供がつなげない子供の手を握ってリードしながらつなぎ続けることを指導します。どうしても手がつなげない子供は、指導者が介助して手をつなぐことを教えます。こうしたとりくみをくりかえしていると、友達と手をつなぐことができない子供も、手をつなぐことへの抵抗が弱くなっていきます。また、ダンスが自立した子供には、踊れない子供をリードして踊る場面を設けます。すると踊れない子供も上達しますが、それ以上に自立した子供の踊りが上達します。こうしてダンスで友達との関わりをもたせるようにします。

③バンザイ

長年にわたってさまざまなふりを考案してダンスの指導をしてきましたが、不思議なことに両手バンザイがしっかりとできるようになると、メリハリのあるダンスができるようになります。

バンザイとは両手を挙上することです。挙上した時に肘関節、手関節、指関節（特に示指）を伸展して挙上するときれいなフォームのバンザイとなります。このきれいなフォームのバンザイは手指の先端まで意識がいかないとできません。随意に手指を動かすことができるようになると、きれいなフォームのバンザイができるようになります。

当施設では体操の指導の時にバンザイをしっかりすることを指導していますが、そのポイントは示指をしっかり伸展することにあります。示指が伸展できるようになるといろいろなダンスのふりが上手にできるようになるからです。

4 リズム打ち

①指導の目的

当施設のリズム打ちは曲を聞きながらリズムに合わせてタンバリンやタイコやスズやマラカスやトライアングルやクラベスやシンバルなどの楽器でリズム打ちをするものです。

指導の目的は三つの指導の中でも特に「音声を聞く耳を育てる」ことに重点があります。

リズム打ちの仕方は指導者が子供の発達レベルを考慮して考えます。曲は子供達になじみのある曲を使い、やさしい打ち方や難しい打ち方をとり入れますが子供達が努力すればマスターできるレベルの打ち方を設定します。それは打ち方の習得よりも子供達の音声を聞く耳を育てるためです。リズム打ちは手遊びやダンスと比べると習得が早いです。

②指導上の留意点

子供達がリズム打ちを学ぶ姿を見ていると、指導者がリズム打ちをする動作を真似することから始まります。つまり、動作模倣の術を用いてリズム打ちを学びます。しかし、いつまでも動作模倣にたよっていては聞く耳を育てることはできません。

リズム打ちでは見ることと聞くことでは、どちらの方がウエイトが重いかというと聞くことの方です。

そのためにある程度マスターできたら子供だけでリズム打ちをさせます。

リズム打ちをするには曲をしっかり聞くことができなければ、リズムに合わせてリズム打ちをすることができないからです。ところがほとんどの子供が先を急ぐ傾向があります。その時には指導者が一緒にリズム打ちをして、リズムに合わせるように誘導します。また、曲に合わせてリズム打ちをすることの大切さを説明します。リズム打ちのとりくみは、音声を聞く耳を育てることを重視していますので、ある程度覚えたら、なるべく子供だけでリズム打ちをさせるようにしています。子供は自分一人でリズム打ちができるととても嬉しそうな表情を見せます。できたという達成感から出る表情です。

5　五〇音のかえ歌

①指導の目的

自閉症の子供はことばの発達が遅れる傾向があります。五〇音のかえ歌はことばに関心をもたせるために考案したとりくみです。自閉症の子供がテレビのコマーシャルをよく口にすることにヒントを得ました。コマーシャルはリズミカルな口調です。そこでリズミカルな口調でことばを教えたらことばを学びやすいのではないかと考えて、あみだしたのが五〇音のかえ歌です。

五〇音のかえ歌の指導の目的は、ことばに関心をもたせることと発声を促すことです。

②五〇音のかえ歌の作成

五〇音のかえ歌の歌詞は五〇音が語頭につくことばと、そのことばに関連することばから構成されます。それを「♪ドレミの歌」のメロディーにのせて歌います。語頭につくことばは生活の中で使われていることばをピックアップします。関連することばは、さまざまなことばが学べるように形容詞や動詞や擬声語などのことばを用います。どんなとりくみかア行音を例にして説明します。

「あ行音のかえ歌」

♪「あ」は、あひるの「あ」、ガーガー
「い」は、いすの「い」、こしかける
「う」は、うみの「う」、あおい
「え」は、えほんの「え」、たのしい
「お」は、おひさまの「お」、ニコニコ
さあ歌いましょう。あいうえおあいうえお　♪

以上、歌詞ができると、次は絵カードを作ります。たとえば、あひるならあひるの絵カードを作ります。次に関連する言葉にちなんだジェスチャーをふりつけます。たとえば「あひる」ならば、あひるの口ばしのように、口元で両手を上下に開いたり閉じたりします。

指導する時は指導者は着席して、膝の上に絵カードを立てて、絵カードを見せながら五〇音の歌を歌い、関連する言葉の所では約束のジェスチャーをします。

五〇音のかえ歌では歌と絵カードとジェスチャーの三つの手段でことばを学ぶことになります。

③五〇音のかえ歌の特徴

五〇音のかえ歌は、一ヵ月間くり返し指導をします。その結果、五〇音のかえ歌をくり返し聞くこととなります。赤ちゃんは言葉を千回聞いて覚えると言われますが、千回とまでいかなくてもくり返し聞くことになります。しかもことばを歌で聞きます。そのことばは、絵カードとジェスチャーつきのことばです。このことがことばへの関心を高めることになり、くり返し聞くことがことばの記憶を助けます。

その結果、ことばが話せなかった子供が知らぬ間に五〇音のかえ歌を口ずさむようになります。

また、五〇音のかえ歌はことばの学習ということに加えてもう一つの成果があります。

それは歌を歌う時は、会話の時よりもたくさん息を吐きつづけます。すなわち、五〇音のかえ歌を歌うことによって、息をたくさんながく吐くトレーニングができるということです。

自閉症の子供は奇声を上げたりしますが、話し声が小さく抑揚のない話し方をしたり、早口で話したりします。こうした話し方は呼吸と関係していえます。つまり呼吸が浅いということです。

五〇音のかえ歌に限らず歌を歌うことによって話し声は改善されます。

④さまざまなとりくみ

子供達が五〇音のかえ歌に慣れてきたなと感じたら、五〇音のかえ歌の指導に子供を参加させます。どんなとりくみか紹介します。

「あ行音のかえ歌」

・指導者が絵カードを見せながら「あは」まで歌います。「あは」に続く歌詞を子供に歌わせます。

子供は「アヒルのあ、ガーガー」と歌いながら約束のジェスチャーをします。

・指導者は絵カードを呈示するだけで、順次子供を指名して歌わせます。子供達の表情からいつ自分の番がくるかとドキドキしている様子が伺えます。

・指導者は絵カードを見せながら「これは何だったかな？　先生忘れちゃった。わかる人は教えて下さい」とわざととぼけて、子供達に歌わせます。

子供達が笑いながら「アヒルだよ、ガーガーだよ」と教えてくれます。

・子供に指導者の役をやらせます。

子供は指導者になりきって指導者そっくりの仕草や口調で五〇音のかえ歌を歌います。一人の子供が歌い終わると、「ぼくも」「わたしも」と指導者役をやりたいのアピールをしてきます。やらせるとあまりにも指導者そっくりにやるので苦笑させられます。

・指導者がヒントを出しながら子供達に五〇音のかえ歌を作らせます。

たとえば、カ行音では「カーカーと鳴く鳥は何かな？（カ）のつく鳥ですよ」とヒントを言って、子供達から「カラス」ということばをひき出します。

次にジェスチャーはどのようにしたらよいかを考えさせます。子供達から出たさまざまなジェスチャーの中から妥当なジェスチャーを採用します。

普段おしゃべりな子供でもなかなかことばが思い浮かばないものですが、楽しい会話が展開します。このように五〇音のかえ歌の指導にはさまざまなとりくみ方があります。

6　ことばを聞く訓練

①指導の目的

ことばの発達を図るには、ことばを聞く耳を育てることが先決です。ことばを聞く訓練は、ことばを聞く耳を育てるための課題です。ことばを聞かなければならない課題を設定して指導を展開します。

②指導の仕方

指導者が課題の作成をします。身近なことばを三つピックアップして、三つのことばにそれぞれ約束の動作をつけます。たとえば「耳、口、目」の三つのことばをピックアップした場合、指導者が目と言ったら、子供は目を指さす、耳と言ったら耳を指さす、口と言ったら口を指さすという約束の動作をふりつけます。指導は三つのことばと約束の動作を教えることから始めます。

子供が約束の動作を覚えたなという手応えを感じたらことばだけの指示を出して、子供に約束の動作を行なわせます。指導者はことばをさまざまにくみ合わせて、指示を出します。

子供は指導者のことばを聞いてくみ合わせの順に約束の動作をします。

たとえば、「目、耳、口」の課題の場合、指導者が「目、耳、口、」と言ったら、子供は目、耳、口を言われた順に指さします。くみ合わせしだいでさまざまな指示が出せます。


「さまざまなとりくみ方」

・指示することばが三つの場合・「目、耳、口」・「耳、目、口」・「口、耳、目」・「耳、口、目」など
・指示することばが四つの場合・「目、耳、口、耳」・「耳、目、耳、口」・「口、目、耳、口」・「耳、目、口、耳」など
・指示することばが五つの場合・「耳、口、耳、目、口」・「目、耳、目、口、耳」・「口、耳、口、目、耳」・「目、口、耳、口、目」など

三つのことばができたら四つのことばに、四つのことばができたら五つのことばにと、指示することばの数を増やします。四つのことば、五つのことばとなると、集中して聞くことが求められます。

子供は指導者が次はどんなことばを言うのかなと、真剣なまなざしを向けて耳を傾けます。

子供達はできるととても嬉しそうにホッとした表情となります。

③ことばを聞く訓練の課題いろいろ

ことばを聞く訓練の課題はいろいろとあります。その一部を紹介します。

・前・「両手を前に伸ばす」・上「両手を挙上する」・横「両手を横に伸ばす」
・グー・「片手でグーを作る」・チョキ「片手でチョキを作る」・パー「片手でパーを作る」

・イチ・「示指を立てる」・ニ「示指と中指を立てる」・サン「示指と中指と薬指を立てる」
・帽子・「頭に両手をあてる」・マフラー「首に両手をあてる」・くつ下「足の指に片手をもっていく」
・サンタクロース・「顎の下に握った手をもっていく」・トナカイ「頭の上で両手の示指を立てる」・プレゼント・「両手を前にどうぞとさし出す」など。

自閉症の子供は訓練になれるまで大変ですが、指導の仕方しだいで、楽しい雰囲気を作りながらとりくめる課題です。

第六章
呼吸援助抱っこ

呼吸をすることはできて当たり前と思いがちですが、自閉症児にとっては呼吸をすることはできて当たり前ではありません。実は自閉症児は呼吸のトラブルを〇歳代よりかかえています。

呼吸援助抱っこは呼吸という視点から障害の改善を図るとりくみです。呼吸援助抱っこにとりくむと、とりくめばとりくむほど呼吸援助抱っこの奥の深さに気づかされます。また、子供達が呼吸のことでこんなにも苦しんでいたのかと気づかされます。

1 「オギャーオギャー」の音声

①「オギャーオギャー」の音声と抱っこ

赤ちゃんが「オギャーオギャー」の音声を出すと、人々はあわててかけつけて「ヨシヨシ」と言って抱きあげてなだめます。軽くゆらしたり、身体をかるくポンポンと叩いたり、そろそろと歩いたりして「オギャーオギャー」の音声がおさまるのを待ちます。そうこうしている内に、赤ちゃんの「オギャーオギャー」の音声がおさまっていきます。

赤ちゃんは「泣くことがお仕事」といいますが、どうしてしばしば「オギャーオギャー」の音声を出すのでしょうか。赤ちゃんが「オギャーオギャー」の音声を出している表情は、まるで泣いている時の表情そっくりです。そのために人々は赤ちゃんが「オギャーオギャー」の音声を出すと、「赤ちゃんが泣いている、泣いていてかわいそう」とあわれに思います。そこで赤ちゃんが「オギャーオギャー」の音声を出すと、なだめてあげたくなります。

では赤ちゃんが「オギャーオギャー」の音声を出した時、抱っこをすると「オギャーオギャー」の音声がおさまるのはどうしてでしょうか。

②「オギャーオギャー」の音声の正体

「赤ちゃんは泣くことがお仕事」と先人は教えています。ではどうして赤ちゃんはしばしば泣くのでしょうか？　実は赤ちゃんは生まれて数ヵ月間は泣いているのではありません。

生まれたばかりの赤ちゃんは子宮外胎児であると言われます。生まれてきても赤ちゃんは胎児であり、機能的に未発達であるということです。このことは肺呼吸において顕著に出ます。

つまり、赤ちゃんは生まれて数ヵ月間は呼吸器官の機能が未発達であるために、生命維持に必要な酸素をとりいれることができません。その結果、息苦しくなるという事態が起こります。

呼吸は死活問題です。赤ちゃんは息苦しくなったり、呼吸が浅くなると必要な酸素をとりいれなければならなくなります。そこでたくさん息を吸うために大きく息を吐くということをします。

この大きく息を吐く時に喉頭の声帯弁の振動が起り「オギャーオギャー」の音声が出るのです。

したがって、「オギャーオギャー」の音声は、息を大きく吐くことによって出る音声です。

つまり、「オギャーオギャー」の音声は、泣き声ではなくて呼気音なのです。

古今東西生まれて数ヵ月間の赤ちゃんの「オギャーオギャー」の呼気音を「泣き声」と称していますが、これは大きな誤謬です。

ところが三〜四ヵ月頃になると、赤ちゃんは「オギャーオギャー」の呼気音をオッパイが欲しい、抱っこして欲しい、あやして欲しいという意思を伝えるために活用するようになります。

これが欲求の泣きと称される泣きです。この欲求の泣きが「泣き声」の始まりです。

したがって、生まれて数ヵ月間の「オギャーオギャー」の音声は、悲しいとか寂しいという感情のこもった泣きではありません。このことは生まれて数ヵ月間の赤ちゃんを知る上で最も重要なことです。

このことが世間に理解されたら、赤ちゃんのお世話に画期的な変化が起こることでしょう。

③抱っこは呼吸を深くする

赤ちゃんが「オギャーオギャー」の呼気音を出した時、抱っこをすると呼気音がおさまります。ではどうして抱っこをすると呼気音がおさまるのでしょうか?

それは赤ちゃんは抱っこされると深い腹式呼吸ができるようになって、息苦しくなくなるからです。

「オギャーオギャー」の音声を泣き声と思いこんでいる抱き手は、なんとか早く「オギャーオギャー」の呼気音をおさめてあげたくて、あの手この手と抱っこの仕方を工夫します。

そして赤ちゃんの「オギャーオギャー」の呼気音をおさめることができる抱っこのポーズにたどりつきます。その抱っこのポーズは赤ちゃんを抱き手の胸に密着させた縦抱き抱っこで、背中はやや丸めるようにする抱き方です。この抱き方をすると赤ちゃんは深い腹式呼吸ができるようになるので、呼気音を出さなくなります。この抱っこは抱き手が工夫して考えだしたものではなく、赤ちゃんが求めてくるポーズです。したがって、いつも抱っこしている人（主に母親）は、抱っこをしているうちに赤ちゃんが求める抱っこを体得します。その結果、母親は他の人よりもすみやかに「オギャーオギャー」の呼気音をおさめることができるようになります。

④人との触れ合いのスタート

「オギャーオギャー」の呼気音がおさまった後、赤ちゃんに何が起こるでしょうか。

それは抱き手との心地よい触れ合いです。赤ちゃんは深い腹式呼吸ができるようになるので快のコンディションとなります。表情はというとおだやかな表情となり、口元がほほえんでいるようにみえます。赤ちゃんは脳が快のコンディションになると、五感によって抱き手からの刺激を心地よいものとしてうけとめます。すなわち、赤ちゃんの視覚は抱き手をみつめ、聴覚は抱き手のあやす声を聞き、触覚は抱き手のぬくもりややわらかな感触をうけとめ、臭覚は抱き手の臭いをうけとめます。

赤ちゃんは快のコンディションですのでそれらの刺激は自然と心地よい刺激として受けとめられます。ここで赤ちゃんは人と触れ合うことは、心地よいことであることを体験します。

生まれて間もない赤ちゃんが抱っこによって、触れ合いの心地よさを体験するということはとても大切な体験です。なぜなら心地よさを体験できると、赤ちゃんに人との触れ合いを求める気持ちが育つからです。ところが、自閉症の赤ちゃんは抱っこによって人との触れ合いの心地よさを体験することができません。その結果、人との触れ合いを求める気持ちが育ちません。

2 呼吸援助抱っことは?

①呼吸援助抱っこの目的

呼吸援助抱っこは赤ちゃんが深い腹式呼吸ができるようになると快のコンディションとなり、人との触れ合いの心地よさを体験することに着目してあみだした術です。自閉症の赤ちゃんは抱っこによって快のコンディションになるどころか、不快になります。

呼吸援助抱っこの目的は、順調に発達する赤ちゃんが抱っこによって快のコンディションとなり、触れ合いの心地よさを体験するように、自閉症の子供にたいしても抱っこによって触れ合いの心地よさを体験させることです。呼吸援助抱っこと称すると、特別な抱っこのように思われがちですが、根本的には順調に育つ赤ちゃんが求める抱っことなんら変わりません。あえていえば、

「オギャーオギャー」の音声が呼気音であることを認めることができるか否かです。

自閉症の子供の特徴にアイコンタクトがとれない、人との触れ合いを嫌がる、微笑み行動が見られない、人の指示を聞かない等があります。こうした行動を自閉症の特徴だからといって看過していたのでは、いつまでたっても問題は解決できません。

自閉症の子供は呼吸のトラブルをかかえていることを理解して一日も早く、人との触れ合いの心地よさを呼吸援助抱っこのとりくみをとおして体験させることが不可欠です。

②呼吸援助抱っこの仕方

呼吸援助抱っこの仕方を紹介します。

1、抱き手は正座をして、子供を対面させて膝の上に両足をまたがせて、座らせます。

2、子供の両腕を抱き手のわきの下をとおして背中にまわさせます。抱き手は自分の胸に子供の胸を密着させて縦抱き抱っこをします。

3、抱き手は片腕を子供の肩におき、もう一方の腕を子供の腰部にあてて、子供のお腹を抱き手のお腹にしっかりと密着させます。

4、抱っこを続けていると、抵抗をするようになりますが、抵抗しても深い腹式呼吸ができるように誘導します。

5、深い腹式呼吸が始まると、抵抗がおさまり抱き手に身体をそわせてきます。

6、深い腹式呼吸になると、子供のお腹の横隔膜が活発に動いているのが抱き手のお腹に伝わってきます。ここで抱っこの和解が起こります。

7、抱っこの和解がおこると、眠り出したり、アイコンタクトをとってきたりします。

以上が呼吸援助抱っこの基本的な仕方です。

順調に育っている赤ちゃんは、呼吸援助抱っこをすると、赤ちゃんが抱き手の身体に自分の身体をそわせてきて心地よさそうな表情になります。

ところが自閉症の子供は抱き手に自分の身体をそわせてきません。そわせてこないどころか激しく抵抗をします。

③接触嫌い

自閉症の子供を呼吸援助抱っこをすると、どんな反応が出るのでしょうか。

抱っこにとりくむ直前から抱っこ嫌々の反応が出ます。抱きこ手が子供の胸とお腹を自分の身体に密着させようとすると、身体をそり返して密着から逃れようと抵抗します。子供が抵抗しても毅然とした態度で抱っこを続けると、抵抗が激しくなります。子供によって抵抗する時間は違いますが、三〇分～一時間と続きます。

その間子供は「ワーワー」と大声で泣きわめいたり、抱き手の髪の毛をひっぱったり、腕をかみついたり、足をバタバタ動かしたりします。わざとオシッコをもらしたりして抱っこから逃げようとしたりもします。抵抗する時の力は、たとえ一歳児でも二歳児でも渾身の力をふりしぼって抵抗してきますので、抱き手がその力に負けそうになるほどです。

おしゃべりができる子供は抵抗しながら「おしっこが出る」とか「のどがかわいた、水が欲しい」とか「苦しい、助けて」と叫びます。「オシッコが出る」と言えば抱っこから開放されるだろうと知恵を働かせるわけです。「オシッコが出る、のどがかわいた」と言った場合は、「オシッコを出したければ出してもいいよ、抱っこがおわったらお水をあげるよ」と答えて抱っこを続けます。ではどうしてこんなに激しい抵抗をするのでしょうか。それは抱き手の身体と自分の身体が接触することが嫌だからです。自閉症の子供は極端な接触嫌いなのです。

つまり、抱き手の身体に自分の身体が接触することが恐怖なのです。恐怖から逃れるためですから、子供にとっては命がけの抵抗なのです。

呼吸援助抱っこの短所は、抵抗がつきものであるということです。そのために抱き手である親は子供の激しい抵抗にあうと、呼吸援助抱っこをして良いかどうかと疑問をもつようになります。

周囲の人々からも「そんなに泣かしてまで抱っこをしない方が良い」と言われて親の気持ちがぐらつきます。こんな時支えになるのが指導者のアドバイスであり、先輩の親の話です。

先輩の親から「家の子も抵抗がひどかったの、初めは先が見えなくて不安だったけれど、抱っこを続けていて良かったと今は思うの、とりくめばとりくむほど子供が変わっていくの、最近は呼吸援助抱っこの奥深さに驚いているの、一緒に頑張ろうね」と励まされます。

また、ぐらついている親を奮起させるのは、先輩の親の子供が「ママ抱っこしてー」とママに甘える姿です。いつか家の子もあのようにならしてあげたいの思いがこみあげてきます。

④和解

どんなに激しい抵抗を出してきても抵抗に負けないで抱っこを続けていると、必ず抵抗が弱まります。子供が力つきて弱まるのではありません。抵抗が弱くなってきたなと感じる時には、抱き手は子供の下腹部、すなわち横隔膜がふくらんだり、へこんだりする動きを感じとります。つまり、深い腹式呼吸ができるようになるのです。腹式呼吸によって快のコンディションに導かれるので抵抗が納まるのです。ここに呼吸援助抱っこの和解が起こります。

呼吸援助抱っこのゴールは深い腹式呼吸です。接触嫌いの子供にとって密着した抱っこはどんなに息苦しいものでしょう。息苦しくなるから大泣きをして抵抗せざるをえないのです。でも、大泣きをすることで息を大きく吐いてその分息をたくさん吸うことができます。

抱っこによって深い腹式呼吸へと導かれるので、

抵抗する必要がなくなるのです。抵抗がおさまると、おだやかな表情になります。また、深い腹式呼吸ができるようになると、先刻の抵抗はなんだったかと思うほど別人になります。

⑤和解がもたらすもの

呼吸援助抱っこによって深い腹式呼吸ができるようになると、子供は全身の力をぬいて抱き手に身体をゆだねるようになります。胸もお腹も抱き手の身体に密着させてきます。その表情はというとまるで新生児のようなあどけない表情となります。母親達は「こんな表情は今まで見たことがない、こんなに可愛らしかったんだ」と感嘆されます。思わず頬ずりをしたくなるような表情なのです。

これが呼吸援助抱っこがもたらす和解です。子供は深い腹式呼吸によって快のコンディションとなっています。快のコンディションの中で、抱き手からの刺激を五感でうけとめるようになります。

和解後の視線はというと、抱き手の目をじーっと見つめるようになります。つまり、アイコンタクトをとってくるようになります。さらに子供は抱っこの中で抱き手の声を聞き、抱き手のぬくもりや肌のやわらかさや接触の心地よさを感じとり、抱き手の臭いも感じとります。

この姿はまさに順調に育つ赤ちゃんが抱っこによって「オギャーオギャー」の呼気音をおさめてもらった時の姿と同じです。母親達は深い腹式呼吸ができるようになると、こんな劇的な変化が起こるのかと驚かれます。抱っこによって育まれる快のコンディションは、人との触れ合いの心地よさを子供に体験させます。呼吸援助抱っこの和解を半年〜一年とくり返すと、子供の中に人を受け入れる気持ちが育まれます。

呼吸援助抱っこにとりくんで子供が抵抗した時、こんなに嫌がると和解に至らないのではと思って抱っこを中断すると、ますます抱っこ嫌いにおちいらせます。

そのためにも中断はさけるべきです。呼吸援助抱っこは和解に至るまで忍耐強く続けることが大切です。必ず子供の方から「ママ抱っこしてー」と抱っこを求めてくる日が来ます。

⑥子供の話

当施設に三年通所して小学校に進級した子供が、後年に呼吸援助抱っこについて、次の様なことを話したと、母親が手紙で知らせて下さいました。

「ママ、いわしろに通っていた時、ママは毎日僕を抱っこをしたね、ママ抱っこってどんなに苦しいかわかる？　深い海の底に沈んだ時のように息苦しいんだよ、逃げたくて、もがいたけれどママが抱っこをつづけたので、僕すごくあばれたね、あばれたこと今でも覚えているよ。だけどママが抱っこをしてくれたからママが大好きになったんだ」との文面でした。この子供の話から呼吸援助抱っこで抵抗するのは息苦しいためであることがわかります。自閉傾向の子供は接触嫌いのために、身体を密着すると息苦しくなります。全身で暴れたり大声で泣いて、すなわちたくさん息を吐かざるを得ないのです。

つまり、子供は大声で泣いて、すなわち息をたくさん吐いてその分息を吸うことで深い腹式呼吸ができるようになると、快のコンディションになることを体験したのです。その結果、ママが大好きになったと語っているのです。子供の話から、呼吸援助抱っこは抵抗がつきものであること、和解ができると抱っこをしてくれた人を好きになったり、愛着をよせるようになることがわかります。

⑦呼吸援助抱っこがもたらすもの

1、赤ちゃん返り

呼吸援助抱っこが軌道にのり、抵抗が少なくなるにつれて赤ちゃん返りが出ます。四～五歳の子供であっても〇歳代の赤ちゃんに戻って赤ちゃんのふるまいをするようになります。

たとえば、オッパイを吸いたがるようになったり、ママのオッパイをさわったり、オッパイをチュパチュパと吸ったりします。今までコップでジュースを飲んでいたのに、哺乳ビンでジュースを飲みたがるようになります。おむつをあてて欲しいとおねだりしたり、歩けるのに「僕赤ちゃん」と言って這い這いをしたり、「ンマンマ・アブブブ」と喃語を言ったりします。自分で食べれるのに「ママ食べさせて」と言って口をあけて食べさせて欲しいとおねだりしたり、イナイイナイバーをするとはしゃいだりして本当に赤ちゃんのようなふるまいをするようになります。子供が赤ちゃんのようなふるまいをするのをうけとめて相手をしたり、欲求を叶えてあげると笑顔になり満足した表情を見せます。

甘えが出るので、母親の姿がちょっとでも見えなくなると、「ママ、ママ」とさがしたり、後追いをしたりします。母親がトイレに入っている時は、トイレの前で待っていたり、買い物に行った時には母親のそばから離れなくなります。このような赤ちゃん返りは一日に数回出ます。それ以外の時間は普段通りの生活をするので、不思議といえば不思議です。

その中でも驚くことは、順調に発達する赤ちゃんが一〇～一二時間ぐらい眠りつづけるように長時間眠るようになったり、熟睡するようになることです。一五時間以上も眠りつづける子供もいます。これには母親もびっくりされます。しかも昼寝を二～三時間ぐらいした上で夜も一〇～一二時間以上眠るのですから驚くのも当然です。自閉症の子供は赤ちゃんの時期に睡眠が浅かったり、七時間眠りつづければ良い方ですから驚かれるわけです。

ある親は赤ちゃんの時からあまり汗をかかないので不思議だと思っていましたが、熟睡をするようになってからはパジャマがしっとりするほど汗をかくようになったと驚かれました。また、今まで便秘で困っていたのに、毎日便が出るようになって嬉しいと言われました。さらに、偏食で困っていたのに、何でも食べるようになり、食事の悩みが解消して楽しく食事ができるようになりましたと言われました。

自閉症に限らず発達に問題があると、睡眠、排便、食事においてもトラブルをかかえています。ところが呼吸援助抱っこで和解が出できるようになり、赤ちゃん返りが始まると、本来赤ちゃんにそなわっている快眠・快便・快食の生活のリズムがととのうようになります。

当施設では呼吸援助抱っこにとりくむと必ず赤ちゃん返りが出ることを事前に親達に説明しているので、親達は赤ちゃん返りを喜んでうけとめます。

わが子に赤ちゃん返りが出ると「本当に赤ちゃんに戻るんだ！」と感動されます。赤ちゃん返りは子供にとって〇歳代のやり直しです。新生児期より順調に育つ道すじをふむことができなかったことを、赤ちゃん返りで育つ道すじをたどり直します。これが呼吸援助抱っこがもたらす恵みです。

2、アイコンタクト

呼吸援助抱っこで和解ができると、子供の方から抱き手の目を見つめてくるようになります。

視線が合わないことは自閉症の特徴とされていますが、和解ができると必ずアイコンタクトをとってくるようになります。これにも親達が驚かれます。人を見つめる目はやがて好奇をもって周りを見つめる目となり、人の行動を見つめる目へと成長していきます。アイコンタクトは呼吸援助抱っこを根気よくやり続けた親への最高のプレゼントといえます。

3、特異な行動が改善される

自閉症の子供には特異な行動がみられます。たとえば、おかしくもないのに一人でへらへら笑い続けたり、たえずブツブツとひとり言を言ったり、夜中（二～三時頃）に目をさまして、ヘラヘラ笑い続けたり、ひとしきり泣き続けたり、衝動的に走りまわったり、奇声をあげたりなどの行動です。

実はこうした行動は呼吸が浅くなると、呼吸を整えるために息をたくさん吐くことによって出る行動です。いわば呼吸をととのえるための自助努力がもたらす行動です。自閉症の子供は人が接近してきたり、群衆の中に身をおくと息をつめてしまいます。そこで自力で呼吸を整える行動をします。すなわち、呼吸をととのえるための行動が自閉症の特異な行動（パニックなど）となって表出するのです。

ところが、呼吸援助抱っこによって深い腹式呼吸ができるようになるにつれて、特異な行動が改善されていきます。表情もおだやかになります。

改めて、自閉症の子供が浅い呼吸で苦しんでいることに気づいてあげたいものです。

4、人見知りが出る

自閉症の子供は人見知り行動が出ないままに成長します。それは愛着の心が育たないからです。ところが、呼吸援助抱っこが軌道にのると人見知り行動が出ます。

たとえば、デパートで買い物中に母親の姿がちょっとでも見えなくなると「ママ、ママ」と言ってさがしまわります。以前はママの方がさがしていたのに反対です。また人見知りがでると、母親のそばにいたがるようになるので迷い子になることがなくなります。母親がトイレに入るとトイレのドアの前で待っていたり、台所仕事をしているとそばにつっ立って見ているようになります。知らない人に会うと母親の後ろに隠れます。こうした人見知り行動も赤ちゃん返りのひとつで、母親への愛着が育ったことの証です。

5、指示が入りやすくなる

認知学習やリズム遊びの時間に、くり返し教えても思うような反応がかえってこないで、指導にゆきづまることがあります。そんな時、呼吸援助抱っこをして、呼吸を整えると、指示の受け入れがスムーズになって課題をこなすようになります。

たとえば、数の課題ですが、キャンディを五個並べて「いくつありますか」と指示します。

子供がキャンディを指さしながら「イチ、サン、ニ、ヨン、ゴ」と数えた場合、指導者は「イチ、ニ、サン、ヨン、ゴ」と正しい数え方を教えます。ところが何回正しい数え方を教えても「イチ、サン、ニ、ヨン、ゴ」と数えます。指導者は一緒に数えて正しい数え方を教えます。それでも誤った数え方の修正ができません。子供の方も指示受容ができなくて泣きだしてしまいます。

このような事態になった時、呼吸援助抱っこをしてから教え直すと、速やかに正しい数え方ができるようになります。呼吸が整うと人の指示のうけいれがスムーズになるのです。

6、正しい姿勢の着席ができる

四〇分から一時間と着席をしていると正しい姿勢で着席していることが難しくなります。身体をもじもじ動かしたり、手をあちこち動かしたり、椅子の背もたれにもたれかかったり、ひとり言をいったりするようになります。こうした姿が出た時、呼吸援助抱っこをすると、再び正しい姿勢で着席するようになります。こうした姿から呼吸は着席にも関与していることがわかります。

7、人をうけいれる

目は人をうけいれる窓口です。アイコンタクトがとれるようになると人を受け入れるようになります。また、呼吸援助抱っこで快のコンディションに導かれることにより、人への恐怖心が払拭されていきます。その結果、人を受け入れるようになります。

第七章

偏食の指導

1 ひどい偏食

食べ物の好き嫌いは誰にでもありますが、その程度が並みでないのが自閉症の子供の偏食です。自閉症の子供は自分なりの行動パターンを作り上げ、その行動パターンに固執します。偏食もその一つです。子供のなかには食べられる物は、これとこれと品名をあげることができるほど、ひどい偏食の子供がいます。母親は偏食をなおそうと料理を工夫したり、偏食をなおすとりくみをしますが、子供に負けてしまいます。たとえば、ピーマンが嫌いな子供の場合、大好きなカレーの中にまぜれば食べるだろうと思ってピーマンをみじん切りにして、カレーに入れます。

子供は大好物のカレーライスを見ると、喜んで食べようとしますがピーマンに気がつくと食べるのをやめます。そしてピーマンをつまみ出し始めます。つまみ出しきれないとわかると大好物のカレーライスでも食べようとしません。母親はみじん切りにしてカレーに入れてもダメなのかと落胆します。

それでも三度の食事作りを工夫してなんとか食べさせよう、偏食をなおそうと努力を続けます。でも子供は絶対に食べようとしないので、いつの間にか食卓には子供が食べる食品が並ぶようになります。自分の気に入った味しか食べないので親は偏食の指導にお手上げとなります。

2 偏食をなおすとりくみ

①偏食をなおす指導は指示受容の指導

当施設では指示受容の指導で偏食をなおす指導をしています。偏食をなおす指導は認知学習やリズムあそびや体操などの指導と同等の重きをおいています。なぜなら偏食はたかが食べ物の好き嫌いではないからです。偏食は子供が作り上げたこだわりのひとつです。自分が食べないと決めたものは、どんなことがあっても食べません。偏食をなおす指導はこだわりを崩す指導です。だから他のカリキュラムと同等の重きがあるのです。

偏食の指導ほど子供が指示をうけいれたか否かがわかるものはありません。何しろ食べるか食べないかで指示受容の程度がわかるからです。偏食の指導において指示を素直に受け入れて何でも食べられるようになるには半年、一年の月日を要します。

偏食の指導は偏食をなおすだけではなく、子供をこだわりの世界から救い出すとりくみでもあります。だから月日がかかっても偏食の指導はしなくてはならないのです。

②抵抗に負けない

自閉症の特徴はいろいろありますが、難題のひとつがこだわりです。こだわりは人との関わりが稀薄なことからひとりぼっちの生活をせざるを得なくなり、その中で自分で作り上げたものです。こだわりに固執することで、不安な気持ちを解消して心のバランスを保っているのです。

したがって、嫌いな物を食べさせようと指導されることは、自分のつくりあげたこだわりを崩されることですので、心のバランスが保てなくなります。そこでこれは一大事とありったけの力で抵抗をしてきます。たとえば、カレーの中のピーマンを食べさせるとりくみですが、みじん切りにしたピーマンをひとかけらでも食べさせようとして、口に入れると口から出してしまいます。

また、口に入れようとすると手を口に当てて拒否します。こうした子供の行動に負けて指導をやめたら、子供をこだわりの世界から救い出すことはできません。子供の抵抗に負けないで「食べなさい」の指示を出しつづけます。当施設では指導者は食べさせると決めた食べ物は、必ず食べさせるという信念をもって、粘りづよく指導を続けます。

③嫌いなピーマンを食べさせる指導

どのようにねばり強くとりくむかについてピーマンを食べさせる指導を例に紹介します。

当施設では何事も家庭と連携プレーでとりくみます。ピーマンのことでも親よりピーマンが嫌いなことを聞くと、弁当にピーマンを入れてもらいます。指導者はピーマンを食べさせると決めたら、子供がピーマンを食べるまでピーマンを食べなさいの指示を出し続けます。

1、ピーマンを口の中に入れる

指導者は「ピーマンを食べなさい」の指示を出します。子供が自分でピーマンを口に入れない時は、指導者が口に入れます。指導者が入れようとすると子供は口を手で押さえたり、固く口を閉じて入れられることを拒絶します。それでも口に入れる努力を何回も試みながら、根気よく続けます。続けているとなんとか口に入れることができます。でもピーマンとわかると口から出します。口から出したら「口から出してはいけません」と言って、再びピーマンを口に入れます。親はこうした抵抗にあうと子供に負けてしまいがちですが、ここで負けないのが当施設のとりくみです。子供がピーマンを口にふくめるようになるまで「ピーマンを食べなさい」の指示を出し続けます。

「食べなさい」の指示を根気よく続けると、必ず子供がピーマンを口に含めるようになる時がきます。指導者のねばり強い指導が指示を受け入れさせるのです。

ピーマンを口から出さなくなった時は、ほめてほめてほめまくります。

しかし、ピーマンを口から出さなくなっても飲みこまなくては食べたことにはなりません。子供はいつまでもピーマンを口の中に入れたままでいます。次は飲みこませる指導です。

2、ピーマンを飲みこませる

指導者は「ピーマンをゴックンしなさい」とくり返し、ピーマンを飲み込むように指示を出します。

ピーマンを口の中に含んでいると唾液がたまります。子供はたまりかねてつばをのみこみます。この時一緒にピーマンも飲みこみます。指導者はすばやく「ピーマンをゴックンできたね、よく頑張ったね」とほめまくります。さらに指導者はピーマンを食べてくれて嬉しい気持ちを子供の頭をなでたり、抱っこしたりして伝えます。驚くのは子供の方です。自分が意識して飲みこんだわけではないのに、口の中のピーマンがなくなっているからです。それでも子供はピーマンをのみこむ体験をすると、次回のピーマンを食べさせる指導は、短時間でしかもスムーズに受け入れるようになります。

そして指導者がピーマンを食べることができたらほめることをくり返していると、数ヵ月後には何の抵抗もなくピーマンが食べられるようになります。ひとつの食べ物の偏食の指導が成功すると、他の食べ物の偏食の指導はスムーズにできます。

偏食の指導が成功すると、他のこだわりの指導の受け入れもスムーズになり、ひとつずつこだわりをとっていくことができます。

3、子供の葛藤

偏食の指導によって大嫌いなピーマンが食べられるようになると、人々は子供がピーマンを食べられるようになって良かったことを喜びます。でも良かったことばかりに目を向けないで、食べるようになった子供の方に思いをよせてあげることが大事です。

子供にとってピーマンを食べるということは、自分で作り上げた行動パターンを崩すことですから、人々の思いとは違って、想像以上の葛藤があります。そのことに思いをよせてあげることが大事です。

子供は今までしゃにむにしがみついて守り続けてきたものを壊されるのですから、大変な葛藤が起こります。だから葛藤によりそう気持ちをもって指導をすすめることが大切です。

指示受容の指導では常に子供の葛藤をうけとめて「頑張ってお利口ね、お話がわかってくれて嬉しい」と伝えることを忘れてはなりません。偏食の指導では食べる食べないのやりとりがくり返される中で、指導者と子供が深く関わることになります。このことも大切です。

④偏食をなおす指導は早めに

自閉症の子供の自分流の生き方は、〇歳代より人との関わりがないために、自分で作り上げたものです。しかも子供が三歳であれば生まれて二〜三年という短期間で作り上げたものです。

自分流の生き方に強く固執する行動が出始めるのは二〜三歳ですから、その年齢にならない内に、人が関わって自分流の生き方に修正の手を加えてあげることが大切です。

なぜなら、子供は年齢を重ねるほど自分流の生き方に固執するようになり、そこから脱け出すことがますます困難になるからです。

子供の偏食は一歳半頃から出始めて、二歳代になるとだんだんとひどくなり「食べない」に固執します。固執がひどくならない時期に偏食の指導をすることです。

偏食の指導のとりくみは年齢が小さいほど、とりくむ大人の負担も少なくてすみます。また、子供も葛藤が軽くてすみます。偏食の指導によって子供が何でもおいしそうにパクパクと食べる姿をみると、大変だったけれどとりくんで良かったと思います。また、偏食の指導はとりくまなければならない課題であると痛感します。

⑤偏食の指導からのプレゼント

偏食の指導は食べるか食べないかの向き合いですので、もし子供が食べなかったら偏食の指導は成功しないことになります。成功させるためには一度「食べなさい」と指示したことを、食べるまで指示し続けることが偏食の指導の鉄則です。子供が指示を受け入れて食べられるようになったら、それは食べ物を受け入れただけではなく、指示を出し続けた指導者を受け入れたことです。

自閉症の子供は人を受け入れることが苦手です。子供が苦手なことを克服するのですから、嫌いな物が食べられるようになるということは驚くべき出来事です。

ところで嫌いな物を食べさせると子供に嫌われはしないかと思いますが、結果は逆で子供の心の中に偏食の指導をとおして、しっかりと指導者が入りこむことで指導者を慕うようになります。

子供が指導者に愛着をもつようになることはとても嬉しい心の成長です。

愛着の育ちが偏食の指導をとおして子供からもらえることは最高のプレゼントです。

また、幼児期から何でも食べられるようになることは、健康の上でも大切です。

⑥偏食をなおす指導は姿勢づくりから

たくさんの子供の偏食の指導をしてきましたが、椅子に着席させた時よりも正座をさせた時の方が早めに成果が出ることをたびたび体験しました。偏食の指導というと嫌いな物を食べさせることに意識が向きがちですが、正しい姿勢で食事ができるようになると、偏食の指導の受け入れがスムーズになります。当施設では呼吸をととのえたり、落ち着かせるために正座の躾をしていますが、その躾が偏食指導で生きます。正座は子供を落ち着かせて人の指示を受け入れやすくするからです。食事の躾は正しい姿勢で食事をすることが基本であることが偏食の指導からわかります。

ところで正座をして食事をするということは、一昔前は当たり前のことでした。当時は家族がちゃぶ台を囲んで正座をして食事をするのが習慣でした。

足にしびれがきれて足を投げ出すと「そんな恰好をして行儀が悪い、正座をして食べなさい」と厳しく注意されました。正座だけではなく食べ残しをしたり、食べものを粗末にすると「もったいない、目がつぶれるよ、こぼしたものは拾って食べなさい、好き嫌いは言わないでたべなさい」と厳しく躾されました。子供はこうした躾を当たり前のこととして受け入れて、食事のマナーを身につけました。では現代の食事のマナーはどうでしょうか。

現代は椅子に腰かけて食事をするのが普通です。それはそれとしても姿勢が乱れて背中を丸めたり背もたれによりかかったり、テーブルに肘をついたり、足をブラブラゆらしたりしても厳しく注意されることはほとんどありません。また、食べ残しをしたり、好き嫌いをしても大目にみられています。

このことは古くからの食事のマナーが失われつつあるということで、反省したいものです。

実は食事についての躾は、子供の生活習慣の躾の中でも最も重要な躾です。

現代は躾ということばが嫌われていますが、食事の躾とは食事のマナーを教えることです。

食事のマナーの躾が成功すれば他の生活習慣の躾も成功します。現代は食育の大切さが叫ばれていますが、食べる大切さを教える前に正しい姿勢で着席をすることの大切さを教えたいものです。当施設では一昔前の食事のマナーを躾していると いうわけではありません。ただ子供と真剣に向き合って偏食の指導をしていると、自然に日本の古くから受け継がれてきた食事のマナーにたどりついたということです。日本古来の食事のマナーを改めて見つめ直したいものです。

第八章

お手伝い学習

1 お手伝い

①お手伝い遊び

順調に育つ子供は二歳前後になると母親が炊事、洗濯、掃除などをしていると、一緒にやりたがるようになります。人のしていることに興味が出てきて何をしているのかを知りたくなるからです。何かと手を出してはやりたいという気持ちをアピールしてきます。やりたい気持ちは二～三歳頃が最も強くなります。二～三歳頃の子供は動作模倣の術を駆使して、大人のしていることを何でも模倣するようになります。こうした行動をお手伝い遊びと称します。

お手伝い遊びは普段の玩具での遊びや遊具での遊びでは味わえない体験ができます。

おもいがけない体験は、子供の知的好奇心を十分に満足させます。子供にとっては遊び感覚の作業ですが、大人の動作の真似をして同じ作業をするので、お手伝いをしているようにみえるのです。

②お手伝い学習

順調に育つ子供は二～三歳になるとお手伝い遊びを盛んにするようになりますが、自閉症の子供は二～三歳の時期にお手伝い遊びをしません。それは人の行動に対する興味が乏しいからです。

しかし、お手伝い遊びが子供の手の発達のプログラムにくみ入れられていることを考えると、お手伝い遊びの体験をしないでこの時期を過ごすことは大きな損失です。

お手伝い遊びをしたがる時期に、お手伝い遊びをしようとしなかったら、すみやかにお手伝い遊びを家庭や施設の療育のプログラムにくみ入れることが必要です。

順調に育つ子供にとってお手伝いは遊びのひとつですが、自閉症の子供にとっては遊びではなくとりくみのひとつとしてとりあげることです。お手伝い遊びではさまざまなことを学ぶことができます。したがって、お手伝い遊びは学習に価します。お手伝い遊びは言いかえればお手伝い学習です。

当施設ではお手伝い学習を他のカリキュラムと同等の価値をおいてとりくんでいます。また、家庭でもとりくむことを推奨しています。

③家庭でのとりくみ

当施設ではお手伝い学習を推奨していますが、当初は親達の反応はいまひとつです。順調に育つ子供はお手伝い遊びをある一定期間するだけです。そのため子育ての体験者でもお手伝い遊びについての認識が乏しいです。そのために、学習として推奨すると疑問をもたれます。

ところが、いざお手伝い学習を始めてみると「～をもってきて」や「～を片づけましょう」と言っても子供が反応しないので、これまでお手伝いをさせてこなかったことに気がつかれます。

さらに、お手伝い学習にとりくんでみると、お手伝いには学ぶことがたくさんある学びの宝庫であることに気がつかれます。また、お手伝い学習はさまざまなことを学ぶだけでなく、お手伝い学習からいろいろな成果がでることに気づかれます。すると親は熱心にとりくまれるようになります。

2 お手伝い学習の成果

①人の行動に関心をもつようになる

お手伝い学習を意識しても当初は親は子供に何をお手伝いさせたらよいのか見当がつきません。それほどに子供は親と一緒に何かをやるということがないままに過ごしてきたのです。母親が食事の配膳をしていても子供は関係なくテレビを見たり、一人遊びをしていたのです。

そこで指導者のアドバイスが必要となります。「ママがしていることを何でも一緒にやらせることです。配膳の時はお皿をテーブルまで運ばせること、皿を片づける時は、皿を片づけさせること、洗濯物を干す時は、クツシタやハンカチを干させること、料理を作る時は一緒に包丁を使わせたり、盛りつけをさせたりすること、ふとんを敷く時は一緒に敷かせることなど、今までママが一人でしてきたことを子供と一緒にすることです」とアドバイスします。

さて、お手伝い学習にめざめた母親が子供にお手伝いをさせようと立ち上がっても、子供は期待通りに動きません。たとえば「お皿をテーブルに運んでちょうだい」と言っても子供は聞く耳を持ちません。ここで引き下がってはお手伝いのペースにのせることはいつまでたってもできません。

母親は子供の手をとって台所まで連れていって「お皿をテーブルに運びなさい」と指示します。子供は指示を受け入れてさっと行動しません。そこで母親はお皿を子供に持たせてテーブルまで誘導します。子供がテーブルの上にお皿をおいたら「お皿を運んでくれてありがとう、もう一枚運んでちょうだい」と指示します。このようにお皿を運ぶ体験をくり返すと、お皿を運ぶことを学びます。すると母親が配膳を始めると、テレビを見ていても台所にやってきて、お皿を運ぶようになります。

配膳だけではなく洗濯物を干すことやたたむことやタンスに収納することや料理をつくることや掃除をすることにも子供を誘導して手伝わせます。

ねばり強く指導することが必要ですが、指導をつづけると、しだいに子供にお手伝いをすることが身についていきます。子供の方からお手伝いをしたがるようになったら大成功です。

さて、お手伝い学習をくり返していると、子供にどんな変化が起こるでしょうか。それは人の行動に関心をもつようになることです。そのことは子供が人の動作を真似するようになることからわかります。たとえば、父親が咳をすると真似をして咳をしたり、母親が化粧をすると真似をして化粧するようになったりと、親がやっている行動に関心をもつようになります。

②人との関わりを生む

配膳のお手伝いの場面で母親の「皿をテーブルに運びなさい」の指示にしたがって、子供が皿をテーブルに運んだとしたら、この行動は子供が母親の指示を受け入れた行動です。このようにお手伝い学習の指導は指示受容の指導です。子供が人の指示を受け入れるということは、指示を出した人となりを受け入れるということです。ここで子供の心の中に親との関わりが生じます。

自閉症の子供は人と関わることが苦手ですが、お手伝い学習をとおして親は子供の閉ざした心の扉をノックすることができるのです。お手伝い学習は指示を受け入れたかどうかが子供の行動をみれば歴然とわかります。嫌々な態度で皿を運んでいる姿は、指示の受け入れが、いまひとつということですが、指示を聞いてさっと皿を運べば指示の受け入れが良くなったということです。

お手伝い学習は指示受容のトレーニングの場でもあります。特に親の指示をうけいれるトレーニングの場として役立ちます。幼児期から積極的にお手伝い学習をさせたいものです。

③手指の機能の発達を促す

1、サラダ作り

家事のお手伝い作業では、普段の生活ではあり得ないような手指の動きが起ります。その結果、お手伝いをすると手指の機能の発達が一段と促されます。

そのことをサラダ作りのお手伝いからみてみます。

サラダ作りの下準備をすると、母親が子供に「ママのお手伝いをしてちょうだい」と声をかけました。調理台にはキュウリ、ハム、ゆでたまご、ゆでたマカロニ、マヨネーズが準備されていました。

母親が子供に「ゆでたまごの殻をむいてちょうだい」とたのみました。子供はゆでタマゴの殻をむくのは初めてです。「ママどうやってむくの？」「まな板の上でコンコンとやって割れ目をつけてから、こうやってむくのよ」と言いながら、実際に母親はゆでタマゴをコンコンして、割れ目からむいてみせました。すると子供は真似をしてゆでたまごをコンコンして、割れ目をたくさんつけました。

子供はおそるおそる割れ目をつまんで殻をむき始めました。殻がポロポロおちたり、白身が殻にくっついてきます。母親は「それでいいのよ、初めてにしては上出来よ」と励ましました。時間はかかりましたが殻がむけると、子供はホッとため息をつきました。

次に「キュウリとハムを小さく切ってね」とキュウリとハムを切ることを頼みました。

以前から包丁の使い方は教えていたので子供は「小さく切るんだね」と言うと、キュウリとハムを切り始めました。慎重に包丁を扱ってゆっくりと切っていきます。「うまく包丁が使えるようになったね」「小さくきれるようになったね、きっと美味しいサラダができるわ」とほめて「切れたらこのボウルの中に入れてね」と指示をしました。ボウルの中にはゆでたマカロニとみじん切りされたゆでタマゴが入っていました。子供は小さく切ったキュウリとハムをボウルに移しました。

母親がマヨネーズを入れようとすると「僕がやる」と言って、マヨネーズを押し出しはじめました。

子供は容器からマヨネーズが出てくるのが面白くて「ママ見てごらん、マヨネーズが出てくるよ」と叫びました。「いつの間に上手になったの」と母親が驚くほど、上手な手つきでマヨネーズを押し出しました。マヨネーズが入ったところで、母親はヘラで材料をかきまぜ始めました。それを見ていた子供が「僕もやりたい」と言ってヘラをとりあげました。母親は難しいかなと思いましたが、体験させることが大切と思ってヘラを渡しました。

簡単そうにみえた作業ですが、いざやってみると簡単にはいきません。ボウルの外にハムやキュウリがとび出します。母親は「大丈夫よ、もうちょっとかきまぜてね」と、とび出しても注意しませんでした。やっとのことでサラダが出来上がりました。

最後に母親はスプーンを使って皿に盛りつけるお手伝いをさせました。「ママできたよ、サラダができたよ」と大喜びして叫びました。母親は「たくさんお手伝いができたわね、ワァ！　おいしそうね」とお手伝いの頑張りをいっぱいほめました。

さて、サラダ作りではどんな手の動きが起こったでしょうか。

ゆでたまごの殻をむく作業では、小さい殻を指先でつまんでむきました。キュウリやハムを包丁で切る作業では、包丁を使いました。マヨネーズを容器から押し出す作業では、指先に力を入れて押し出しました。ヘラで食材をかき混ぜる作業では、ボウルから食材をはみ出させないように注意しながらヘラを動かしました。サラダの盛りつけでは、スプーンを使いました。このようにサラダ作りのお手伝いだけでもさまざまな手の動きが起こりました。

2、お手伝い作業は手指の機能を発達させる

サラダ作りのお手伝いではハムやキュウリを包丁で切る作業、切ったキュウリやハムをボウルに入れる作業、マヨネーズを押し出す作業、ヘラでかきまぜる作業、スプーンで皿に盛りつける作業などのさまざまな作業があります。こうしたさまざまな作業をする時には、さまざまな手の動きが起こります。子供は大人のように上手に作業ができるわけではありませんが、いずれの作業も母親の手つきを模倣したり、やり方を聞きながら手を使います。お手伝いをしなければ、起こらない手の動きばかりです。また、お手伝いには炊事、洗

濯、掃除などのお手伝いもあるので、作業によってさまざまな手の動きが起こります。このようにお手伝い学習では玩具遊びでは体験できないさまざまな手指の動きが起こります。その結果、手指の機能の発達が促されます。

④生活能力が育つ

1、はたち（二〇歳）をみすえて

当施設では当面の療育に心血をそそぐことの大切さと共に、はたちを見すえて子供を育てることの大切さを説明しています。

障害がわかると当面の問題ばかりに気をとられて、遠い将来のことにまで思いが及びません。

まず保育園や幼稚園に入園できるだろうか、入園しても集団生活ができるだろうか、お友達と遊ぶことができるだろうかと心配します。さらに、小学校に進級できるかどうかを心配します。

そして保育園や幼稚園や小学校への進級を目標にして当面の療育にとりくまれます。しかし、子供には幼稚園や保育園や学校教育を終わる日は確実にきます。すなわち、一五年先には大人になる日がきます。だから早いうちから大人になる日をみすえて子供を育てることが大事なのです。

ところで、大人になる日をみすえて、子供を育てるとは、どういうことでしょうか。

それは生活能力を身につけさせることです。生活能力とは日々生活していく上で必要な能力のことです。自分で食事を作ったり、洗濯や掃除や片づけをしたり、買い物をしたり、外出したりする能力のことです。この生活能力がどの程度育っているかによって子供の将来の道が決まると言っても過言ではありません。実はお手伝い学習は生活能力を育てる場でもあります。生活能力を身につけさせるためにも、お手伝い学習が大事なのです。

順調に育つ子供が二～三歳になるとお手伝い遊びをすることで生活能力が育っていきます。

しかし、発達に問題を持つ子供は、二～三歳の時期にお手伝い遊びに関心を持ちません。

その結果、生活能力が育つ時期を素通りしてしまいます。親は当面の問題のことばかりに目が向いてしまうために、お手伝い遊びをしたがる時期であることに意識が向きません。これでは生活能力は育つわけがありません。そこで当施設ではたちをみすえて幼児期に生活能力を育てることの大切さを説明します。なぜなら生活能力を育てる好期は幼児期だからです。

さて、子供はいずれ小学校に入学します。そして九年間の義務教育を受けます。さらに高等学校や高等部まで進めば学校教育を一二年間受けます。つまり、小学校よりはたちになるまで一五年間の期間があります。ところが学校に通うようになると、学校が主体の生活となります。その中で生活能力を身につけさせるためのとりくみをしようと思っても、学校生活のとりくみにおわれるようになります。

そこで考えておかなければならないことは、お手伝い学習をしないで幼児期を過ごした子供は、学校へ通うようになると、家事のお手伝いよりも、他のことに関心が向くようになるということです。

順調に育つ子供がお手伝い遊びをしたがるのは幼児期です。このことは自閉症の子供も同じです。幼児期は親と一緒になってお手伝い遊びをする好期なのです。

幼児期の内に親と一緒に家事仕事をすることを習慣づけておくと、中学生になっても高校生になってもはたちになっても家事仕事などのお手伝いが当たり前のこととしてできるようになります。お手伝い学習に終わりはありません。お手伝い学習に関心を持つ幼児期から始めて、学校生活の期間もとりくみつづけることが大事です。

では幼児期にどれぐらいの生活能力を身につけることができるのでしょうか。当施設の子供のとりくみを見ると、大人が思っている以上のことができるようになります。

イ、料理作り

親が真剣にとりくんで下さると二～三年後には味噌汁、カレーライス、チャーハン、卵焼きなどが自力でつくれるようになります。

ＩＱ五〇と判定された子供を例に料理作りがどれぐらいできるようになるか述べます。

当施設への通所は四歳からです。就学まで二年間通所しました。したがって、二年間のとりくみです。

母親の熱心なとりくみがあってこその成果です。どのようにとりくまれたかを紹介します。

料理作りでは調理器具を使います。調理器具が使えなければ作業がすすみません。母親はひとつひとつの調理器具の使い方を段階を追って教えました。

たとえば、包丁の使い方ですが、はじめは子供に包丁を握らせ、子供の手の上に母親の手を重ねて包丁を動かして食材を切りました。子供が全く切ろうとしないので、全面介助でのとりくみです。全面介助は半年間にわたりました。半年後には包丁を自分で動かすようになったので、母親は子供の手の動きをサポートするようにしました。すなわち、全面介助から部分介助へ移行したわけです。

部分介助の期間も半年間にわたりました。一年後に子供の包丁を握る手に力が入るようになり、母親が手を放しても自分で切ることができるようになりました。

キュウリやニンジンの輪切りが自力でできるようになると、子供に切ることに興味が出て自主的に切るようになりました。いろいろな野菜を切っているうちに切るコツを習得していき、一年半後にはいろいろな食材を切ることができるようになりました。ついに自立です。このように全面介助→部分介助→自立の過程をふんで包丁が使いこなせるようになりました。そして二年後、すなわち就学前の三学期には、片方の手のひらに豆腐をのせて包丁で切ることができるようになりました。包丁だけでなく、さい箸やフライ返しやしゃもじや鍋やフライパン等の調理器具も母親の指導によって、すなわち全面介助→部分介助→自立の過程をふんで使いこなせるようになりました。調理器具の使い方を教えると同時に、母親はいろいろな料理を作ることも教えました。はじめは母親に指示された作業をこなすだけでしたが、同じ作業をくり返し体験しているうちに、次は何をしたらよいかがわかるようになり、時間はかかりましたが簡単な料理が母親のアドバイスを受ければ作ることができるようになりました。

食卓に自分の手が加わった料理が一品でも並ぶことはとても嬉しいことです。自分が切った油揚げが味噌汁の具になっているだけでも、子供にとっては自分が作った味噌汁です。

家族に「上手に作ったね、おいしいね」と認められることで、次々と料理づくりに挑戦するようになりました。母親の監督下ではありますが、卒園前には自分で卵焼きや味噌汁やチャーハンやシチューやカレーライスやクッキーやサラダなどが作れるようになりました。

計量カップで米を計ったり、水を計ったりして炊飯器でご飯を炊くことは子供の役目となりました。

ある日自分で作った弁当を持ってきて、「僕が作った」と言って弁当を見せてくれました。弁当には卵焼きとウインナーソーセージとプチトマトと野菜炒めが入っていました。

毎日お手伝いをさせていると、配膳の時に、ご飯を茶碗によそったり、味噌汁を汁椀につけたり、おかずを盛りつけたり、食器の片づけをすることは、やって当たり前となります。

この子供のように生活能力は障害の程度をこえて育てることができます。その陰には親の大変な努力があることを忘れてはなりません。

ロ、洗濯

二〜三歳の子供でもくり返し洗濯機の操作を教えると、やり方を習得します。洗剤も粉石鹸を適量、スプーンですくって洗濯機にいれることができるようになります。洗濯機の操作は全自動なのでマスターしやすいですが、洗濯物の干し方を習得する方が大変です。この作業も手をとって、くり返し教えるとTシャツをハンガーにぶらさげたり、クツシタやハンカチなどの小物をピンチハンガーにぶらさげることができるようになります。乾いた洗濯物をたたむこともくり返し指導をすると習得します。たたんだ衣服を収納場所に収納することも大人がどれだけ根気よく指導をするかです。要は大人がどれだけ根気よく指導をするかです。

ハ、掃除

自分が散らかした玩具などは自分で片づけさせる一方、部屋に散らかっている物も片づけて掃除機をかけることも教えます。掃除機をかけることは子供だけでは無理なので、大人と一緒にかけるようにします。スイッチボタンを押すことは興味を持ちます。掃除を教える時には、物の片づけ方も手をとって教えます。普段から使った物はもとあった場所に戻すことを教えると、片づけを習慣づけることができます。風呂場の掃除も教えると、床をスポンジタワシでゴシゴシすることを覚えます。毎日子供と一緒に風呂場の掃除をしていたら、いつの間にか子供の役目として定着していったという話を実行された親から聞きました。家事の作業は、子供には無理難題であると決めつけないことです。手伝わせてみると、子供には家事の作業をする潜在能力があることに驚かされます。

⑤学ぶ手で家事を学ぶ

どうして生活能力はトレーニングのつみ重ねによって育てることができるのでしょうか。それは学ぶ手が活躍するからです。すなわち、包丁の使い方も掃除の仕方も実際に手を動かすことによって、すなわち体験によって手で学ぶからです。ここが知育の学びと異なることです。手で学ぶことを助けるのが動作模倣の力です。動作模倣の力があれば、家事の仕事を学ぶことができるのです。

動作模倣の力はお手伝いさせることでも育ちま

す。お手伝い学習は動作模倣の力を育てると共に、生活能力を育てるのです。

⑥身辺動作の自立訓練に習う

発達が順調にいかない子供は、身辺動作の習得が遅れる傾向にあります。親はせめて身辺動作だけでも自分でできるようになって欲しいと自立訓練にとりくまれます。

身辺動作の中でも特にトイレトレーニングには力を入れます。時間を見計らってオマルに座らせたり、オムツをはずして尿がでることを体験させたりします。また、大人や兄弟がトイレで排尿する姿を見せたり、しばらくオマルに座らせて「シーシーが出るかな」と排尿を促したりと、あの手この手のトレーニングをします。数ヵ月いや一年とトレーニングをして成果が出なくても親はトレーニングをあきらめません。そして親の熱心なとりくみが実る日を迎えます。トイレトレーニングと並行して衣服の着脱訓練や箸を使うことや洗面動作の訓練もとりくまれます。

さて、ここで身辺動作の自立訓練をとりあげたのは、親が自立訓練にとりくまれる熱意と、試行錯誤しつつも工夫してとりくみ続ける実践力を評価したいからです。

お手伝い学習のとりくみには、身辺動作の訓練のように親の熱意と工夫しながらとりくむ実践力が必要なのです。トイレトレーニングの時のようなとりくみをすれば、おのずとお手伝い学習の成果がでます。成果がでる日を期待して、とりくみつづけることが大事です。

⑦お手伝い学習は学びの宝庫

お手伝い学習は学びの宝庫です。そのことを上記のサラダ作りの例からみてみます。

1、サラダ作り

サラダが出来上がった後、その後お手伝いはどのように展開したでしょうか？

母親が「サラダをお皿につけたいから皿を五枚

持ってきて下さい」と言いました。子供は食器棚から小さい皿を三枚持ってきました。サラダをつけるには小さすぎます。母親は「もうちょっと大きい、これぐらいの皿を持ってきて下さい」と言って両手で皿のサイズを示しました。子供はちょっと大きめの皿を三枚持ってきました。母親は「これでいいわ、でも五枚必要なの、もう二枚持ってきて下さい」とチョキの手を見せて二つを教えました。子供はチョキの手を見て皿を二枚持ってきました。「ママこれでいい？」と言いました。母親が「よくわかったわね、お皿が五枚そろったわ、サラダをつけましょうね」と言って、サラダを皿につけながら「やってみる？」と子供に声をかけました。

母親がサラダをつける様子を見ていた子供は「僕やってみたい」と言ってスプーンをうけとりました。母親は盛りつけた皿を見せて「これと同じぐらいずつお皿につけてね」と分量を指示しました。子供は手本を見ながら同じ分量を意識しながらサラダを皿につけました。

「ママできたよ」と子供が言いました。見ると五枚の皿にほぼ同じ分量のサラダがつけられていました。「上手につけられたわね、すごいわ！」とほめました。これでサラダ作りのお手伝いは完了です。

2、サラダ作りのお手伝いから学んだこと

子供はサラダ作りのお手伝いをしながらさまざまなことを学びました。

どんなことを学んだか書き出してみます。

・キュウリ、ハム、ゆでたまご、マカロニ、マヨネーズの実物と名称を学びました。

・実物のキュウリを切ることで形は細長いこと、表面は緑色でも中味は白い色をしていて、まん中には種子があることを学びました。これは調理済みのキュウリを見るだけでは学べないことです。

・ハムはさわるとやわらかくてベトベトした触感がすることを学びました。これも調理済みのハ

ムを食べるだけでは学べないことです。
・お皿を五枚や二枚もってきて下さいと頼まれることで五や二の数詞を学びました。
・もうちょっと大きいお皿をもってきて下さいと頼まれることで大小を学びました。
・サラダを同じ分量ずつ皿につけることで等分を学びました。
・包丁やヘラの使い方を学びました。
・マヨネーズの押し出し方や食材のまぜ方を学びました。

サラダ作りのお手伝いをするだけでも実にたくさんのことを学ぶことがわかります。母親はあえてこれだけのことを教えようと思っているわけではありません。子供も何かを学ぼうと思ってお手伝いをするわけではありません。結果としてサラダ作りのお手伝いをすることでたくさんのことを学びます。

こう考えると、お手伝い学習は学ぶことがいっぱいつまっている「学びの宝庫」ということがわかります。

順調に育つ子供がお手伝いをしたがるのは学びの宝庫に魅せられるからです。

サラダ作りだけでも知育の土台となることをたくさん学びます。幼児がこんなにたくさんのことが学べるチャンスは他にありません。ぜひともお手伝いをさせて学びの宝庫を見せてあげたいものです。

3 お手伝い学習と知育

①知育につながる学び

子供がお手伝いをしたがるのはお手伝い遊びは学びの宝庫であり、知的好奇心が充たされるからです。ではお手伝い遊びをとおして学んだことは知育にどのようにつながっているのでしょうか？

実は体験で学んだことは、知育の土台でありま す。そのことをサラダ作りの例からみてみます。

サラダの食材としてキュウリ、ハム、たまご、マカロニを使いました。ここで子供はキュウリ、ハム、たまご、マカロニは食べ物であることを学びました。

この学びは知育の場で生かされます。たとえば次の絵の中から食べ物に○印をつけなさいという問題を解く場合を考えてみます。絵にはキュウリ、Tシャツ、たまご、帽子、鉛筆、ハサミ、リンゴ、自動車が書かれています。子供はためらうことなく、キュウリ、たまごに○印をつけ、ちょっと考えてからリンゴに○印をつけることでしょう。また、皿を五枚もってきてと頼まれた時、はじめは三枚もっていったので、二枚追加するように指示されました。ここで三枚の皿に二枚の皿を加えると、五枚の皿になることを学びました。この学びは知育の場では、3＋2＝5というたし算の問題となります。

また、どんな大きさの皿かわからず小さい皿を持って行った時、母親からもうちょっと大きい皿を持ってきて下さいと言われました。食器棚に並んでいる大きさの異なる皿を見比べながら小さい皿よりもひとまわり大きい皿を選び出しました。この体験は知育の場では、大きい小さいの概念の学びに生かされます。たとえば、知育の場では大きさの異なる自動車が五台描かれていて、一番大きい自動車に○印をつけなさいの問題で生きます。また、サラダを五枚の皿に同じ分量ずつ分配しました。これは見本となる分量のサラダが皿にもられています。その下には一〇枚の皿にさまざまな分量のサラダがもられています。一〇枚の皿の中から見本と同じ分量のサラダに○印をつけなさいの問題となります。このようにサラダ作りで何げなく学んだことが、将来の知育とつながっているのです。

つまり、幼児期のお手伝い学習の体験は、知育の土台なのです。

②お手伝い学習は必須

お手伝いによってたくさんのことが学べることを考えると、お手伝いをさせないことはせっかくの学びのチャンスを与えないことになります。

自閉症の子供は自分からお手伝いをすることはありません。したがって、大人の方がお手伝いのチャンスを設定して、さまざまなことを学ばせることが必要なのです。

順調に育つ子供は実生活の中で自らさまざまなことを吸収して成長の糧にします。自閉症の子供が自ら吸収できないとしたら大人の方が吸収させる努力をしなければなりません。

しかし、お手伝いをさせるとなると、大人にとってはひと手間かかることですので、つい敬遠してしまいます。子供にとってはお手伝いは大切な学習の場です。お手伝いは学ぶ手の活躍の場です。

学ぶ手は知恵を育む手でもあります。子供には学ぶ手がそなわっています。学ぶ手をとおしてたくさんのことを学ばせてあげたいものです。

第九章

自閉症の早期発見と早期療育

1 早期発見

①もっと早い内に出会いたい

日々療育にとりくむなかで思うことは「もっと早い内に出会えていたら」ということです。

病気については早期発見・早期治療の大切さが認識されています。また、自閉症についても早期発見早期療育の必要性が認識されていますが発見が遅れる傾向にあります。

どうして遅れるのでしょうか？　それは乳幼児期は心身が発達する過程にあるので、発達の遅れに気がついてもまだ○歳だから、まだ一歳だからとこれからの成長に期待するためと考えます。また、順調に育つ子供と明らかに違った育ちをしていても、子供はいろいろな育ち方をするものととらえたり、異常な行動を個性ととらえたりと、障害としてとらえることをさけようとするためです。

そして、いろいろと悩みに悩んだ末に子供をあたたかく見守るという子育てに落ち着きます。では見守るという子育ては自閉症の子供を育てるのに適した子育てでしょうか。

赤ちゃんは発達のプログラムがそなわって生まれてきます。発達のプログラムの開花に必要なのが人との関わりです。人との関わりがなくては順調に発達のプログラムを開花できません。

順調に育つということは、人との関わりができるということです。ところが自閉症の子供は人との関わりが苦手です。人との関わりが苦手では、発達のプログラムの開花ができなくなります。

その結果、順調に育つことが難しくなります。したがって、早期に人との関わりができるように療育することが必要なのです。大人の方が積極的に子供との関わりをしようと努力しないで、見守るという子育てをしていたのではますます障害の世界にとじこめることになります。

一日も早く気づいて軌道修正をすることが大事

なのです。そして一日も早く人との関わりがない無為な日々を過ごさせないようにすることが大事です。もっと早い内に出会えていたらという思いは、もっと早い内に無為な生活から救い出してあげたかったという思いです。

②早期発見の手がかり

当施設に相談に来て通所する子供の年齢は二〜五歳です。通所を始めるのは早い子供で二歳です。保育園や幼稚園に通ってから通所する子供は四〜五歳です。

つまり、親が通所を決心するきっかけは、自閉症の特徴である視線が合わない、コミュニケーションがとれない、一人遊びを好む、人の指示を聞かない、手をつながない、ことばの遅れがある、こだわりがある…等々の行動が出てきてからです。実はこうした行動が出る以前に、順調に育つ子供とは違う成長過程が○歳代より出ています。したがって、自閉症の早期発見は○歳代にできるのです。

早期発見の手がかりとなるのは、次の三点です。

1、アイコンタクトがとれない

赤ちゃんは生まれてまもない新生児期から抱き手の顔をじーっと見つめます。月齢が進むにつれて見つめる目がしっかりしてくるので、こちらの方が目をそらしたくなるほどになります。

見つめる目は人を受け入れる窓口です。ここで人との関わりが起こります。自閉症児は生まれてまもない時期から、人をじーっと見つめようとしません。

つまり、新生児期よりアイコンタクトをとってくるかこないかで障害の発見ができるということです。

2、はしゃぎ反応がでない

赤ちゃんは三〜四ヵ月頃イナイイナイバーなどをしてあやすと、手足をバタバタさせながら、「アハハハハ」と大きな声で笑います。これは人との触れ合いをしっかりと受けとめることによってでるものです。しかし、自閉症児はあやしたり触れ合っても、人との触れ合いを受けとめることが難しいために、はしゃぎ反応が出ません。つまり、はしゃぎ反応が出るか出ないかで自閉症の発見ができるということです。

3、人見知りがでない

六〜七ヵ月頃赤ちゃんは愛着の心が育つと、人見知りをするようになります。生まれた時から最も多くお世話をしてくれた人（主に母親）が大好きになり、その人（母親）に特別の思慕をよせるようになることによって人見知りがでます。この時期までに愛着が育った赤ちゃんは、愛着の人とそうでない人とを区別した甘え方をします。ところが自閉症児は生まれた時から触れ合いを受けとめる力が乏しいために、愛着の心が育ちません。その結果、人見知りが出ません。

つまり、人見知りが出るか出ないかで自閉症の発見ができます。以上の三点は自閉症児にだけではなく、発達に問題を持つ子供にも共通していますので、〇ヵ月〜六ヵ月間の半年の内に、三点の発達が順調に育っているかを確認することが大事です。

③早期発見が大切なわけ

人との関わりが稀薄なままに無為な生活がつづけばつづくほど、子供はひとりぼっちの世界を作りあげていき、ひとりぼっちの世界に固執するようになります。もしその世界の扉を開けようとすると、強く抵抗して拒否します。年齢が上がれば上がるほど、拒否は強くなります。

たとえば、呼吸援助抱っこのとりくみでは、一歳代よりも四歳代では比較にならないほどに、強く抵抗します。また、和解にもっていくまでに時間がかかります。一歳代の子供の抵抗をうけとめて抱っこを続ける場合と、四歳の子供の抵抗をうけとめて抱っこをする場合とでは、抱き手が消耗する体力は比較になりません。

また、年齢が上がるほど深い腹式呼吸ができるようになるまでに時間がかかりますので、子供の葛藤たるや大変なものです。このように年齢が上がるほど、呼吸援助抱っこの和解に至るまでに抱き手と子供の双方が大変な道のりを歩まなければならなくなります。指示受容の指導も、偏食の指導も、着席の指導も年齢が上がるほど成果が出るまでに大変な道のりを要します。

特に自閉症児がかかえているこだわりは、年齢が上がるほど強く固執するようになるので、こだわりに対処するとりくみはとても大変です。一歳代ならばこだわりの行動が出ても、萌芽のうちに摘むことができます。このように萌芽の時期のとりくみと四歳のとりくみとでは比較にならないほどの違いがあります。以上のような理由から、障害の早期発見が大切なのです。

④早期発見の決め手はアイコンタクト

早期発見の手がかりとなるのは○ヵ月のアイコンタクトと三ヵ月のはしゃぎ反応と六ヵ月の人見知り行動がでるかでないかであることを述べました。その三点のなかでも決め手となるのはアイコンタクトです。なぜなら、三ヵ月のはしゃぎ反応は、「イナイイナイバー、トトトトバー」などのあやしに反応して出る行動です。すなわち、赤ちゃんがあやす人の顔が見え隠れするのをじーっと見つめつづける行動が、はしゃぎ反応を発動させるからです。

じーっと見つめる目はさかのぼると、○ヵ月のアイコンタクトをとる目です。

また、人見知り行動は赤ちゃんが見知らぬ人の顔を見た時、おびえて目をそらして愛着の人に助けを求める行動です。すなわち、赤ちゃんが人の顔をじーっと見ることによって、見慣れている人の顔と見知らぬ人の顔を区別する行動です。ここでも人の顔を見るという行為をしています。すなわち、人見知り行動においても○ヵ月のアイコンタクトが、人見知り行動を発動させています。行動こそ違いますがはしゃぎ反応と人見知り行動は、アイコンタクトがとれなければ出ない行動なのです。

こうした理由により、三点の中で決め手となるのは、アイコンタクトであることがわかります。

ところで順調に育つ赤ちゃんにアイコンタクトが出るのは○ヵ月です。ということはアイコンタクトが出るか出ないかが、自閉症の早期発見のめやすとなるということです。

また、自閉症児に限らず発達に問題を持つ赤ちゃんは、アイコンタクトがとれにくいです。

したがって、アイコンタクトがとれるか否かは、さまざまな障害の早期発見の手がかりともなります。

自閉症児は特に人を受け入れる窓口となるアイコンタクトがとれないのが特徴です。

ということは、自閉症はさまざまな障害の中でも、アイコンタクトがとれるか否かで早期に発見できるということです。つまり、自閉症は障害が発見しやすいのです。

2 早期療育

早期発見・早期療育の大切さは認識されています。では早期とは何歳を早期とするのでしょうか。

一歳を早期と考える人もいれば三歳を早期と考える人もあり、人によってまちまちです。

さて、時期はいずれであっても療育のとりくみとしてどうしてもとりくまなければならないものがあります。それは早期発見の手がかりであるアイコンタクトを育てることであり、はしゃぎ反応を育てることです。アイコンタクトは○ヵ月に出ます。また、はしゃぎ反応は三～四ヵ月に出ます。

アイコンタクトは人を見つめる目の原点であり、はしゃぎ反応は人との触れ合いの心地よさを体験することの原点です。自閉症の子供はふたつの原点の育ちでつまずいています。

原点の育ちのつまずきがその後の成長に大きく影響を及ぼしています。

そこでふたつの原点を育てるとりくみが必要となります。

①アイコンタクトを育てる

1、呼吸援助抱っこ

アイコンタクトを育てるとりくみとして参考になるのは、赤ちゃんがどのような状態におかれた時にアイコンタクトをとってくるかということです。

○ヵ月の赤ちゃんはしばしば「オギャーオギャー」の音声を出します。赤ちゃんが「オギャーオギャー」の音声を出すと人々はあわてて抱き上げて、「オギャーオギャー」の音声（泣き）をなだめはじめます。抱っこをしながら軽くポンポンと叩いたり、歩きまわったり、「ヨシヨシ」と優しく声をかけたりして「オギャーオギャー」の音声がおさまるのを待ちます。そうこうしているうちに「オギャーオギャー」の音声がおさまります。実は「オギャーオギャーオギャー」の音声は泣き声ではなく呼気音です。

生まれてまもない赤ちゃんは、呼吸器官が未発達であるために、しっかりと深い腹式呼吸ができません。そのためにしばしば息苦しくなったり、呼吸が浅くなったりします。

すると赤ちゃんは大きく息を吐いて、その分息（酸素）を吸いこみます。この大きく息を吐く時に喉頭の声帯弁の振動が起こり、「オギャーオギャー」の音声が出ます。

したがって、「オギャーオギャー」の音声は呼気音なのです。「オギャーオギャー」の音声、すなわち呼気音がおさまるということは、赤ちゃんが深い腹式呼吸ができるようになるということです。

赤ちゃんは深い腹式呼吸ができるようになると酸素をしっかりととりいれることができるようになるために脳が快のコンディションとなります。するど赤ちゃんにアイコンタクトをとるという行動が出てきて、赤ちゃんはおだやかな表情で抱き手の顔をじーっと見つめます。

すなわち、順調に育つ赤ちゃんがアイコンタクトをとるのは、深い腹式呼吸ができるようになり、脳が快のコンディションの状態におかれた時です。

アイコンタクトをとるようになる経過をまとめると、赤ちゃんが息苦しくなる→「オギャーオギャー」の呼気音が出る→深い腹式呼吸となり「オギャーオギャー」の呼気音がおさまる→快のコンディションとなる→アイコンタクトをとってくる、となります。

そこで順調に育つ赤ちゃんの「オギャーオギャー」の呼気音とアイコンタクトとの関連に着目して、アイコンタクトを育てるための呼吸援助抱っことというとりくみをあみだしました。

長年にわたって呼吸援助抱っこのとりくみをしてきましたが、このとりくみによって、たくさんの子供にアイコンタクトが育ちました。呼吸援助抱っこは○歳でも三歳でも五歳でも年齢を問わずとりくめるものです。このとりくみに必要なのは抱き手（親）の忍耐と努力です。呼吸援助抱っこの後にアイコンタクトをとってくる子供のまなざしは、抱っこの大変さを忘れさせます。

呼吸援助抱っこはアイコンタクトを育み、自閉症の子供を救う抱っこであります。

2、見つめる目の成長

順調に育つ赤ちゃんがアイコンタクトをとってくる目は、その後のふし目ふし目の成長に大きな働きをします。どんな働きをするかみてみます。

・三ヵ月のハンドリーガードでは、赤ちゃんは目の前で自分の手指をモヨモヨ動かしますが、手指を動かしつづけるのは、目が動く手指を見つめつづけるからです。

・四ヵ月のはしゃぎ反応では、イナイイナイバーを見つめることではしゃぎ反応が出ます。

・六ヵ月の人見知り行動では、見つめる目が愛着の人と、他の人とを区別します。

・七ヵ月の手遊び歌では、手遊び歌をする人の顔をじーっと見つめているうちに、相手の手の動きがちらちらと目に入ってくるようになり、その動く手を見つづけます。

・八ヵ月の母指と示指との対向動作では、赤ちゃんが玩具に手を伸ばしてつかんだり、小さな物を母指と示指でつまんだりします。これらのつかむ、つまむの行動は、玩具を見つめる目や小さい物を見つめる目が発動させます。

・九ヵ月のまねっこ芸は、大人の動作を見つめつづけることで、大人のしぐさを真似します。これは動作模倣の始まりですが動作模倣ができるのも大人の動作を見つめることができるからです。

・一二ヵ月の指さし行動では、見つめる目が指さした先を見つめます。

さて、〇歳代の成長過程を追ってわかることは、成長のふし目ふし目に見つめる目の働きが根底にあることです。すなわち、〇歳代の成長の流れを推し進めているものは、見つめる目であるということです。もし〇ヵ月にアイコンタクトがとれないとしたら、その後の成長はどうなるでしょうか？

それはふし目ふし目である行動が、でるべき時期に出ないということが起こります。ということは、三ヵ月のはしゃぎ反応も六ヵ月の人見知りも、九ヵ月のまねっこ芸も、一二ヵ月の指さし行動も出ないということです。改めて、〇ヵ月のアイコンタクトの大切さがわかります。

自閉症の療育においてアイコンタクトを育てるとりくみは療育の要です。

②はしゃぎ反応を育てる

1、はしゃぎ反応を発動させるもの

三〜四ヵ月頃の赤ちゃんに「イナイイナイバー」をすると、赤ちゃんはその様子をじーっと見つめつづけます。そして見つめつづけた直後に手足をバタバタさせて「キャッキャッアハハハハ」と大きな笑い声を出します。これがはしゃぎ反応です。

人々は赤ちゃんがはしゃぐのでもっとあやしてやりたくなり、何回でも「イナイイナイバー」をしてあげます。さて、はしゃぎ反応が出る経過をたどると、「イナイイナイバー」をする人を赤ちゃんがじーっと見つづけるという行為が、はしゃぎ反応を発動させることがわかります。つまり、はしゃぎ反応においてもアイコンタクトが原動力となっているわけです。

2、あやし方を工夫する

自閉症の子供のはしゃぎ反応を育てるとりくみの第一のステップは、「イナイイナイバー」をじーっと見つめつづけることができるようにすることであることがわかります。

さて、自閉症の子供は人物をじーっと見つづけることが苦手です。ではどうしたら見つづけさせることができるようになるのでしょうか。それはあやし方を工夫することです。ここで参考になるのは人々がどんな人物を興味をもって見つづけるかということです。

もちろん興味ある人物は見つづけます。とりわけ人々の目をひきつけて離さないものに、大道芸をする芸人やパントマイムをする芸人やサーカスのピエロがあります。

彼らは奇抜で派手なジェスチャーを展開します。そのとびぬけた奇抜で派手なジェスチャーが人々を見つめつづけさせるのです。また、芸をする人は、見ている人々が見つめつづけるからますます奇抜で派手なジェスチャーを展開するようになります。

もし人並みのジェスチャーであったら、人々に見つづけさせることは無理でしょう。

紙芝居や絵本を読んでも集中して見つづけることができない子供がテレビのアニメーション番組は何時間でも見つづけることがあります。それはアニメーション番組には、音と映像の刺激があるからです。こうしたことを参考にして、はしゃぎ反応を引き出すためには、奇抜で派手なジェスチャーと音声をとりいれたあやしをするようにします。

要するに子供をひきつける努力と工夫をすることです。たとえば「イナイイナイバー」の遊びでは、次のような工夫をします。

・並みはずれた大きな声で抑揚をつけて「イナイイナイ」や「バー」を言います。

・顔の前のハンカチを大きくヒラヒラ動かします。

・ハンカチは派手な色のものを使います。

・ハンカチに限らないで、テレビ番組のヒーローなどのお面を使います。

・ハンカチを下にさげたり、横(左右)に移動させたり、頭上にもちあげたりします。

・「バー」で顔を見せた時、百面相をします。

・「イナイイナイバー」をしながら芸人のように踊ったり歌ったり、笑ったりします。

子供がふりむいたら、そのあやしをさらに大げさにしてあやしつづけて、見つづけさせるようにします。そしてひと通りあやしたら「おもしろいね、楽しいね」と言って大げさに笑いこけます。

3、楽しい気持ちを表す

一生懸命あやしても、すぐに子供からはしゃぎ反応が出るわけではありません。こんなにあやしてもと虚しい気持ちになります。

第二ステップは「楽しい、面白い」の快の気持ちを表すことです。あやす人が仏頂面をしていては、子供から笑いをひきだすことはできません。「楽しいね」と言いながら大げさに「アハハハハ」と笑いこけたり、満面の笑みで拍手をしたり、子供を抱き上げ頬ずりをしたりして快の気持ちを表わします。

大人にしてみればどうしてここまでやらなければならないのか、どうしてこんなにやっても反応が乏しいのかと思いますが、やるしかないのです。

どうしたら子供の視線をふりむかせられるか、笑わせられるようになるか芸人になったつもりで演技を工夫することが大事です。

「継続は力なり」でとりくみつづけると、必ず子供から笑顔のプレゼントがもらえます。

あとがき

障害児の早期発見・早期療育をめざして昭和三九年に障害をもつ子供を対象とした「赤松言語療育園」を設立し、五〇年余障害児の療育に携わってきました。私がこの道にすすんだ動機は精神の病をわずらった伯父との出会いにあります。伯父は第二次世界大戦で出征して、精神の病をわずらって復員しました。当時私は一〇歳でしたが精神の病についての偏見が強く、伯父を世間が受け入れようとしない現実をみて、子供心に悲しくうけとめました。

こうしたことがきっかけで障害をもつ人にも思いをよせるようになりました。当時は不治の病や障害については、遺伝という言葉がまとわりついていました。それ以来、精神の病や障害は遺伝なのか否かについて考えるようになりました。遺伝のことを究明したくて大学は農学部に進み、作物育種学や鶏の品種改良にとりくみ、卒業後は磐田養鶏研究所に勤務しながら、鶏の品種改良や作物栽培にとりくみました。

作物栽培を通してわかったことは、どんなに優れた種子でも苗作りと土壌管理が作物の生育を左右すること、特に酸素が豊富な土壌ほど良質な作物が育つことです。

鶏の品種改良では、どんなに改良されて優れた品種でも、孵化して一ヵ月間の飼育と与える餌がその品種に適正であるか否かが産卵の決め手であることがわかりました。

また、鶏の品種改良とは別に、ヒヨコと鶏の鳴き声に違いがあること、すなわちヒヨコは「ピヨピヨ」と鳴きますが、鶏は「コッコ」と鳴いたり「コケコッコー」と鳴きます。いずれも息を吐き出す時に出る音声ですが、「ピヨピヨ」の鳴きは呼吸器官が未発達なために出る音声であり、「コケコッコー」の鳴きは胸郭が発達して胸式呼吸によって出る音声であることに気がつきました。さらにヒヨコの生育を観察する中で寒くなると「ピヨピヨ」の音声が高くなり、温かくなると音声が低くなったり、あまり鳴かなくなります。また適温で眠る時は両羽と両足を伸ばします。ヒヨコの時あまりピヨピヨと鳴かないでよく眠り続ける飼育管理で育てた鶏は、多採卵鶏（卵を多く産む）となることがわかりました。

この二つの研究から学んだ土壌の酸素についてと鶏の呼吸器官についての知識は、その後赤ちゃんの「オギャーオギャー」の音声は呼気音であることを追及したり、呼吸援助抱っこをあみだすことに役立ちました。

さて、拙著『自閉傾向は生まれて三ヵ月でわかる』に「乳幼児期における脳の発達順序」の資料を掲載しました。この資料に三～五ヵ月に情動行動がめばえる（はしゃぎ遊び期）と記しました。

もし三～五ヵ月にはしゃぎ反応が出ないとしたら将来どうなるだろうかという課題がつきつけられました。

また、どのようにして三～五ヵ月になると赤ちゃんにははしゃぎ反応が育つかという疑問が投げかけられました。

以来、はしゃぎ反応がどのようにして育つのか、はしゃぎ反応を発動させるものは何かをさがし求めてきました。全般的に発達が順調に育たない子供は、はしゃぎ反応がでなかったり、出ても弱いことを観察する中で、自閉症児との出会いがヒントを与えてくれました。

自閉症児は何歳になってもはしゃぎ反応が出ないか、出ても弱いということです。それでは自閉症児にはしゃぎ反応を育てるとりくみがわかれば、はしゃぎ反応を発動させるものが何であるかが究明できるのではという考えをもつに至りました。

長年にわたってさまざまなとりくみを試みました。その結果、究明できたことは、人を見つめる目と深い腹式呼吸ができるようになると、自然とはしゃぎ反応が出るということです。人を見つめる目と深い腹式呼吸は、さかのぼると新生児期のアイコンタクトと腹式呼吸です。ということは、新生児期からはしゃぎ反応は育まれ始めるということになります。この究明は自閉症児にはしゃぎ反応を育てるとりくみを可能としました。

一〇歳より追い求めている精神の病のことはまだ道半ばですが、五〇年前から追求してきたはしゃぎ反応を発動させるものの正体を追及できたことは、望外の喜びです。

さて、はしゃぎ反応が出た赤ちゃんは、人との関わりを求めるようになり、人との関わりの中で脳を発達させていきます。その脳の発達を図る上で活躍するものがさまざまな手です。このことは「手は知恵を育む」のタイトルとなりました。

現代は社会福祉が充実し、ボランティア活動が盛んになり、障害についての情報が流布しています。それにもかかわらず障害に対する偏見と差別は、五〇年前となんら変わらないことに胸が痛みます。本書が偏見や差別を少しでもなくすることに寄与できることを願っています。

この本を出版するにあたって、共に長年療育に携わりながら、資料の整理、原稿の執筆に協力してくれた妻の能子に対して、その労を心から感謝します。

著者略歴

井上正信（いのうえ まさのぶ）

1937年　鳥取県倉吉市生まれ
1960年　静岡大学農学部卒業
1961年　静岡大学農学部専攻科卒業
1961年　磐田養鶏研究所を設立、鶏の品種改良に携わる
1964年　赤松言語療育園を設立、幼児の障害児教育に携わる
1967年　佛教大学文学部社会福祉学科卒業
2006年　「こども支援ホームいわしろ」と改称し現在に至る
　　　　1964年以来、発達に問題を持つ子供の養育および子育て相談に携わる
主な著書　「自閉傾向は生まれて三ヵ月でわかる―こどもを救う呼吸援助だっこ―」
　　　　（2009年・静岡新聞社）
　　　　「ことばの発達は新生児期から始まる―ことばの源は呼吸です―」
　　　　（2012年・静岡新聞社）
《連絡先》〒438-0005　静岡県磐田市匂坂上1263-3
　　　　TEL・FAX 0538-38-2001

手は知恵を育む
―乳幼児の手の発達―

*

2015年5月25日　初版発行
著者／井上正信
発行者／こども発達支援ホームいわしろ
発売元／静岡新聞社
〒422-8033 静岡市駿河区登呂3-1-1
電話054-284-1666
印刷・製本／石垣印刷
ISBN978-4-7838-9906-8　C0037